21세기 연세 인문학 II

문화, 정체성, 차이

최문규 · 김상환 · 박인철
이석구 · 정진배 · 임성모

연세대학교 대학출판문화원

21세기 연세 인문학Ⅱ

문화, 정체성, 차이

지은이 최문규·김상환·박인철·이석구·정진배·임성모
펴낸곳 연세대학교 대학출판문화원
주　소 서울시 서대문구 연세로 50
전　화 02)2123-3380~2
팩　스 02)2123-8673
ysup@yonsei.ac.kr
http://www.yonsei.ac.kr/press
등　록 1955년 10월 13일 제9-60호
인　쇄 태화북스

2014년 10월 30일 1판 1쇄　　2015년 4월 27일 1판 2쇄
ISBN 978-89-6850-079-4 (93800)

값 16,000원

발간사

〈21세기 연세 인문학〉을 발행하며

지식의 대통합을 지향하는 학문의 통섭 혹은 융·복합에 대한 요구가 거세지고 있다. 그 요구의 핵심은 학문들 사이의 소통 단절 내지는 소통 부재를 극복하자는 데 있다. 근대 이전에는 보편적인 학문이 가능했다면, 세계의 탈주술화가 시작된 근대 이후 학문이 더욱 세부적으로 분화되고 전문적인 경향을 띠게 되었음은 부인할 수 없는 사실이다. 이제 그와 같은 개별화와 전문화에 대한 비판적 성찰의 목소리가 높아지면서 넓게는 인문학과 자연과학 간의 소통이 시도되고 있는 상황이다.

그러나 인문학이 사회과학, 자연과학. 예술분야 등과 소통해야 한다는 요구에 부응하는 것보다 더욱 시급한 문제가 있다. 그것은 바로 인문학 자체 내의 대화 부재를 극복하는 일이다. 서로간의 대화가 불가능할 정도로 전공이 세분화되고 그로 인한 소통 단절의 경향은 넓게는 어학과 문학 간의 상호 낯섦에서뿐만 아니라 국문학, 중문학, 일문학 같은 동아시아 관련 학문들 사이의 소원한 관계에서도 드러난다. 이런 현상은 영문학, 독문학, 불문학, 노문학 같은 국가 단위의 외국문학 분야에서는 물론 사학과 철학에서도 마찬가지다. 정약용, 이광수, 공자, 루쉰, 플라톤, 촘스키, 소쉬르, 칸트, 하이데거, 셰익스피어, 괴테, 보들레르, 도스토옙스키 등은 오래 전부터 개개 전공자만이 탐구하고 향유하는 지식의 대상으로 여겨지고 있을 뿐이다. 이렇듯 인문학 내에서 개별 학문이 전문화되는 경향은 한편으로 연구 분야의 심오한 과학적 탐구라는 뜻에서 반가운 일로 여겨졌지만 다른 한편으로 인문학 자체 내의 소통 부재라는 결과를 낳고 말았는데, 이러한 양면성은 인문학 자체가 안고 있는 불편한 진실이 아닐 수 없다.

이제 인문학이 걸어 나가야하는 길이 무엇인지를 모색하지 않을 수 없으며, 그 새로운 전환의 일환으로 〈21세기 연세 인문학〉을 발행하고자 한다. 〈21세기 연세 인문학〉이 여러 상이한 학문이 함께 모여 사유의 일치와 불일치를 주고받는 실험적 대화 공간으로 정착될 것임을 우리는 기대한다.

연세대학교 문과대학

100주년 기념사업

〈21세기 연세 인문학〉 편집위원회

목차

심미적 근대성의 정체성과 차이성

최문규(연세대, 독문학)

1. 들어가는 말

“영화는 영화다”(감독 장훈, 2008년)와 ‘배우는 배우다’(감독 신연식, 2013년)라는 두 편의 영화가 있다. 그것은 궁극적으로 영화란 현실과 동일하지 않다는 점, 배우란 현실적 인간과 동일하지 않다는 점을 시사한다. 요컨대, 각기 영화의 정체성, 배우의 정체성을 강조하고 있는 것이다. 이러한 언술을 확대하여 예술에 적용할 경우 ‘예술은 예술이다’는 동어반복적 언술이 가능하며, 이 또한 예술은 현실과 동일하지 않다는 예술 자체의 정체성을 나타낸다. 이 때 예술의 정체성을 가능하게 하는 전제 조건은 무엇보다도 예술만의 고유한 심미성이라고 할 수 있으며, 이 심미성은 근대성(혹은 근대)과 연관됨으로써 심미적 근대성이라고 불리며 동시에 ‘예술의 자율성’의 근간을 이룬다.

심미적 근대성은 넓은 의미에서 18세기에 싹튼 소위 사회학적, 철학적 맥락에서 파악될 수 있는 역사철학적 근대성(geschichtsphilosophische Moderne) 혹은 흔히 말하는 보편적인 의미에서의 근대성에 대한 이해를 전제하며, 만약 그러한 전제가 없을 경우 그 개념은 협량한 이해나 모호하고 잘못된 이해에 사로잡히게 된다. 또한 오늘날의 수많은 미학자 및 예술이론가들이 전개하는 심미성에 관한 활발한 미학적 토론을 이해하기 위해서도 18세기 당시 심미적 근대성이 어떤 맥락에서 발생했고 어떤 의미를 갖고 있는지를 정확히 살펴볼 필요가 있다. 특히 심미적 근대성과 역사철학적 근대성은 서로 긴밀한 담론을 형성하면서도 동시에 미묘한 차이를 내포하고 있기에 양자에 대한 구분은 더욱 필수적이다. 이 밖에도 최근에는 심미적 근대성(혹은 심미적 모더니티, 미적 근대성) 개념이 외국문학, 국문학, 철학, 사회학, 미학 등 다양한 영역에서 자주 사용되고 있는데, 가령 국문학에서는 "이효석의 심미적 근대성 연구", "박용철 시론과 미적 근대성 연구" 같은 논문 주제를 엿볼 수 있다. 아쉽게도 이러한 연구에서 심미성 개념은 매우 좁은 의미로 흔히 유미주의와 비슷한 뜻으로 파악되고 있을 뿐이다.

이 글에서는 우선 근대성의 발생적·이념적 맥락을 살펴보고, 이를 토대로 18세기 문학이론 및 미학이론에서 언급된 심미적 근대성의 의미와 역할, 그리고 심미적 근대성과 예술의 자율성 간의 상호관계를 집중적으로 검토해보자 한다. 이를 통해 본 연구는 심미적 근대성과 예술의 자율성 간의 불투명하고 모호한 관계를 수정해보고 동시에 학제간의 이해 지평도 넓혀주는 계기를 제공할 수 있다.

2. 근대성, 외분화, 통일성 이념

근대성 일반, 즉 역사철학적 근대성은 어떻게 파악되어야만 할까? 근대 이전 – 물론 근대의 발생 시기는 연구자의 시각마다 다를 수 있지만 - 에는 주로 우주론적, 신학적, 존재론적, 차원에서 형이상학적·종교적 세계상의 통일성과 객관적 믿음이 지배하고 있었다. 따라서 근대 자체가 본격적으로 시작한다고 할 경우, 그것은 전통적인 형이상학적·종교적 세계상의 통일성과 객관적 믿음이 붕괴되고 그 자리에 합리성과 주관적 이성을 토대로 하는 계몽이 발생한다는 것을 뜻한다. 과거에 통용되었던 통일성이 사라진 근대 사회 - 사회에 대한 등가적 언어로는 세계, 삶, 우주 등이 사용될 수 있는데 – 의 경우, 합리성과 주관적 이성이 발생하였다는 것 이외에도 무엇이 새롭게 변화된 것일까? 그 주요 현상은 다름 아닌 과거의 통일적이고 하나로 여겨졌던 사회 전체가 정치, 경제, 예술, 학문 같은 수많은 부분 영역으로 분리된다는 것이며, 이를 사회철학적 용어로써 표현하자면 사회적 삶이 다양한 "부분 영역"(부분 영역, Teilbereich), "가치 차원"(Wertsphäre) 혹은 "부분 체계"(Teilsystem)로 나뉘는 이른바 "외분화"(Ausdifferenzierung) 현상이 근대의 대표적인 특징으로 나타난다. 이와 같은 사회의 외분화 현상은 흔히 산업 사회, 자본주의 사회 등으로 설명되었고, 나아가 인간과 노동, 인간과 인간 간의 소외 현상이 그러한 외분화 현상의 부차적 특징으로 해석되기도 했다.

사회철학적인 설명과는 다르지만 인간학적, 관념론적, 심리학적 차원에서 괴리, 분열 같은 특징으로 근대의 발생을 설명할 수도 있다. 가령 인간학적 사유와 결합된 18세기 관념론은 주로 감성과 이성, 충동과 오성, 개인과 국가, 자연과 문명 같은 다양한 이분법적 개념쌍으로 고대와 근대의 차이를 설명하였다. 즉 고대의 경우 감성이, 근대의 경우 이성이 우세하다는 식이었고, 그와 같은 이분법을 변증법적으로 결합시키는 사유에 의하면 감성과 이성의 통일성이 과거에 지배했었지만 근대에서 양자가 분열되었고 미래에 다시금 양자의 통일성을 회복할 수 있다는 삼단계적 도식을 쉽게 찾을 수 있다. 어쨌든 그런 기본적인 이분법적 개념쌍은 고대와는 다르게 변한 근대 자체를 설명하는 데 어느 정도 도움을 주었지만 근대 사회 자체의 외분화 현상을 제대로 밝혀주는 데에는 한계를 갖고 있었다.

사회적 삶이 다양한 부분 영역으로 외분화하는 현상은, 비록 18세기 철학자나 인류학자가 완전한 이론을 제시하지는 않았을지라도, 당시 이미 현재진행형이었다. 그에 대한 결정적인 증후로는 칸트의 삼대 비판서를 들 수 있다. 즉 사유와 인식을 가능케 하는 선험적 조건을 묻는 『순수이성 비판』은 곧 과학(학문) 영역을, 그리고 자유와 도덕적 행위를 다루는 『실천이성 비판』은 정치 영역을 지칭하는데, 즉 순수이성과 실천이성, 인식과 실천, 사유와 행동은 서로 합일되지 않고 대립과 괴리를 형성하고 있는 셈이다. 다시 말하면, 사회에서 두 영역이 이미 분리된 것이다. 그런데 또 하나의 영역이 분리된다. 칸트에 의하면, 두 영역 간의 괴리는 다름 아닌 예술을 통해서 극복될 수 있다는 것이며 이 점은 또 다른 저서인 『판단력 비판』에서 다루어지고 있다. 즉 예술도 하나의 영역으로 분리된 셈이다. 여기서 중요한 점은 삼대 비판서의 내용 자체에 있는 것이 아니라 왜 각각의 영역이 서로 분리되어 다루어질 수밖에 없었는가 하는 것이다. 그것은 앞에서 언급했던 것처럼 사회 전체를 감싸주었던 형이상학적, 종교적 통일성이 붕괴되고 사회 내부는 여러 부분 영역으로 분리되고 있다는 점을 시사해 준다.

19세기로 접어들면서 그 분화는 더욱 구체화된다. 잘 알려진 것처럼 맑스는 사회 전체를 "구조"(상부/하부)라는 개념으로 이분화시키는 가운데 하부 구조에는 경제가 그 토대를 이루고 있지만 상부 구조에는 정치, 법, 종교, 예술 등 다양한 부분 영역들이 자리 잡고 있다고 밝힌다. 그런데 경제에 의해 상부구조가 영향을 받는다는 소위 경제결정론과는 무관하게 맑스 이론에서의 흥미로운 점은, 사회 전체는 여러 영역으로 외분화되고 있으며 경우에 따라선 물질적 생산(경제)에 의해 설명될 수 없는 특수한 영역의 자율성(그리스 예술과 서사시)까지도 인정되고 있다는 것이다(가령 그리스 예술과 서사시가 사회 발전의 양상과 무관하게 초역사적으로 예술적 향유를 불러일으킨다는 맑스의 언급이 그에 대한 간접적인 입증이다). 이 밖에 근대사회를 탈주술적이고 합리적인 사회의 태동으로 설명한 베버(M. Weber)도 정치, 경제, 종교뿐만 아니라 학문까지도 하나의 부분 영역으로 분리시킨 바 있는데(『직업으로서의 학문』, 『직업으로서의 정치』) 이는 "부분 체계로서의 학문"(Wissenschaft als Teilsystem)이라는 시각을 제시한 루만의 체계이론과도 직결된다(즉 학문이나 학문을 이끌어가는 학자는 더 이상 사회 전체를 조망하는 위상을 갖지 못한다).

사회가 수많은 부분 영역으로 분화하는 과정에서 흥미로운 점은, 각각의 부분 영역이 자신의 보편적인 요구를 내세운다는 것이다. 다시 말하면, 부분 영역은 사회 전체를 자신의 시각으로 설명하려 드는데, 예를 들면 '사회는 정치적이다', '사회는 경제적이다', '사회는 예술적이다' 같은 방식이다. 그러나 그 보편성은 사실 정치, 경제. 예술 같은 부분 영역이 각각 자신의 시각으로 전문적으로 사회를 바라보고 서술해 낸 것에 지나지 않는다. 부분이 전체를 바라보고 해석하려 하지만 실제 사회 전체는 더 이상 단 하나의 부분 영역(가령 정치, 경제, 예술 등)으로 환원될 수가 없다. 물론 근대가 진행하고 있음에도 불구하고 그런 현상을 인정하지 않고 전통적인 형이상학적·종교적 세계상의 통일성과 객관적 믿음에 지속적으로 의존하는 소위 전근대적 사유 방식이 있을 수 있다. 그러나 엄밀히 말하면, 근대와 함께 시작된 사회의 분화 현상은 하나의 사회 전체로 이미 되돌아 갈 수 없는 불가역성과 환원불가능성을 담고 있으며, 이러한 현상을 전근대적인 사유방식을 더 이상 제지할 수 없는 것이다. 외분화 현상에서 하나의 부분 영역은 다른 부분 영역이 내세운 보편성을 단호히 거부하면서 자신의 독자성을 주장하기 마련인데, 이러한 독자성 내지는 자율성이 바로 외분화로서의 근대성 논리의 중요한 특징인 것이다. 가령 정치 영역이 주장하는 '사회는 정치적이다'라는 정치적 보편성에 대항하여 다른 영역(가령 경제나 예술)은 즉각 그러한 보편성을 거부한다. 마찬가지로 '사회는 예술적이다'는 예술 영역의 주장에 대해서도 정치 영역은 터무니없는 사유로 거부하기 마련이다. 다시 한 번 강조하자면, 근대 사회는 수많은 부분 영역으로 분리되고 개개의 부분 영역은 외적으로는 보편성을 주장하지만 내적으로는 자율성을 강화하는 것이다.

이상과 같이 외분화 현상이 근대의 발생 과정에서 관찰될 수 있는 핵심 현상이라면, 그러한 발생의 현상적 측면을 넘어서 "이념으로서의 근대성"이 언급될 수 있다. 가치평가적으로 접근하면, 사회의 외분화 현상은 이중적인 의미를 지닌다. 그것은 한편으로 종속과 예속 상태에서 벗어나 부분 영역이 자율성을 획득하는 긍정적인 의미를 지니지만, 다른 한편으로 영역간의 고립화와 소외가 발생한다는 부정적인 의미를 낳는다. 여기서 후자의 경우 고립화라는 부정적인 현상을 극복하기 위해서 근대성의 또 다른 특징인 이념적 의식이 싹트게 된다. 그것은 바로 통일성(새로운 전체성)을 회복할 수 있다는 유토피아적 이념을 뜻하며, 이 때 통일성 이념은 새로운 인륜성의 회복, 새로운 신화, 새로운 총체성, 계급 없는 사회 등 다양한 이름으로 불리게 된다. 이와 같은 통일성 이념을 기준으로 근대성과 탈근대성을 구분해낼 수 있다. 즉 분리된 부분 영역을 통일성 이념으로 재결합하려는 것이 근대성의 이념이라면, 탈근대성은 통일성 이념을 거부하고 그 대신 외분화의 끊임없는 가속화를 옹호하는 것이다. 헤겔, 맑스로 대변되는 관념론적, 유물론적 사유가 정신적, 물질적 차원에서 통일성 이념을 주장하고 있다면, 탈근대성의 주창자인 리오따르, 데리다, 루만 등은 차이성(즉 사회의 외분화)의 가속화를 역설하고 있는 셈이다. 어쩌면 탈근대성 이론가들은 근대성 옹호론자들이 부정적으로 인식한 외분화 과정을 긍정적인 것으로 전도시키고 있는데, 그들에 의하면 사회의 부분 영역들이 차이를 통해 더욱 미세하게 외분화될수록 또한 일치와 통일보다는 "불일치"(Dissens)와 "배리"(Paralogie)가 더욱 강하게 표출될수록 사회는 더욱 "혁신적"으로 움직인다는 것이다.[1] 차이, 불일치, 배리 등을 포괄하는 개념은 다름 아닌 "급진적인 다양

---

1 J. F. Lyotard, 'Beantwortung der Frage: Was ist postmodern?', in: W. Welsch(Hg.), Wege aus der Moderne, Weinheim 1988, S. 195.

성" 혹은 다원주의이며, 독일의 철학자이자 미학자인 볼프강 벨쉬(W. Welsch)가 그러한 시각을 대변한다.[2]

3. 철학적 근대성과 심미적 근대성

서두에서 언급했듯이 이 글의 주안점은 보편적이고 일반적 차원에서 파악되는 근대성보다는 "심미적 근대성"에 놓여 있다. 표현 자체를 통해 알 수 있듯이 심미적 근대성은 다른 것과의 차별성을 지시하고 있는데, 예를 들면 철학적 근대성이나 사회학적 근대성과는 구분된다는 점이 그것이다. 요컨대, 사회의 외분화가 외적인 특성이고 그것을 극복하는 통일성 이념의 내재가 근대성의 핵심적인 특징이라면, 철학적 근대성, 사회학적 근대성, 심미적 근대성 등도 근대성 일반의 특징으로부터 자유롭게 벗어날 수 없다. 왜냐하면 서로 다른 형태의 근대성일지라도 근대성이라는 공통된 개념을 담고 있기 때문이다.

그렇다면 가령 철학적 근대성(philosophische Moderne)은 어떤 의미를 내포하고 있을까? 그것은 정신이나 물질 등을 토대로 새로운 통일성을 꾀하는 인식론적, 존재론적 사유 방식을 가리키며, 여기에는 관념론적 사유와 유물론적 사유가 모두 속한다. 예를 들면 헤겔은 종교나 예술 같은 영역이 더 이상 동시대의 자의식을 표현하는 역사적인 필연성을 지닌 형식이 될 수 없음을 선언하면서 그 대안으로서 "철학적 정신"을 강조하였다. 철학적 근대성의 선상에서 절대 정신을 주장한 관념론이나 프롤레타리아 계급의 혁명을 강조한 유물론은 각기 다른 방식으로 근대 사회의 분열을 극복하고 새로운 통일성을 구현하려는 기획을

2 Vgl. W. Welsch, Postmoderne - Pluralität als ethischer und politischer Wert, in: Aufklärung und Postmoderne, hrsg. v. Jörg Albertz, Berlin 1991, S. 11.

제시한 사유라고 할 수 있다. 또한 1980년 이후 하버마스는 또 다른 유형의 철학적 근대성을 제시한 바 있는데, 소위 "소통적 이성"(kommunikative Vernunft)을 통해 사회의 부분 영역들 간의 괴리를 극복하려는 그의 시도도 넓은 의미에서 근대성의 또 다른 일환으로 해석된다. 이러한 모델은 여전히 부분 영역 간의 외분화 현상과 통일성이라는 이념을 간직한 근대성을 발전시키고 있는 셈이다. 철학적 근대성의 상속자들은 방법론적으로 주로 변증법적 사유에 의해 총체성을 되찾을 수 있다는, 다시 말하면 자기 지양을 통해 통일성을 획득할 수 있다는 희망을 갖고 있다. 그러나 이러한 희망에 대해서는 이미 아도르노와 벤야민이 조심스럽게 의문을 제기한 바 있다. "오늘날 철학적 과제를 직업으로 선택한 사람은 철학적인 이념이 예전에 착수될 때 가졌던 그 환상을 포기해야만 한다. 즉 사유의 힘으로 현실의 총체성을 파악하는 것이 가능하다고 보는 환상 말이다"[3]라는 아도르노의 언술이나 "역사의 연속체를 파괴하는 순간"을 꿈꾸었던 벤야민의 상상력도 철학적, 정치적 차원에서 구성되는 새로운 통일성을 거부하고 있었다. 물론 그들은 철학적 근대성에 대해서는 회의적이었지만 그 대신 새로운 대안으로서 심미적 근대성을 옹호하고 나섰다고 볼 수 있다. 즉 아도르노와 벤야민은 외분화가 진행되고 있는 사회에 대항하는 동시에 변증법적 사유에 의해서 새로운 통일성을 가져오려는 꿈의 실현을 위해서 결코 기존의 형식적 방식(예: 체계적이고 통일적인 서사 방식)에 의존하지 않고 오히려 새로운 심미적 형식, 즉 분열과 파괴를 특징으로 하는 알레고리, 몽타주 같은 예술적 방식을 취하면서 우회적으로 새로운 통일성 이념을 간직하고 있었던 것이다. 아도르노와 벤야민 같은 이들을 철학적 근대성에 혹은 심미적 근대성에 속하는지, 아니면 양자의 사이공간에서 움직이는 것인지는 소위 관점과 해석의 문제일 것이다.

---

3 Th. W. Adorno, Die Aktualität der Philosophie, in: Gesammelte Schriften, Bd. 1, Frankfurt a. M. 1973, S. 325.

이상과 같이 철학적 근대성의 의미를 파악할 수 있다면, 그와 관련하여 심미적 근대성이란 무엇을 뜻하는 것일까? 매체 시대 혹은 감각적인 시대로 전환되면서 오늘날 심미성이 강하게 요구되고 있지만, 사실 예술의 발전사를 들여다보면 "심미적 감각" 내지는 "심미성"으로의 전환은 근대성이 태동되었던 18세기에 그 뿌리를 두고 있다. 이 때 심미적 근대성은, 철학적 근대성과 비슷한 의미로, 사회가 다양한 영역으로 분리되지만 그 분리를 지양하고 새로운 통일성을 가져올 수 있다는 이념적 의식을 다름 아닌 심미적 영역(즉 예술)에서 찾는 경우에 해당되며, 그와 같은 심미적 근대성을 처음으로 제시했던 이는 칸트를 들 수 있다. 앞서 암시했듯이, 그의『판단력 비판』의 서론에서는 순수이성과 실천이성 사이의 분열, 즉 감각적인 자연에 대한 이론적 인식과 초감각적인 이성적 자유 행위 사이의 분열이 거론되며 이 분열은 다름 아닌 "심미적 대상과 관련된 판단력"을 통해서 지양될 수 있다고 한다. 즉 아름다운 심미적 현상은 "목적 없는 합목적성"을 지니며, 그러한 심미적 현상을 관조하는 이가 "이해관심사에서 벗어난 자유로운 만족"으로서의 판단력을 취할 때 순수이성과 실천이성 간의 대립이 극복되는 것이다. 요컨대, 심리적 근대성은 예술의 생산과 수용을 통해서 사회적 분리를 극복하고 새로운 통일성을 찾을 수 있다는 소망을 내포하고 있다.

칸트 이후 제시된 심미적 근대성에 대한 요청은 프랑스 혁명과 함께 더욱 강렬하게 제기되는데, 특히 새로운 변화와 무시무시한 공포를 동시에 야기하는 정치적 혁명의 양면성을 극복하는 차원에서 심미적 근대성이 더욱 요구된다. 그 점은, 1790년대 초에 작성된 것으로 추정되는 작가 미상의 일명「독일 관념론의 가장 오래된 체계적 강령」(1913년 베를린 국립도서관에서 발견되어 1917년 프란츠 로젠크란츠에 의해 출간됨)이라는 짧은 텍스트에서도 읽을 수 있다. "시인과 마찬가지로 철학자는 심미적인 힘을 지녀야만 한다. 심미적 감각을 갖지 않은 사람은 형식적인 철학자다. 정신의 철학은 곧 심미적인 철학이다. 심미적 감각 없이는 그 어떤 것에도 정신이 풍부할 수 없으며, 심미적 감각 없이는 역사에 대해서 재치 있게, 이성적으로 생각할 수가 없다."[4] 심미적 감각을 예술에서뿐만 아니라 철학과 역사 등 여타 담론 영역에서도 필수적인 조건(conditio sine qua non)으로 요청하고 있는 매우 대담하고 신선한 구절이 아닐 수 없다. 만약 글의 저자(횔덜린, 셸링, 헤겔 중 한 사람으로 추정됨)를 밝히지 않은 채 위 구절을 읽을 경우 아마도 탈근대 이론을 펼치는 어느 철학자(예를 들면 분석철학자 리차드 로티)의 언술로 착각할 수 있을 정도로 심미적 감각이 역설되고 있는 것이다.

그러나 「독일 관념론의 가장 오래된 체계적 강령」을 자세히 읽을 경우, 그 심미적 근대성은 사실 철학적 근대성과 거의 일치한다. 왜냐하면 그 글의 경우 "확신하건대 모든 관념들을 포함하는 이성의 가장 지고한 행위는 바로 심미적 행위며, 진과 도덕적인 선은 미에서만 서로 형제 관계를 맺는다"라고 선언되어 있기 때문이다. 예술의 특징으로 심미적 감각이 역설되고 있지만, 그 심미적 감각의 영역(즉 미의 영역, 예술의 영역)이 진리(인식적 사유 영역)와 도덕(정치적 실천 영역)과 서로 유기적 관계를 맺음으로써 결국 하나의 통일성이 형성되고 있는 것이다. 이는 진선미의 통합이라는 플라톤적 사상이 근대성의 이념으로 다시 부활하고 있는 것과도 같다. 그렇다고 해서 글의 저자가 고대로 되돌아가자는 전근대적, 반근대적인 시각을 갖고 있는 것은 결코 아닌 듯 싶다. 고대 사상과의 결정적인 차이점은, 「독일 관념론의 가장 오래된 체계적 강령」의 저자는 분명 진선미 세 영역이 사회의 부분 영역으로서 분화되어 있음을 전제로 하고 있으며, 다만 그런 분화를 지양하고 통일성 이념을 새로운 이념으로 제시하고 있는 것이다. 이처럼 예술을 다시금 진리와 도덕과 연결하는 시도는 예컨대 "감

4 Das älteste Systemprogramm des deutschen Idealismus, in: F. Hölderlin, Sämtliche Werke und Briefe, hrsg. v. G. Mieth, Darmstadt 1984, Bd. 1, S. 918.

각적인 인간을 이성적으로 만들기 위해서는 그를 심미적으로 만드는 것 이외에는 다른 길이 없다"[5]라고 강조했던 쉴러의 언술에서 재차 반복한다. 쉴러 미학의 핵심인 "심미적 혁명"(ästhetische Revolution)이란 바로 감각적 인간을 이성적 인간으로 전환시키는 예술적 시도에 다름 아니다. 즉 자연과 이성의 분열, 그로 인해 고립과 소외의 산문적인 삶을 예술을 통해 극복하려는 유토피아적 소망, 즉 자연 국가와 이성 국가 간의 대립이 지양된 아름다운 공동체를 가능케 하는 "미적 국가", 이러한 점이 심미적 근대성의 중요한 특징으로 제시된다.

4. 심미적 근대성과 예술의 자율성

그러나 문제는 그렇게 간단치 않다. 사회의 제반 영역 간의 외분화 현상을 예술을 통해서 극복하려는 심미적 근대성은 사실 매우 복잡한 논의에 사로잡히는데, 특히 심미적 근대성과 예술의 자율성의 관계는 완전히 서로 다른 두 방향으로 전개된다. 그 하나는 예술의 자율성을 표방할지라도 사실은 자율성의 지양을 통해서 궁극적으로는 심미적 근대성을 더욱 강화하려는 방향이며, 다른 하나는 심미적 근대성을 표방할지라도 사실은 통일성의 지양을 통해 궁극적으로는 예술의 자율성을 더욱 강화하려는 방향이다. 전자는 고전주의적-이상주의적 시각이며 후자는 낭만주의적 시각이다. 전자에서는 "차이성 속에서의 동일성"(Identität in der Differenz)이라는 논리가 작동하는데, 즉 부분 영역으로서 예술이 자율성을 요청하지만 사실은 자신의 자율성을 지양하면서 사회적 통합 차원에서 다른 영역들에 종속되거나 유기체적으로 하나가 된다. 이와 달리 후자

---

5 F. Schiller, Über die ästhetische Erziehung des Menschen, in: Nationalausgabe, Weimar 1962, Bd. 20, S. 383.

에서는 “동일성 속에서의 차이성”(Differenz in der Identität)이라는 논리가 작동하는데, 즉 예술이 심미적 근대성에 내재해 있는 통일성 이념을 요청하는 것처럼 보여도 사실은 자신의 자율성을 강화시키고 그 결과 사회의 외분화 논리, 즉 다른 영역들과의 차이성을 더욱 가속화하는 것이다. 전자인 고전주의적-이상주의적 시각에서는 심미적 근대성이 역사철학적 근대성과 동일한 맥락(혹은 상보적 맥락에서)에서 읽혀지는데, 즉 사회의 외분화를 인정하지만 궁극적으로 심미적 방식으로 혹은 철학적 방식으로 통일성을 회복하는 것이 중시된다. 후자인 낭만주의적 시각에서는 사회의 외분화를 인정하고 그것의 지양을 추구하는 심미적 근대성(혹은 역사철학적 근대성)은 다만 외적인 가상일 뿐 사실은 예술의 자율성 자체를 강화시키는 것이 중시된다.

A) 우선 고전주의적-이상주의적 시각은 이미 언급한 바 있는 칸트 미학에서 출발한다. 그의 미학의 경우 한편으로 자유로운 예술이 부분 영역으로서 자율성을 획득하고 있는 듯이 보이지만, 다른 한편으로 “아름다움”을 “윤리적으로 선한 것에 대한 상징”으로 정의함으로써 유비(Analogie)의 논리 하에 예술과 사회적 윤리의 동일성이 추구되고 있다. 요컨대, 칸트의 경우 예술 영역과 다른 영역 간의 차이가 존재함에도 불구하고 결국 자유로운 예술은 상징적인 차원에서 자유로운 삶과 결합되고, 이런 점에서 미적 감각과 도덕적 인식이 상호동일성을 형성한다. 물론 고전주의적-이상주의적 미학이 본격적으로 전개될 때처럼 헤겔 식의 자기지양 같은 변증법적 논리가 칸트에게서는 아직 발견되지 않는다.

심미적 근대성에 의한 새로운 통일성의 회복, 이를 위하여 예술은 자기지양의 논리를 취해야 한다는 논리는 예술과 진리를 서로 일치시키려는 쉴러 미학에게서 찾을 수 있다. 『인간의 심미적 교육에 관한 서신』에서 쉴러는 가상과 진리라는 전통적인 철학적 개념쌍으로 예술의 자율성과 통일성 이념의 변증법적 관계를 펼치는데, 그에 의하면 예술은 우선 물리적, 도덕적 영향으로부터 완전히 벗어난 가상의 특성을 획득하지만 그러한 가상은 이성적 인간의 이상적 공동체 형성을 위해서만 기능한다고 밝힌다. 다시 말하면, 예술은 자신의 고유한 특성인 자율적 가상에 머무르는 것이 아니라 그 자율적 가상을 지양하면서 사회 및 개인을 인식론적, 도덕적으로 치유해주는 매개 역할을 수행하는 것이다. "심미적인 전달(의사소통)만이 사회를 결합시킨다. 그 까닭은 심미적인 전달은 모든 사람의 공통점과 관계하기 때문이다."[6]

이처럼 가상의 특성을 지닌 예술은, 분화와 통일성이라는 근대성의 논리에 따라, 언뜻 자신의 고유한 개별성을 획득한 것처럼 보이지만 궁극적으로는 자신의 자율성을 부정하면서 새로운 하나의 공동체적 사회의 통일성을 구현하는 기능을 갖게 된다. 따라서 자율적 예술에서 강조된 심미성도 "심미적 감각"이 아니라 일종의 "심미적 이성"(ästhetische Vernunft)으로 발전한다. 즉 하나의 통일된 공동체 및 보편주의 이념의 맥락을 위해 자신의 감각적 의미를 이성적 의미로 전이시키는 예술을 쉴러는 염두에 두고 있었으며, 이는 맑스주의뿐만 아니라 루카치를 거쳐 하버마스에게도 지속한다. 가령 "수수께끼" 혹은 "비동일성"을 예술의 기본 특성으로 파악했던 자신의 스승인 아도르노의 시각을 비판하면서 하버마스는 전통적인 미학자인 쉴러에게서 "진정한" 예술의 사회적 역할을 보고 있다. 요컨대, 그는 사회적 분화에 교량을 놔줄 수 있는 "매개" 역할에서 예술의 근대적 정당성을 찾고 있는 것이다.[7]

고전주의적-이상주의적 시각의 경우 궁극적으로 새로운 통일성 - 이것의 담지자는 가령 진리, 이성, 인륜성 같은 다양한 이름을 지닌다 - 의 이념을 위해 예술은 자기 자신의 자율성을 지양하는데, 이는 다양한 방식으로 설명될 수 있다.

---

6 F. Schiller, Über die ästhetische Erziehung des Menschen, S. 411.

7 J. Habermas, Der philosophische Diskurs der Moderne, Frankfurt a. M. 1985, S. 59-64.

즉 심미적 가상은 사실 철학적 근대성이 꾀했던 "정치적 이성"을 위한 비유로 작동하거나, 혹은 심미적 혁명은 "정치적 혁명"의 다른 이름으로 작용한다. 예술창작도 마찬가지다. 창작의 자유가 요청되지만, 그 자유는 사회 속에서의 도덕적-정치적 자유를 뜻한다. 이런 맥락에서 자유스런 예술 활동은 다름 아닌 소외되지 않은 노동에 대한 패러다임 혹은 자유스런 의식화된 사회적 활동에 대한 은유로 파악된다.

이처럼 예술을 새로운 통일성을 가져오는 문제해결의 심급기관으로 혹은 예술을 사회적, 개인적 차원에서 해방과 혁명의 원동력으로 파악하려는 고전주의적-이상주의적 시각은 어쨌든 낙관적이다. 그러나 이러한 낙관적 시각은 적지 않은 문제점을 지닌다. 무엇보다도 동시대의 실제적인 문제, 즉 권력과 노동 같은 사회적이고 정치적인 실질적 문제들이 결코 예술적으로 해결될 수 없다는 것이 결정적인 딜레마다. 요약해서 말하면, 노동에서의 지배와 착취 문제는 심미적 가상이나 예술적 의식에 의해서 결코 해결되지 않는다. 결국 (물론 자기지양이 내포된) 예술의 자율성과 심미적 근대성을 결합함으로써 사회적 문제를 해결하려는 고전주의적-이상주의적 사유는 비현실적인 사유로 비추어질 수 있다. 더욱이 사회에는 예술 영역만이 존재하는 것이 아니다. 그렇기에 부분과 전체의 동일성 논리를 통해 사회적 외분화의 문제를 해결하려 했던 시각은 기대와 경험 간의 차이를 무화시키는 결과를 낳는데, 가령 코젤렉(R. Koselleck)의 분석처럼 예술에 의해 정치적 문제들을 해결할 수 있다는 지나친 이상주의적 기대감(Erwartung)은 실제의 정치적 경험(Erfahrung)과는 엄청난 괴리를 낳거나 비현실적인 기대 그 자체로 남고 만다.

이 밖에도 고전주의적-이상주의적 시각은 타 영역에 더 이상 종속되지 않으면서 자율성을 확보하려 했던 예술에 다시금 사회적 위상과 역할을 과도하게 부여하고 있다는 문제점을 낳는다. 요컨대, 예술의 자율성을 넘어서 예술의 신격화와 절대화라는 위험 말이다. 외분화된 다른 영역들과의 관계를 고려하면 그 절대화된 예술은 비판될 수밖에 없는데, 즉 세계와 삶이 과연 "예술적"으로 파악되고 사회적 분화를 예술적으로 극복할 수 있을까 하는 비판이 제기될 수 있다. 사회(혹은 삶 전체)가 이미 다양한 영역으로 외분화된 상황에서 하나의 영역에 불과한 예술이 사회의 전체 영역을 예술적으로 관찰할 경우, 그것은 심정적인 차원에서 동의를 구할 수 있지만 실질적인 효과 없이 단순 신비화로 그칠 수도 있다. 이러한 점은 최근 칸트와 쉴러 미학을 계승하면서 "미학의 정치" 내지는 "예술적-심미적 공동체"의 가능성을 꿈꾸는 자크 랑시에르(Jaques Rancière)의 글에서도 재발견되는 문제점인 것이다.[8]

B) 고전주의적-이상주의적 시각과는 완전히 다른 시각이 독일 낭만주의에서 발견된다. 물론 언뜻 낭만주의적 시각도 고전주의적-이상주의적 시각과 공통점을 지닌 것으로 해석할 수 있는데, 실제 1970년대 이후 지금까지의 수많은 연구는 고전주의와 낭만주의를 넓은 의미에서 "계몽의 논리" 내에서 해석하는 결과물을 제시하고 있다. 예컨대 슐레겔의 『그리스 포에지 연구에 관하여』라는 글에서 반복적으로 요청된 "심미적 혁명"도, 고전주의적-이상주의적 시각에서 그랬듯이, 소연방으로 분열된 사회 전체 체제에 하나의 국가적 통일성을 부여하려는 정치적, 도덕적 혁명에 대한 메타포로 읽혀지고, 또한 "새로운 신화"(Neue Mythologie)에 대한 요청도 근대인들이 서로 분리되고 파편화된 세계 속에 살아가고 있는 사회적 현상을 은유적으로 비판하면서 사회 전체를 하나로 묶어줄 수 있는 하나의 "신화"에 대한 요청으로 해석된 바 있다. 아울러 주관적인 문학에 대한 비판은 개별 민족주의적 문학에 대한 비판으로 간주되고, 그 대안으로 요청된 객관적인 문학은 새로운 정치적 공동체를 뜻하는 "세계폴

---

8 랑시에르의 몇 권의 저서를 참조할 것(J. Rancière, Das Unvernehmen. Politik und Philosophie, Frankfurt am Main 2002; J. Rancière, Ist Kunst widerständig? Berlin 2008; J. Rancière, Das Unbehagen in der Ästhetik, Wien 2008).

리스"(Weltpolis)에 대한 은유로 읽혀지기도 한다. 이 밖에도 예술의 기본원칙으로 선언된 평등(Isonomie)과 자율성(Autonomie)에 대한 요청도 프랑스 혁명의 이념을 문학 속에 투영한 것으로 해석되곤 한다. 연구자들의 독법은 대체로 예술의 자율성에 대한 요청을 넘어서 사회 전체의 새로운 통일성을 회복하려는 서술로 읽어내려는 방식에 정향되어 있는데, 이는 수십 년 동안 낭만주의를 중세로 되돌아가는 퇴행적 복고주의로만 해석해왔던 연구 상황을 수정할 수 있게 해 준 긍정적인 연구 경향인 셈이다.

정치적으로 새로운 의미를 갖게 되었다고 해서 낭만주의적 시각이 제대로 자리를 찾은 것은 결코 아니다. 사실 낭만주의의 수사적 어법과 구조를 자세히 살펴보면 그와 같은 사회적, 정치적 독법은 낭만주의의 새로운 현대성을 이해하는 데 한계를 드러낸다. 낭만주의의 이론이나 작품을 자세히 들여다보면, 전체 사회 영역의 새로운 통합이라는 이념이 외적인 포장으로 나타나고 그 내면에서는 예술 자체의 자율성을 더욱 강화하려는 의도가 놓여 있음을 알 수 있다. 가령 낭만주의 문학을 모든 분리된 장르를 하나로 통합하는 "점진적 보편문학"으로 정의하고 있는 슐레겔의 저 유명한 <아테네움 116번 단편>도 자세히 읽어보면 그것은 예술의 자율성에 대한 요청에 다름 아니다. 좀 더 과감히 말하면, 낭만주의적 예술과 미학은 심미적 근대성의 통합적 이념을 불가피한 외적인 요청으로 내세우는 듯하면서도 사실은 자신의 자율성을 더욱 강화시키고 있는 것이다. 이는 종교와 예술의 관계에서도 마찬가지다. 낭만주의 예술은 종교의 핵심 개념들(예를 들면 무한성, 절대성, 직관적 상태, 부유, 분위기, 상태 등) 같은 종교적 개념과 형상을 예술적으로 표현하고 있지만, 그 형상화는 종교에 종속된 예술이라기보다는 자신의 자율성을 강화시키려는 예술의 논리에서 나온 것이었다(가령 노발리스의 <밤의 찬가>). 특히 무한성(혹은 무한한 것)은 절대자를 향하는 유한한 인간의 동경 같은 종교적 맥락에서 파악되기보다는 예술의 무한한 자기 발전, 즉 슐레겔의 언급대로 "포에지(주로 예술적 현상과 정신)

는 무한해야만 한다"는 의미, 즉 시공간성에 얽매이지 않는 예술 자체가 자기 성찰을 통해 항구적으로 자기 변혁과 확장을 꾀한다는 의미를 지닌다.[9] 슐레겔의 또 다른 단편에서도 그 점을 읽어낼 수 있다. 가령 238번 단편에 제시된 "포에지의 포에지"라는 독창적인 언술은 바로 예술의 자기투영성 내지는 자기준거성을 강조하고 있으며,[10] 그리고 252번 단편에서는 "Ich=Ich"라는 피히테의 인식론적 전제 조건을 패러디화하면서 "아름다움=아름다움"일 뿐 그것이 더 이상 "진실한 것"이나 "선한 것"과 연결될 수 없다고 선언되어 있다.[11] 또한 고전주의적-이상주의적 시각에서는 이성과 상상력이 가능한 한 협력 관계를 맺는다면(혹은 상상력이 이성을 위한 보완 기능을 수행한다면), 낭만주의적 시각에서는 그 양자는 엄격히 구분된다. 슐레겔에 의하면, "상상력은 사물과 객관적인 세계의 법칙에 구속되지 않으며 이성과 극단적으로 대치한다. 형식에 있어서도 이성과 상상력은 다르다. 이성은 모든 형상적인 것을 피하며 추상적인 것을 추구하지만, 상상력은 이와 반대로 형상적인 것을 추구하고 추상적인 것을 피한다."[12] 상상력을 중시하는 예술은 더 이상 이성에 종속되거나 이성을 수정해주는 도구적 기능성을 수행하지 않으며 오로지 자신의 공간만을 확보해 나간다. 요컨대, 낭만주의적 시각은 "이성의 길잡이"로 환원되지 않는 예술의 자율성 자체를 강조하였던 것이다.

심미적 근대성의 이념보다는 근대성 자체의 출발점인 외분화 논리에 따라 예술 영역 자체의 자율성을 더욱 강력히 구축하려는 낭만주의의 시각은 다음과 같은 언술에서도 읽어낼 수 있다. "문학이란 공화국 같은 언술이다. 즉 그 자체 자신의 고유한 법과 고유한 목적인 언술이며, 그 안에서 모든 부분들은 자유

9 이 점을 가장 잘 읽어낸 연구서로는 발터 벤야민의 『독일 낭만주의에서의 비평 개념』을 들 수 있다.

10 F. Schlegel, Kritische-Friedrich-Schlegel-Ausgabe, Paderborn u.a. 1958 ff., Bd. 2, S. 204.

11 Ibid., S. 207.

12 Ibid., S. 359.

로운 시민이며 공동결정을 내려도 좋은 언술이다."[13] 여기서 "공화국 같은", "법과 목적", "자유로운 시민", "공동결정" 등은 모두 프랑스 혁명에서 차용된 정치사회적 개념이지만, 이러한 정치적 혁명 어법의 차용은 근대성 이념을 실현하기 위한 것이 아니라 예술과 문학의 자율성을 강화하기 위한 것으로 사용되고 있다. 예술은 예술일 뿐 다른 어떤 것이 결코 아니라는 점, 또한 인식과 실천, 진리와 도덕 간의 괴리를 극복하는 가능성이 더 이상 예술의 기능이나 책무로 인식될 수 없음이 분명해 진다. 사회가 다양한 부분 영역으로 외분화하는 현상을 불가역적이고 불가피한 현상으로 관찰할 경우, 낭만주의적 시각은 바로 그러한 논리에 따라 예술 자체의 자의식을 강조한 경향인 것이다. 예술 자체의 자의식, 예술의 자율성 강화는 바로 낭만주의가 예술 내적인 작동 방식에 상당히 천착해 있었다는 점에서도 유도해 낼 수 있다. 가령 예술은 상상력, 무정형성, 추상적 형상성, 비개념성을 특징으로 삼는다는 것, 예술은 아이러니, 위트, 알레고리, 은유, 환유 같은 다양한 유희적, 실험적 특성을 전개한다는 것, 예술은 분열된 내면, 주체의 해체, 새로운 것(흥미로운 것, 충격적인 것, 무시무시한 것)을 심미적으로 형상화한다는 것, 이러한 다양한 특성은 바로 삶의 의미와는 무관한 차원에서 예술의 자율성을 더욱 중시하고 있는 것이다.

고전주의적-이상주의적 시각의 경우 진리와 가상의 변증법적 관계를 강조하면서 가상의 자기지양을 통해 진리(혹은 이성)의 목적에 도달할 수 있다는 사유를 펼치고 있다면, 낭만주의적 시각에서는 그러한 자기지양의 논법이 작동하지 않는다. 자기지양의 논리가 불가능한 까닭은 보편적 통일성을 회복할 수 없다는 근대성 자체의 상황과, 부분 영역으로서의 예술 자체의 자율성 논리가 상당히 인식되었기 때문이다. 그렇기 때문에 고전주의적-이상주의적 시각에서 중시된 이성과 인륜성 같은 개념에 대해서 낭만주의적 시각은 이의를 제기하는

---

13 Ibid., S. 155.

동시에 예술의 자율성을 강조하고 나서는데, 이 점은 바켄로더(Wackenroder)가 자신의 소설 내에서 밝힌 예술의 정의를 살펴보면 더욱 명확해진다. "예술이란 기만하고 속이는 미혹(迷惑)이다. 우리는 궁극적인 내적인 인륜성이 예술에 있다고 생각한다. 예술은 인간이 만든 낸 아름다운 작품을 우리에게 슬며시 내밀지만, 거기에는 일상의 노동 세계에 비생산적이고 쓸모없는 자기만족적 사유와 감성만이 녹아 있을 뿐이다. 나 같은 멍청이는 그런 작품을 신이 만든 인간보다 더욱 고상한 것으로 평가하고 있다."[14] 물론 이 대목을 놓고서 예술의 무기능성, 예술의 현실 도피 같은 비판을 제기할 수 있지만, 사실 그보다 더욱 중요한 점은 예술 스스로가 자신에 대해 회의하고 있다는 것이다. 다시 말하면, 흔히 사람들이 예술에서 기대하는 인륜성, 총체성, 통일성 같은 이념에 대해 예술 스스로가 하나의 "기만"이고 "미혹"일 수 있다고 인식하고 있는 것이다. 자기 자신에 대한 예술적 회의는 주로 비관주의적, 허무주의적 세계관으로 설명되기도 하지만, 그러나 허무적이고도 어두운(사악한) 현상 – 주로 충동, 소망, 죽음이 가득한 무의식의 세계 – 을 그려낸 낭만주의적 시각은 자기 자신을 확장시키는 예술적 시도에 다름 아니었다.

5. 나가는 말: 심미적 근대성과 포스트모더니즘

심미적 근대성과 예술의 자율성 간의 상호관계에 대한 논의는 사실 18세기 고전주의적-이상주의적 시각과 낭만주의적 시각에서 시작하여 보들레르, 아방가르드, 니체를 거쳐서 루카치, 블로흐, 아도르노, 벤야민, 뷔르거, 보러, 리오따르, 벨쉬, 젤 등으로 이어지는 근대의 문학이론 및 미학 이론과 관련하여 매우

---

14 W. H. Wackenroder, Werke und Briefe, hrsg. v. Gerda Heinrich, München 1985, S. 332.

중요한 의미를 지니며, 특히 진리와 가상의 상관성에 대한 미학적 논의와도 긴밀하게 연결되어 있다. 근대의 외분화를 극복하고 새로운 통일성과 총체성을 회복하려는 차원에서 예술의 자율성이 지양되어야만 한다는 시각이 "진리 미학"(Ästhetik der Wahrheit)을 중시하고 있다면, 이와 달리 통일성과 총체성보다는 오히려 외분화라는 실제 현실 의식 하에서 예술의 자율성을 강화하는 시각은 "가상 미학"(Ästhetik des Scheins)을 중시한다고 구분할 수 있다.

기능적으로 외분화된 사회가 더욱 가속화됨으로써 통일성, 총체성 같은 이념이 더 이상 관철될 수 없는 듯이 보인다. 특히 19세기 중반 이후 정체성 개념은 단지 자율적으로 존재하는 부분 영역에만 적용될 수 있을 뿐 사회 전체의 통일된 정체성이란 불가능하다. 이미 언급한 바 있듯이, 20세기 초 아도르노와 벤야민이 예술 자체만의 특수성을 고려한 것도 사회 전체가 총체적으로 파악될 수 없음을 인식했기 때문이었다. 특히 부분 영역이 자신의 시각으로 사회 전체를 파악하려는 시각은 더욱 더 비판될 수밖에 없는데, 가령 정치 영역이 예술, 법, 종교 같은 타 영역을 정치적으로 파악하려 할수록 타 영역의 저항은 더욱 더 높아지기 마련이다. 이러한 정황은 예술 영역에도 그대로 적용된다. "예술은 인류의 보편적인 길잡이", "사회는 예술적이어야 한다", "사회는 종합예술작품과도 같다"는 식의 이념적 요청이 제시될 경우, 정치나 경제는 그러한 예술 영역의 요청에 쉽게 동의하지 않는다. 이러한 부분 영역의 저항은 결코 부정적인 현상이 아니다. 분열된 사회 전체를 하나로 묶어 줄 수 있는 보편적인 이성에 대한 막연한 기대감보다 오히려 기능적으로 외분화된 사회, 즉 부분 영역의 자율성과 상호 차이를 인정해주는 사회가 어쩌면 더욱 민주적인 사회로 인식될 수 있기 때문이다. 또한 철저히 자율적으로 기능하는 부분 영역들이 존재하는 사회라고 해서 그 영역들간의 상호 소통이 단절되는 것은 결코 아니다. 오히려 부분 영역들의 외분화 상황에서는 여느 때보다 상호 소통이 활발하게 전개되며 그 결과 통섭이나 융합까지도 가능하게 된다. 물론 각 영역의 자율성과 차이성이

철저히 인정되는 가운데서 말이다.[15]

결론적으로 강조하자면, 기능적으로 외분화된 사회 속에서 예술은 다른 부분 영역들과 마찬가지로 하나의 부분 영역일 수밖에 없다. 이때 부분 영역으로서의 예술의 발전을 위해서는 예술 자체의 부단한 자기성찰이 요구된다. 즉 예술의 내적 발전사, 내적인 구조, 의미 작용, 수사적 표현 등에 대한 전문적인 인식이 끊임없이 천착되어야만 한다. 이러한 예술의 자기성찰에 항상 걸림돌로 작용하고 있는 것은 아직도 애매하게 천명되는 '문학은 삶과 인류의 길잡이' 같은 보편주의적 이념이다. 보편주의적 이념이라는 거대 이름이 큰소리로 호명되면 될수록 예술 자체의 특수성에 대한 인식은 상대적으로 결핍될 수밖에 없으며 또한 자신을 방어할 수 있는 성찰력을 상실할 수도 있다. 오랫동안 자의반, 타의반 예술에 부여되어 왔던 보편주의적 이념은 한편으로 예술의 숭고함을 장려하지만, 다른 한편으로 예술 자체의 특수성을 인정하지 않음으로써 예술 자체의 내적 발전을 저해한다. 다른 부분 영역도 쉽게 표방할 수 있는 보편주의적 이념이 예술 영역에서 계속 표방될 경우, 다른 영역과 예술 간의 '차이성'이 결여되고 그 결과 종속화나 도구화 현상이 계속 나타날지도 모른다. 그와 같은 보편주의적 이념에 대항하면서 니체는 예술을 정의하는 데 있어서 "예술은 동물적인 활력의 상태를 상기시켜 준다. 예술이란 한편으로 끓어오르는 육체적 감각이 이미지와 소망의 세계 속으로 과도하게 발산되는 것이며, 다른 한편 그와 같

15 최근 학문간의 융합과 통섭이 유행처럼 번지고 있으며 대학의 새로운 전공 도입에서도 그러한 요청이 반영되고 있다. 융합과 통섭에 의해서 전통적으로 소통불가능한 것으로 여겨진 이질적인 것들(예: 문학과 생물학)이 서로 조우함으로써 예기치 않은 새로운 문명 발전적인 계기가 창출될 수도 있지만, 그런 요청이 자칫 전통적으로 제도화된 전공 영역의 불필요성을 부르짖는 이데올로기로 작용할 경우 매우 위험한 일이 아닐 수 없다. 역설적이지만 제도화된 전공 영역 없이는 융합과 통섭은 본래부터 불가능하다. 또한 특정 전공 영역이 스스로 타 전공 영역과의 융합과 통섭을 꾀하려 할 경우 그것이 자기부정을 전제로 한다면 매우 불행한 일이 아닐 수 없다.

은 넘치는 삶의 이미지와 소망을 통해 동물적 기능을 자극시켜 준다. 예술은 삶의 감정의 상승이며 자극이다"[16]고 주장한 바 있는데, 이는 인륜성 담론에서 벗어나 추하고 사악한 것까지도 형상화할 수 있는 예술의 자율성을 강화시켜 주는 언술로서 긍정적으로 받아들여진다. 물론 니체의 시각은 자율적 예술의 특수성을 강화시키는 하나의 예이며, 지금은 문화산업과 경쟁하는 차원에서 "흥미로운 다양한 현상"까지도 예술적으로 담아내는 자율적 예술이 요구되고 있는 상황이다. 보편주의적 이념에 의존하기보다 예술적으로 자신을 차별화시킬 수 있는 가능성을 끊임없이 모색해 보는 것, 이것이 자율적 예술의 자기 정체성을 무한히 발전시킬 수 있는 필수적인 조건이라 할 수 있다.

보편주의적 이념과의 결별, 이는 낭만주의에서 시작하여 니체를 거쳐 포스트모더니즘에서 더욱 강화되는 현상이다. 예술의 자율성 논리를 주장한 낭만주의적 시각이나 보편성, 통일성, 전체성과 결별하는 포스트모더니즘적 시각에서 똑같이 중시되는 점은, 심미적 이성이 아니라 심미적 감각과 상상력의 복귀이다. 심미적 감각과 상상력은 새로운 형태의 통일성을 꿈꾸지 않으며 또한 "사변적 서사라는 절대적인 장르, 목적의 형식, 형이상학의 자만심"과 연관된 "정신의 우월성"에 의해서 더 이상 억압되거나 통제되지도 않는다.[17] 요컨대, 심미적 감각과 상상력을 중시하는 예술은 정신의 객관화보다는 영향미학적인 차원에서의 충격이나 무감각과 긴밀한 관계를 맺으며, 때로는 다양성, 환상, 인위성을 배가하는 데 심혈을 기울인다. 심미적 감각과 상상력을 중시하는 예술에서는 과장(Übertreibung)이 곧 현실원칙(Realitätsprinzip)으로 작용할 수도 있다. "과장은 현실 자체의 원칙이다. 내일의 현실은 오늘의 현실의 과장이다. 이것이 바로 우

16 F. Nietzsche, Kritische Studienausgabe in 15 Bänden, München 2009, Bd. 12, S. 294.

17 Vgl. J.-F. Lyotard, Philosophie und Malerei im Zeitalter ihres Experimentierens, Berlin 1986.

리가 말하는 '발전'이다."[18] 심미적 감각, 상상력, 과장 같은 자신의 고유한 추동력을 바탕으로 예술은 보편주의적 이념과 더욱 쉽게 결별할 수 있을 것이다.

---

18 W. Welsch, Ästhetisches Denken, Stuttgart 1990, S. 17.

논평과 토론

심미적 근대성의 정체성과 차이성

이석구 먼저 선생님 글을 읽고 상당히 많은 공부가 되었다는 말씀을 드리고 싶습니다. 'modernity'와 'modernism'이 근대성, 근대화, 근대주의, 혹은 소위 모더니즘 등으로 번역되면서 쓰이면서 당히 많은 혼란을 일으키고 있는 형편입니다. 선생님의 글에서 심미적 의미에서의 근대성은 또 무엇이고 역사 발전적인 의미에서의 근대성은 또 무엇인지 등 이런 혼란들이 있었는데 그런 부분에 대해서 정리가 된 느낌입니다. 뿐만 아니라 칸트에서부터 베버, 마르크스, 루카치, 벤야민, 아도르토 같이 쟁쟁한 이론가들은 모두다 여기에서 정리를 해 주시는 덕택에 이 이론가들의 난해한 개념을 명징한 글쓰기로 풀어주셔서 정말 독자에게는 도움이 되는 글이었다고 평가됩니다.

선생님은 루만의 이론을 들여와서 사회적 근대성을 사회의 외분화라는 개념으로 풀어나가셨습니다. 즉, 이전의 시대를 지배했던 통일적인 원리들이 더 이상 힘을 발휘하지 못하게 되는 결과로 소외와 같은 부정적인 현상이 출현하게 되었고, 더불어 이에 대한 반대급부로 사회의 각 부분 영역들이 자율성을 획득하는 그런 양면적인 프로세스로 사회의 외분화를 설명하시는 것 같습니다. 이에 반해 이념적 근대성은 사회적 근대성에 대한 일종의 반작용으로 이해됩니다. 즉, 사회적 근대성이 발전하면서 문명화의 제단에 희생물로 바진 총체성을 다시 회복하려는 유토피아적인 움직임으로 이념적 근대성을 설명하셨습니다. 그리고 이런 이념적 근대성의 진영에는 헤겔, 마르크스 같은 인물들이 서 있습니다. 근대성에 대한 두 가지의 개념화는 인디아나 대학 비교문학과에서 가르친 칼리네스쿠 교수의 <근대성의 다섯 얼굴>에서도 조금 언급되었던 것을 읽은 기억이 있습니다. 그런데 이 분야의 문외한으로서 가지게 되는 질문은 "사회적 근대성이라는 것이 애초부터 이념적 근대성과 애초부터 분리가 가능한 것이었던가?" 입니다. 이를테면 경제 영역에서 보면 15~16세기에 중상주의와 더불어 상업 자본주의가 출현하였고, 18세기에 이르러서는 산업 자본주의가 발생하였습니다. 이러한 자본주의의 발달은 계급분화라는 심각한 사회현상 문제를 가지고 오긴 했지만 동시에 주목해야 할 바는, 이러한 역사적 변화를 추동하였던 통시적인 동인은 이성이었다는 점입니다. 즉, 15세기에서 현대에 이르는 자본주의의 역사적 전개는 이성이 발현하는 과정이라는 거죠. 이 이성이 인간에게 준 희망은 굉장한 것이었습니다. 19세기 중엽 마르크스가 런던을 구경한 후 자본주의의 산물인 도시화를 비판하기도 하였지만, 또한 훗날 도구적 이성이라는 비판을 초래하기도 하였지만, 19세기말까지만 해도 이성은, 이성에 대한 숭배는 계몽주의의 보토였습니다. 그렇게 보았을 때 자본주의의 역사는 사회 분화를 가져오기도 하였지만, 동시에 이 사회적 분화는 통일성의 원칙인 합리성의 지배를 동시에 받았다고 판단되는 것입니다.

중세시대를 벗어나면서 객관적인 이성에 대한 믿음들이 사라지게 되고 주관적인 이성이 등장하게 되었다고 말씀하셨는데 저도 동의를 하는 표현입니다. 그런데 '주관적 이성'이라는 것이 개인 주체에 발견되는 것이고 그런 점에서 개별자의 주관적 세계를 지배하는 이성이라고 저는 이해했습니다. 그럼에도 불구하고 개별자의 이성들 간에는 공통분모는 분명히 있어왔던 것이 아닌가. 그리고 이러한 공통분모에 대한 믿음이 사실은 자본주의 발달을 가져온 것이고 또한 정치적인 면에서는 절대왕정에 대항하여 시민사회가 출현하게 한 것이 아닌가 하는 생각이 듭니다. 즉, 주관의 시대에도 면면히 흐르는 공통분모는 있었고 이것에 대한 믿음이 사회계약론을 가능하게 하였다고 판단됩니다. 이러한 관점에서 보았을 때 선생님의 글에서 지적된 바 외분화와 더불어 등장한 사회적인 문제들은 어떻게 보면 합리성이라는 하나의 동일한 매트릭스에서 나온 결과라고 생각할 수도 있습니다. 그리고 이 다양한 결과들 각각에는 이 합리성의 낙인이 찍혀있다고나 할까요? 합리성은 서구 사회의 외분화를 일으키기도 하였지만, 통일성에 대한 열망 역시--좀 더 높은 수준에서의--합리성의 회복으로 귀결된다는 점은, 동일한 원리가 역사적으로 발현하면서 문제를 일으키기도 하면서 또한 스스로 해결책을 강구하는 것이 아니었나 하는 도식적인 생각을 하게 됩니다. 그래서 외분화 현상 자체가 소위 이념적 근대성인 합리성의 자기 발전과정으로 봐야 되는 것이 아닌가 그렇게 저는 생각을 했었습니다. 이에 대한 답변 부탁드립니다.

두 번째는 심미적 근대성에 대한 질문입니다. 선생님의 글에서 심미적 근대성에 대한 부분은 낭만주의를 새롭게 독창적으로 읽으신 부분인 것 같습니다. 낭만주의 운동을 계몽주의적 맥락에서 파악해 온 기존의 독법에 대해 선생님께서는 이러한 "사회적, 정치적 독법은 낭만주의의 새로운 현대성을 이해하는 데 한계를 드러낸다"는 반론을 펴십니다. 이유인즉, 낭만주의 작품을 자세히 들여다보면, 사회 통합의 이념이 작품의 외적인 포장으로 나타나지만 그 내면에는 예술의 자율성을 더욱 강화하려는 의도가 있다는 것입니다. 상당히 흥미롭고 새로운 해석이라고 생각됩니다. 동시에 드는 생각은 독일 쪽은 잘 모르지만 영문학에서는 많은 작품이나 예술론이 한편으로는 사회참여적인 논의, 즉 어떻게 하면 우리가 하나가 될 것인가, 개인에게서 일자(The One)의 흔적이 어떻게 발견될 수 있는가의 문제를 두고 고민을 한 바 있습니다. 이는 사회 외분화가 진행되는 과정에서 이에 대한 반작용으로 통일성을 열망하는 것으로 읽혀질 수도 있겠습니다. 영국 낭만주의의 대가 셸리 같은 이가 대표적인 경우입니다. 그는 시인은 "공인되지 않은 사회의 입법자"라고 주장을 하기도 하고 시 <서풍부>에서 사회 개혁의 열망을 노래하기도 합니다. 반면 다른 시인들은 예술의 어떤 지분, 즉 현실로부터의 분리, 즉 예술의 자율성을 추구하는 그런 이념을 추구하는 작품들을 발표하였습니다. 코울릿지 같은 시인은 유미주의적 관점을 가졌고 그런 점에서 예술의 자율성을 추구하였다고 판단됩니다. 선생님의 해석에 따르면, 셸리 같은 이도 속을 자세히 읽어보면 작품에 드러난 사회 참여 의지가 어떤 통일성을 추구하려는 것이라기보다는 실은 예술의 자율성을 추구하려는 것이었다고 이해됩니다. 질문 드리고자 하는 바는, 낭만주의자들의 사회 개혁적인 진술들을 자율성에 대한 해석으로, 예술의 독립에 대한 은유적 표현으로 읽을 수가 있다고 한다면, 그 반대의 경우 즉, 문학의 신 뮤즈에 대한 찬양, 시적 자아나 신성함에 대한 노래도 정치적인 비전에 대한 은유로 읽을 수 있는 가능성이 동시에 존재한다는 것입니다. 이러한 양면적인 면이 영문학에서만 일어나는 것인지, 아니면 독일 문학이나 독일 예술론에서도 발견되는지 묻고 싶습니다.

최문규 너무 꼼꼼히 잘 읽어주셔서 감사드립니다. 사실 유럽의 철학과 미학을 다룬 글이어서 영문학을 하시는 이석구 선생님께서 그 배경을 이해하는데 힘들지 않을까 하고 걱정을 했는데, 너무 정확하게 잘 읽어주셨습니다. 첫 번째 질문과 관련하여, 외분화 현상으로서의 사회적 근대성과 이념적 근대성에 대해서는 저 또한 동전의 양면으로 보고 있습니다. 외분화 현상을 원인으로, 이념적 근대성을 결과로 보는 것이 아니라 합리성을 추구하면서 사회적 분화를 야기했던 근대성은 사실은 그 자신 속에 다시금 새로운 통일성의 이념을 추구했다는 것입니다. 요컨대, 사회적 근대성은 이념적 근대성을 내포하고 있는 것으로 볼 수 있습니다.

또 한 가지 강조하고 싶었던 점은, 근대성의 추동력이 됐던 주관적 이성, 합리성 같은 개념은 어떤 개인에만 제한하는 것이 아니라 사회의 부분체계들(예술체계, 정치체계, 종교체계 등)의 성립 과정에 부합한다는 것입니다. 과거의 문학사나 사회사에서는 합리성, 이성 같은 개념을 사회적인 삶을 살아가는 개개인들에게 적용하고 있는데, 저는 이것을 부분 체계의 자율성, 부분 체계의 독립, 부분체계가 합리적으로 자기 자신을 독립시킨다는 식으로 옮겨 놓고 싶습니다. 물론 이 때 합리성은 예술뿐만 아니라 모든 부분 체계들이 공통적으로 획득하게 되는 특성입니다.

그리고 두 번째로, 자율성을 표방한 예술도 역으로 정치적인 실천에 대한 함의를 가질 수 있지 않느냐 하는 질문을 제기해 주셨는데, 그 점이 사실 가장 답변하기 힘든 예리한 질문이라고 할 수 있습니다. 그러한 예술적 현상은 다름 아닌 아방가르드 예술에도 적용될 수 있을 것 같습니다. 아방가르드 예술과 관련해서는 일종의 두 가지 독법이 가능한데, 한편으로는 낭만주의와 유미주의의 연장 선상에서 예술의 자율성을 강조하는 시각이고, 다른 하나는 예술의 자율성을 정치적 해방에 대한 은유로 읽는 시각입니다. 후자의 경우 러시아 미래파의 대표적인 화가인 말레비치(Malewitsch)가 발표한 “검은 사각형” 같은 그림이 속하는데, 순수추상화의 극단을 제시한 말레비치의 절대주의적 그림을 철저히 정치적으로 읽을 수 있는 가능성은 충분히 있습니다. 소위 “백색의 인류”를 꿈꾸는 정치적 유토피아에 대한 갈망으로 말입니다. 마찬가지로 르네 마그리트 같은 초현실주의 작가의 회화도 무의식적인 정치의 실천으로 읽힐 수 있습니다. 그런데 이러한 정치적 독해 가능성과는 정반대로 아방가르드는 철저히 예술적으로 해석될 수 있습니다. 즉 아방가르드는 정치적 실천을 목표로 한 것이 아니라 전통적인 예술을 뒤집는, 자율적으로 진행해오는 예술 체계 자체의 변혁이라는 것입니다. 그럴 경우 외적으로는 정치의 실천을 표방하더라도 실질적으로는 예술의 자율성을 더욱 강화한 것이라고 말씀드릴 수 있습니다.

김상환 이석구 선생님의 첫 번째 물음에서부터 다시 시작하고 싶습니다. 분화의 논리 배후에는 어떤 공통의 합리성이 전제되어 있는 것이 아니냐는 질문인 것 같습니다. 아무리 분화가 진행되더라도 언제나 세분화된 것들을 다시 묶어줄 어떤 끈이 있어야 되지 않느냐는 것이죠. 사실 이것은 17세기를 지배했던, 그리고 데카르트에 의해 상징적으로 대변되는 통합학문의 이념과 닿아 있는 이야기입니다. 당시의 철학자들은 합리론자든 경험론자든 대부분 모든 과학이 하나의 단일한 방법으로 관통하고, 따라서 상호 연역 가능하다고 믿었습니다. 나아가 개별적인 지식은 그런 총체적 상호 연역관계 안에 놓일 때야 비로소 안전한 확실성을 획득할 수 있다고 보거죠. 근대의 학문 분화의 논리는 이런 믿음을 배경으로 자유롭게 펼쳐질 수 있었습니다. 이것은 노동 분화의 논리와 유사합니다. 사람들이 저마다 일을 나누더라도 나중에 결과를 합하면 조화롭고 단일한 전체가 이루어진다는 믿음이 있기 때문에 효율성을 선물하는 노동 분화의 논리를 마음껏 추구할 수 있었습니다. 학문 분화의 경우도 마찬가지입니다. 영역과 대상을 서로 나누어 연구하더라도 그 결과는 모두 하나로 이어지고 통합되니까 일단 영역들 간의 횡적 관계는 고려하지 말고 자기가 서 있는 영역을 깊이 천착해보자는 것이죠. 그러나 통합과학의 이념은 더 이상 유효하지 않습니다. 개별 학문이 서 있는 최후의 전제들이 통약 불가능하다는 사실을 자각한 것이고, 모든 학문적 영역을 관통하는 단일한 방법 같은 것은 있을 수 없다는 것을 알게 되었기 때문입니다. 이 시대는 영역이 달라지면 방법도 달라져야 한다는 아리스토텔레스-스콜라적인 생각이 지배적인 시대입니다. 그런데 이렇게 분화의 논리를 그대로 방치하면 각각의 학문이 왜소화되고 자폐성에 빠집니다. 외부와 단절되어 충격을 줄 수도 없고 받지도 못하는 난관에 봉착하죠. 요즘에 융합이니 초학제 연구니 하는 흐름이 점점 큰 물결을 이루게 되었는데, 이는 학문의 세분화가 초래한 위험 때문에 발생한 자연스런 경향입니다. 그 위험은 전문화가 지나친 나머지 창의적 연구의 동력 자체가 소진된다는 것이죠. 이런 문제를 해결하기 위해 초학제 연구가 권장되고 있는데, 현대의 초학제 연구는 학문 분화의 논리를 해치지 않으면서 학문간 횡단과 협업의 방법을 찾는다는 특징이 있습니다. 통섭의 이념과는 전혀 다른 패러다임 안에서 추구되는 것이죠. 이런 관점에서 질문을 드리겠습니다. 최문규 선생님께서는 지금 고전주의와 낭만주의라는 두 축을 놓고 거기서부터 어떻게 현대의 다양한 사조들이 파생하게 되었는지를 설명하셨는데, 그런 계보학적 연역을 통해 우리는 분명 현대의 다양한 사조들 간의 내적 연관성을 깊이 이해할 수 있게 되었습니다. 그러나 근대의 지식담론과 현대의 지식담론은 서로 다른 패러다임 안에서 전개되므로 그런 역사적 연역에서 조심해야 할 부분이 있지 않을까요? 특히 개별 학문의 자율성을 존중하고 그것에 고유한 전문화의 논리를 인정하면서도 다른 학문과 횡단적으로 관계하여 창의적인 연구의 길을 여는 것은 근대의 지식 패러다임에서는 연역하기 어려운 이 시대 고유의 문제가 아닌가 합니다.

최문규 김상환 선생님의 시각은 예술을 정치철학적으로 해석하려 했던 헤겔과 루카치의 논리 선상에 있는 것으로 보입니다. 예술의 자율성을 합리적인 근대 주체의 발생과 연관시키는 것은 타당하지만, 그러나 외분화를 강조하는 체계이론에서 중요한 점은 개별 체계들이 자율적으로 분화된다고 해서 소통을 행하지 않는 '고독한 개인'처럼 '고독한 체계'로 머무는 것이 아니라 오히려 개별영역들 간에 상호 인터액션이 더욱 활발하게 진행하는 가운데 각각의 체계가 더욱 더 확고하게 자신을 정립을 해나간다는 것입니다. 특히 예술 체계는 모든 사회적 사건을 대면하면서 자신의 코드, 즉 "아름다움과 아름답지 않음"이라는 이분법적 코드로 매우 적극적으로 다양한 사회적 현상을 예술적 현상으로 읽어내려 합니다. 이러한 시각은 고독한 주체처럼 자신을 닫아버린 채 머무는 행위로 비판될 수 없는 것입니다. 따라서 "자폐성", "왜소화" 같은 정신분석학적, 심리학적 진단은 자율적인 체계 혹은 사회의 부분영역에는 적용될 수 없다고 봅니다. 자율적일 때 오히려 더욱 소통이 강렬해지고 상호 횡단 등이 가능해집니다.

김상환 루만을 읽다 보면은 도대체 영역 간에 상호작용이라는 게 어떻게 가능한가라는 의문이 들게 됩니다. 영역들이 완전히 고립되어 자기 안에 갇히게 된다는 인상을 받습니다.

최문규 인간과 인간의 소통이 아니라서 그렇게 보일 수 있습니다. 근대 이후 사회적 삶을 들여다보면, 체계들 간의 소통이 사실 우리의 삶을 거의 지배하고 있습니다. 대학에서의 교육 활동은 행정 체계의 지배를 받고 있으며, 소논문의 작성 작업은 학문 체계에 의해서, 그리고 정치와 관련된 글은 경우 정치 체계의 지배를 받고 있는 것이 사실입니다. 하버마스가 체계에 의한 "생활세계의 식민지화"라고 표현했을 때 그것은 역설적이지만 보이지 않는 개별 체계의 존재를 가장 잘 표현해 낸 것이기도 합니다. 단지 문제는 체계 간의 지배 논리를 지양하고 체계간의 소통 논리를 더욱 관철하고 강조해야 한다는 것입니다.

김상환 제 질문에 하고 싶었던 것이 그겁니다. 선생님은 두 개의 선택지를 제시한 것 같습니다. 전체를 묶느냐 아니면 각 부분의 가능성을 존중하느냐. 그런데 지금의 흐름은 제3의 길이 아니냐 하는 것이죠. 어떤 체계-간적인 사유(trans-systemic thinking), 혹은 초학제 연구(trans-disciplinart studies) 같은 것 말이죠. 모두 하나로 묶는 총체적인 관점을 추구한다는 것은 현대의 실제적인 조건에 비추어 볼 때는 도저히 불가능한 것이고, 적어도 몇 개의 인접영역이나 체계들 사이에 어떤 교통이나 상호 협업적인 연구를 추구하는 것이 현대적인 흐름의 특징이 아닌가 합니다.

조대호 제가 보기에 최문규 선생님 말씀과 김상환 선생님 말씀은 서로 모순된 주장이 아니라 둘이 양립 가능한 것 같습니다. 최문규 선생님은 체계는 독립적이고 자율적이지만 체계에 관여하고 있는 사람들은 다양한 체계에 속함으로써 서로 대화를 매개할 수가 있다는 이야기를 하시는 것 같고, 김상환 선생님께서는 그런 식으로 체계가 고립되다 보니까 대화에 길이 막혔고 결국 그것이 생산적이고 유기적 대화의 가능성을 원천적으로 봉쇄했다고 보는데, 제가보기에 이 문제에 대한 해결은 이론적인 것이 아니라 현실적 조건에 따라 달라질 수 있을 것 같습니다. 제가 경험한 바에 따르면 독일 같은 사회의 지적 풍토에서는 한 사람이 특정한 체계에 매이지 않고 다양한 체계를 넘나들면서 서로 대화를 할 수가 있습니다. 그들이 받은 광범위한 교육 탓이지요. 그 사람들은 한편으로는 다양한 체계를 경험하고 각각의 체계가 갖고 있는 고유한 논리를 알면서도 또 다른 한편으로는 그러한 고유한 논리들을 서로 매개할 수 있는 통합적인 지적 능력을 갖고 있기 때문에 그게 가능하지만, 우리나라에서는 사람들이 하나의 체계 속에서 교육을 받고 그것이 학습되면 다른 체계에 대해서 아무것도 모른다는 겁니다. 이런 현실을 극복하자는 뜻으로 '통섭', '융합' 등에 대해 말하고 있는 것 같은데, 사실 지금의 이런 유행 같은 현상이 어떤 결과를 낳을 것이냐, 과연 특정한 체계의 고유한 관점을 인정을 하면서 그런 고유한 관점들 사이의 차이점들을 매개할 수 있는 능력을 갖게 할 수 있을 것이냐, 적어도 현재로서는 저는 그 가능성에 대해서 회의적으로 보는 편입니다. 거칠게 말하면 죽도 밥도 아닌 결과를 낳을 수가 있다, 특정한 체계에 의거해서 세상을 보는 눈도 만들어 주지 못하고, 이것도 저것도 아닌 뒤죽박죽의 카오스 상태에 우리의 정신을 빠질 수 있다는 겁니다. 그런 점에서 이런 문제가 우리의 현재 지적 수준과 여건을 냉정하게 진단하면서 이 현실을 어떻게 더 높은 차원으로 끌어올릴 수 있을지 그 방법에 대해서 이야기가 세밀하게 이루어져야 하지 않을까, 이런 생각이 들었습니다.

최문규 학문 체계와 관련하여 요즘 대중과의 소통을 강조하는 경향이 있습니다. 가령 서울대 인문대가 CEO들을 대상으로 해서 강좌를 열고 있습니다. 그런 강좌를 우리 학교에서도 실시하려고 하는데, 저는 개인적으로 그런 강좌 형태에 대해 대단히 회의적입니다. 기업을 경영하는 CEO들을 대상으로 강의를 했을 때 대학교수들이 과연 무슨 이야기를 할 수 있을지 정말 회의가 듭니다. 물론 가령 카프카의 <변신> 같은 작품을 갖고서 인간과 자본, 아버지와 아들의 관계 등에 대한 상식적인 이야기를 나눌 수는 있지만, 사실 그 순간 전문성을 완전히 포기하는 것과도 같습니다. 학문 체계는 "이론의 이론" 같은 메타 차원에서의 작업, 즉 학문하는 이들 간의 대화와 토론을 통해 발전하는 것이며, 그럼으로써 우리가 그렇게 소망하는 노벨물리학상, 노벨문학상 등을 받을 수 있는 것이지요. 학문도 루만의 이론에서는 하나의 체계입니다. 정치나 경제의 요청에 대항하여 학문은 스스로의 자율성을 지키면서 학문의 내적인 발전을 추구해야 합니다. 어쩌면 대중과 소통해야만 한다는 요구는 자칫 학문에는 위태로울 수 있습니다. 학문이 "가볍게" 인식됨으로써 학문이 쌓아온 전문성이 붕괴될 수 있는 위험이 있는 것입니다.

조대호 최문규 선생님께서도 몇몇 생물학적인 비유를 드셨는데, 그런 방향에서 더 이야기를 해 볼 수 있을 것 같습니다. 예컨대 세포는 세포로서의 자율성을 갖고 있어야 하지 않겠습니까? 하나의 세포가 세포로서 기능하려면 세포막에 의해서 다른 것과 갈라져 자기의 정체성과 다른 세포와의 차이를 보존하고 그러면서도 동시에 그런 세포들이 유기적인 상호작용을 통해서 하나의 통일성을 갖는 유기체를 이루어야 할 겁니다. 그런데 제가 보기에 지금 우리가 '통섭', '융합'이라는 이름을 내걸고 하는 일들은 좀 심하게 말해서 세포막을 완전히 무너뜨리는 결과를 낳을 수 있지 않을까, 그래서 결국 권력의 관점, 경제적인 관점, 신앙의 관점, 아름다움의 관점 등, 이것들이 고유한 논리를 갖지 못한 채 뒤죽박죽 섞여버리게 되는 게 아닌가 걱정이고, 이게 오늘날 한국에서 번지고 있는 통섭 융합 논리의 문제점이 아닌가 생각합니다.

김상환 선생님도 여기서 통섭이라는 말을 썼는데, 제가 최근 윌슨의 『통섭 - 지식의 대통합』을 읽어보니까 이것은 17세기 통합학문의 이념의 재판입니다. 생물학을 중심으로 인문사회과학을 포함해서 모든 학문이 수렴, 통합된다는 이야기는 지난 수 세기 동안 일어났던 어떤 인식론적인 지형의 변화를 전혀 고려하지 않는 시대착오적인 주장입니다. 그런 종류의 통섭이 가능하다는 것은 몇 세기 전 데카르트가 한 이야기의 반복에 불과합니다.

이건 정말 말도 안 되는 책인데, 어떻게 현대적인 것이라고 많은 사람들이 달려드는지 참..., 그러니까 지금은 융합을 하더라도 각 영역의 자율적 분화의 논리를 존중하면서 그때그때 각 영역 사이에서 공동 연구의 문제를 찾아야 하는 것이죠. 그런 게 지금의......

이경원 최문규 선생님께서 문학의 자율성이라는 담론이 어떤 정치적 함의를 갖고 있다고 하셨습니다. 그런데 정치적 함의를 갖고 있다는 게 정치적 실체를 내포한다는 의미로 말씀하셨는데 그 반대의 경우도 있지 않나 하는 생각이 듭니다. 문학의 자율성이라는 게 분화를 통해 개별영역끼리의 자율성을 보장한다고 볼 수도 있지만, 그것이 보수 이데올로기를 옹호하고 대변하는 담론으로 변질할 수도 있다고 생각합니다. 즉 문학의 자율성은 두 가지 측면에서 생각할 수 있습니다. 하나는 정치이데올로기로부터의 독립이라는 긍정적인 측면이 있습니다. 또 다른 하나는 사회 모순이나 갈등에 대한 정치적 무관심으로 흘러가는 부정적 측면이 있습니다. 실지로 20세기 초중반의 서구 예술과 문학을 지배했던 모더니즘 전통에서 그러한 측면이 잘 드러납니다. 특히 문학에서 그러합니다. 형식주의나 신비평의 경우, 결국 문학과 미학의 이름으로 보수적인 정치 이데올로기의 알리바이 역할을 했다고 할 수 있습니다. 상아탑 바깥의 사회현실을 외면하고 억압적이고 모순된 권력관계를 간과하고 묵인하는 것이 문학의 자율성이란 이름으로 정당화되어왔단 말입니다. 그 반면에 요즘 와서는 페미니즘, 마르크스주의, 탈식민주의 같은 이른바 정치적 이론이 문학에 개입하면서 문학이 굉장히 체제 비판적이고 저항적인 담론적 실천의 장으로 다시 바뀌고 있습니다. 그런 점에서 본다면 문학의 자율성이란 담론의 정치적 함의와 기능이 다른 방향으로 흘러갈 수도 있지 않나하는 생각이 듭니다.

최문규 첫 번째로, 예술에 있어서 정치적인 실천이나 함의가 지나치게 강조되었을 때 그 결과를 볼까요? 실천에 대한 요구는 사회의 민주화를 위해서는 대단히 공헌도가 컸었지만, 예술 자체에 있어서는 소위 "지체된 발전"을 야기하고 말았습니다. 과거 군부독재에 저항하기 위해서 예술의 당대 사명이 요구되었고 이를 위해 르뽀문학, 다큐문학 같은 단순한 형태의 실천적인 문학만이 팽배했던 것은 사실입니다. 그 순간 한국 사회에서 예술의 발전은 대단히 뒤처지고 말았습니다. 서구의 경우 1960년대 이후 네오아방가르드, 팝아트 등 다양한 예술이 발전하고 있었지만, 우리의 경우 예술은 민주주의 회복을 위해 투쟁을 하고 있었던 것입니다. 군부독재 사회가 아니었더라면 우리의 예술이 좀 더 많이 발전했을 텐데 하는 아쉬움이 정말 큽니다. 더욱 아쉬운 점은, 사회적으로 심각한 상황에서도 좀 더 큰 안목으로 예술 자체의 내적 실험을 급격하게 꾀하려했던 시도를 단순히 신비적, 비의적, 유희적 등이라고 비판하지 않고 적극 수용했었더라면 예술이 더욱 발전하지 않았을까 하는 아쉬움도 뒤따릅니다. 정치적 메시지를 우선시하는 성향 때문에 예술의 형식 실험을 너무 "비정치적인 것"으로 몰아세웠던 점은 정말 아쉬운 점입니다.

두 번째는, 저는 개인적으로 어떤 경우에도 예술은 자율성의 끈을 놓지 않는다고 봅니다. 즉 예술에 종사하는 사람은 "예술적인 것", "예술성"에 우선적인 목적을 두고 있을 것이라고 생각합니다. 예술성이 존재한 다음에 그것에 실천적인 내용이던지 정치적인 이념을 포장처럼 덮어씌우는 것이 아닐까요? 다시 말하면, 예술은 정치적인 개혁이나 실천의 방향을 소재로 삼으면서도 궁극적으론 형식적 자기 변혁 같은 예술적 의식을 포기하지 않는다는 것, 이 점은 생산, 수용, 소비에서도 항상 작동되고 있다고 봅니다. 물론 소비 측면의 경우 상당히 다를 수 있겠지만...

유현주 저는 선생님의 의견에 전적으로 동의하면서, 현대에 들어와 예술이 맞이하게 된 새로운 경쟁관계에 대해서 질문하고 싶습니다. 특히 19세기 후반부터 20세기 초반에 등장한 아날로그 기술 매체의 충격에 대해서 예술이 어떻게 반응하는지가 저의 관심사입니다. 선생님께서 언급하신 철학가, 니체에서 벤야민, 아도르노, 루만으로 이어지는 사유의 계보에서도 새로운 예술이 가진 특징의 시대적 동인으로 매체가 행사한 영향력에 대해 주목한 것으로 알고 있습니다. 예를 들면 루만 같은 경우에도 부분체계의 분화 개념을 상정할 때, 인간 사이의 대화가 아닌 시스템과의 대화라는 측면에서 이진법적인 기술매체의 특성과 유비를 보이고 있거든요. 예술적 보편성이 더 이상 보존되거나 보장될 수 없는 시대인건 분명한데, 그렇다면 예술의 심미적 자율성도 보존될 수 있는 건지요? 이렇게 기술매체에 의해 격변된, 예를 들어서 인간 자체도 자율성이 보장될 수 없는 시대에 심미성에 대한 요청이 유지될 수 있을까요?

최문규 매체와 문화산업이 상당히 밀접한 관계를 맺고 있기에 그런 경향에 대해 예술이 경쟁하지 않을 수 없습니다. 루만의 체계 이론을 추종하는 젊은 학자들이 "체계로서의 매체"를 언급하고 있는데, 어쩌면 매체 자체에도 문화산업과는 다른 자율적 논리가 작동하고 있을지도 모릅니다. 그럴 경우 매체 또한 "인간"에 대한 사유로부터 벗어나게 되는 것입니다.

매체와 예술의 경우 양자 모두 심미성을 공통으로 요구하기 마련인데, 이때 기술 매체의 심미성과 예술의 심미성이 어떻게 구분될 수 있을까 하는 점이 저의 관심사입니다. '예술의 심미성은 고귀하고 기술 매체의 심미성은 대중적일 수 있다' – 물론 아방가르드와 팝 아트를 거치면서 심미성과 관계된 양자 간의 차이는 거의 사라졌지만 –고 말하지만, 그러나 여전히 제 시각으로는 기술 매체가 만들어내는 심미성이 예술의 심미성을 훨씬 압도하기 때문에 예술이 설 자리를 잃을 수 있는 위험이 크다고 봅니다. 따라서 이에 대항하여 예술의 심미성이 더욱 공격적으로 자기 변화를 꾀한다면 기술 매체의 위협으로부터 자기 방어를 충분히 할 수 있다고 봅니다. 물론 이 때 예술의 심미성은 전통적인 코드, 예를 들면 '아름다움'이라는 코드에서는 벗어나야겠지요.

유현주 상상력이라고 하셨는데 인간 주체의 생각 자체가 기계로 대체된다면 어디에서 상상력이 나올 수 있을까요?

최문규 인간 주체의 생각뿐만 아니라 예술 자체가 기술, 기계와 분리될 수 없음은 고대로부터 잘 알려져 왔습니다. 창조성, 상상력은 일정 부분 기술적인 것이며, 그것은 예술이 테크네(Techné)의 의미를 지닌 것에서 알 수 있습니다. 오늘날 보들리야르, 리오따르, 메르쉬 같은 이들은 "예술기계"(Kunstmaschine)라는 표현을 노골적으로 사용하고 있습니다. 다만 상상력, 창조력은 전통적인 천재 담론에서의 그런 특성이 아니라 약간의 변형, 이탈, 왜곡, 과장 등을 추구하는 능력을 말하는데, 이것이 예술 체계를 지켜내는 것이 아닐까 생각해 봅니다. 물론 기술 매체도 기계적인 논리보다는 변형과 이탈을 야기하는 창조성과 상상력을 더욱 소중히 여기고 있기에 예술과 기술 매체 간에는 더욱 더 긴장 관계가 형성되고 있습니다.

이석구 매체와 기성 예술 간의 관계는 경쟁도 경쟁이만 또 서로 상호 제휴라고 할까 적대적 동거라고 할까 다양한 관계가 있지 않나 싶습니다. 포스트모던 예술을 보면 '진정성'(authenticity)라고 할까 '아우라'라고 할까 그런 것이 전혀 없는 소위 산업문명의 찌꺼기를 가지고서 자신의 고유한 영역들을 만들어내거든요. 예컨대 디지털 기술이 발달함에 따라 버려진 엘피판을 가지고 새로운 음을 창조해내는 소위 디제잉이라고 하는 음악이 나온다는 말씀입니다. 이런 것들을 이용해서 대중문화에서 나름의 예술성이 창조되고 있기에, 기존의 예술은 심미적이고, 반면 버려진 기술이었고 문명의 조각이었기 때문에 우리가 일반적으로 이해하는 심미성과는 다르다고 보는 관점은 좀 지양해야 될 부분이 아닌가 하는 생각이 듭니다.

최문규 다시 한 번 말씀드리지만, 예술에서의 심미성과 기술 매체에서의 심미성은 분명 차이가 있다고 봅니다. 물론 체계로서의 기술 매체와 체계로서의 예술 간의 대화적 관계가 가능하지만, 체계 이론에 의하면 그 대화적 관계를 통해서 각각의 체계는 자기 논리와 관점대로 자신의 영역만을 지키고 확장해 나간다는 것입니다. 따라서 매순간 스쳐지나가는 수많은 이미지를 생산하는 기술 매체를 염두에 두면서도 예술은 자신의 고유한 심미적 성찰을 전개하는 가운데 체계의 고유성을 지키게 되지요.

원미진 저는 좀 전공이 다르다 보니까 접근을 다르게 하게 되는데 지금 매체의 문제도 그렇고 고전주의와 낭만주의의 비교에서 고전주의의 문제점에도 불구하고, 제가 읽은 많은 문학작품 가운데에 오랫동안 기억에 남는 작품은 그냥 쉽게 말해서 저에게 심미적으로 공감도 줬고 정서적인 만족감도 줬기 때문에 기억에 남는다고 생각을 하는데요. 그러니까 결국 인간을 감동시킬 수 있는 게 형식적인 문제이기에 앞서 그 내용이 가지고 있는 내가 얼마나 공감할 수 있는 내용이냐라는 측면도 중요한 문제인 것 같아서요. 우리가 모두 공감하는 고전적이고 옛날에 썼지만 지금도 공감을 받고 있는 그런 작품들이 있잖아요. 그런 것들에 대한 해석을 어떻게 하면 좋을지요?

최문규 발표문에서 제시한 것처럼, 생산 방식의 역사적 변화를 언급했던 맑스 또한 아무리 사회가 발전을 해도 고대 그리스 예술은 그 독특한 심미성을 여전히 유지한다고 말한 바 있습니다. 고대 예술이 초역사적으로 계속 현재에도 고유한 심미성을 간직하고 있다는 것이지요. 넓은 의미에서 사실 저는 고전주의적 예술과 고전주의에 길들여진 생산자의 수용태도를 부정하려는 것이 아닙니다. 다만 고전주의적 시각은 예술의 자율성을 스스로 약화시키는 예술 내의 흐름이었다는 것이고, 반면에 낭만주의적 시각은 예술의 자율성을 좀 더 강화시켜주는 흐름이었다는 것입니다. 내용중심적인 고전주의나 형식중심적인 낭만주의는 모두 예술이라는 체계 내에서 어쩔 수 없이 동시적으로 존재할 수 밖에 없습니다.

박인철 고전주의 시대와 낭만주의 시대에 있어서 예술의 자율성은 파트론, 즉 후원자의 유무와도 관련이 되는 것 같습니다. 고전주의 시대에는 작가에게 연금을 주고 후원하는 파트론이 있었지만 낭만주의 시대에는 파트론이 없어져서 작가들은 홀로 서기를 할 수 밖에 없었지요.

또한 낭만주의의 기조 자체가 자유이기 때문에 프랑스에서도 빅토르 위고 같은 작가는 민중의 해방자로 나선 것이지요. 시인 라마르틴은 정치가이기도 했습니다. 하지만 뮈세는 작가가 정치에 개입하는 것을 혐오해서 낭만주의 작가들의 서클인 세나클에서 탈퇴하여 낭만주의의 탈주병이라고 불렸는데, 뮈세의 반항 역시 문학의 자율성을 지키려는 태도라고 할 수 있습니다.

최문규 결론적으로 서로 상이한 고전주의적 시각과 낭만주의적 시각, 예술의 정치화와 정치의 예술화가 서로 대립하는 관계에서 계속 존재해야만 예술이 발전할 수 있을 것 같습니다. 때로는 자율성을 포기할 정도로 정치적 요구가 강해지는 예술이 있는가 하면, 정치적 이데올로기를 거부하는 몸짓을 내보이면서 자신의 자율성을 강화시키는 예술이 있습니다. 서구 예술의 강점은, 그 양자가 끊임없이 대립함으로써 궁극적으로 예술이 발전해 왔다는 것입니다.

데리다와 들뢰즈의 차이
- 두 차이의 차이

김상환(서울대, 철학)

데리다와 들뢰즈는 현대 차이의 철학을 대표한다. 차이가 동일자의 둘레를 돌던 오랜 전통을 무너뜨리고 동일자가 차이의 둘레를 도는 시대를 열었다는 점에서[1] 두 철학자는 "거의 전적인 친화성"[2]을 공유한다. 이는 데리다 자신이 들뢰즈 사망 당시 "이제 나 홀로 방황해야 한다"는 애도사에서 천명한 사실이다. 그러나 두 철학자는 전적으로 다른 전통을 계승하고 있고, 그런 만큼 서로 평행선을 그리고 있음을 부정할 수 없다.

---

1 V. Descombe, Le même et l'autre (Paris: Minuit, 1979), 1장; G. Vattimo, Les aventures de la différence (Paris: Minuit, 1985), 6장 등 참조

2 J. Derrida, "Il me faudra errer tout seul," Libération, 1995년 11월 7일.

가령 데리다에게 의미는 기표의 의미작용 속에서 일어난다. 하지만 들뢰즈의 의미는 역동적인 힘 속에서 일어나는 어떤 물리적 신호작용에 가깝다. 들뢰즈는 자신의 철학을 초월론적 경험론이라 명명한다. 반면 데리다는 경험론이 철학으로 성립할 가능성을 언제나 부정한다. 데리다가 해체하려는 것은 언제나 진리의 직접적 현전에 대한 형이상학적 열망에 있다. 반면 들뢰즈가 새로운 개념의 창조를 통해 의도하는 것은 모든 표상과 재현의 굴레를 넘어 실재 자체를 직접적으로 현시하는 데 있다. 이런 사례들은 데리다의 텍스트론과 들뢰즈의 잠재론이 통약 불가능한 두 지평에 자리한다는 점을 암시한다. 두 철학자는 처음부터 문법이 전혀 다른 언어로 말하고 있고, 완전히 다른 패러다임 속에 서 있다.[3] 따라서 그들 사이에는 대화보다는 불화의 가능성이 훨씬 더 커 보이는 것도 사실이다.

그렇다면 데리다와 들뢰즈 사이에 어떻게 "거의 전적인 친화성"을 말할 수 있는가? 이는 그들이 똑같은 장소에 서 있기 때문이 아닐 것이다. 하이데거는 종종 지적하지 않았는가. 철학적으로 의미 있는 대화는 오로지 비슷한 높이에서 울리는 목소리들 사이에서만 일어날 수 있음을. 비슷한 높이에서만 두 입장은 서로 위치를 바꿀 수 있음을. 데리다와 들뢰즈 사이에는 분명 건널 수 없는 심연이 자리하고 있다. 그러나 서로 다른 장소에 서 있으면서 유사한 높이를 구축했고, 그렇기 때문에 그 사이에는 어떤 반향의 가능성이 형성될 수 있다. 한쪽의 철학은 오로지 다른 쪽의 철학에서부터 빌린 관점에서만 자신의 모습을 객관화하거나 상대화할 수 있다. 따라서 그때야 비로소 자신의 위상을 정확히 평가할 수 있다. 데리다와 들뢰즈는 각기 자기 자신을 바라볼 수 있는 눈을 상대방

---

3 S. Zizek, Organs without Bodies. On Deleuze and Consequences (New York: Routledge, 2004), 47쪽; Jean-Luc Nancy, "Les différences pararellèles (Deleuze & Derrida)," M. Crépon & F. Worms 편, Derrida, la tradition de la philosophie (Paris: Galilée, 2008), 199~215쪽.

에게 빌려와야 한다는 점에서 상호 의존적이다.

그렇다면 데리다와 들뢰즈가 서로 다른 목소리로 말하는 차이는 어떻게 다르고 같은가? 두 철학자가 함께-나누는 차이의 개념은 기존의 철학사를 얼마만큼 벗어나는가? 그것이 도달한 높이는? 아마 이런 물음에 답하는 가장 좋은 길은 두 철학자의 개념을 직접 비교하는 데 있는 것이 아닐 것이다. 오히려 그들이 공통적으로 경쟁하고자 한 고전적인 유형의 개념들을 중심에 두면서 양쪽을 비교하는 것이 훨씬 풍요한 결과를 가져올 것이다. 가령 구조주의적 차이, 헤겔의 변증법적 차이, 하이데거의 존재론적 차이 등이 그런 비교의 기준이 될 수 있을 것이다.

1. 구조주의적 차이를 넘어서

구조주의는 차이의 시대를 열어젖혔다. 구조주의는 과학적 설명 모델을 구성하는 항들의 정체성을 차이의 유희에 의해 주어진 것으로 설명한다. 구조주의적 의미에서 대상을 파악한다는 것은 그것이 그 주변의 대상들과 어떻게 다른지를 아는 것이다. 구조주의는 모든 종류의 실체를 배제하는 암묵적인 존재론으로서 어떤 관계론적(혹은 과정론적) 실재이해를 촉구한다. 이 암묵적인 존재론에서 실재의 본성은 오로지 어떤 상관적 차이의 그물망 안에서 그것이 차지하는 위치에 따라 결정된다. 구조주의에서 실체의 동일성은 차이의 유희에 의해 대체된다.

데리다와 들뢰즈는 구조주의의 존재론적 함축을 과격화하는 동시에 그것에 남아있던 퇴행적 요소를 청산하고자 했다. 물론 이런 과격화 작업은 구조의 개념을 변형하는 작업과 병행하지 않았다면, 그리고 이를 위해 새로운 차이의 개념을 구하지 않았다면 공허한 이야기로 끝났을 것이다. 그렇지만 데리다와 들뢰즈는 구조주의에 접근하는 데 있어 거의 상반된 태도를 보여준다. 이는 철학사 일반에 대한 그들의 방법론적 전략이 노정하는 차이를 압축적으로 보여주는 대목에 해당한다.

데리다는 다른 이론을 재구성할 때도 그렇지만 특히 구조주의를 해석할 때 최소의 이미지에서 출발한다. 최소의 크기로 환원된 이미지에서 출발하여 최대한 증폭된 이미지로 나아간다는 것이 데리다가 일반적으로 보여주는 해석의 궤적이다. 이 길은 3단계로 집약된다. 최소 이미지의 구성, 최대 이미지의 구성, 최소 이미지와 최대 이미지의 결합이 그것이다. 데리다의 해체론은 언제나 대상이 가지는 상반적인 두 이미지—감산된 것과 가산된 것, 평범한 것과 과도한 것—를 결합하여 역설적이고 기형적인 모습의 단일한 전체를 생산한다.

반면 들뢰즈는 데리다의 도달점에서 출발하는 것처럼 보인다. 여기서 구조는 이미 처음부터 탈-구조주의의 역설적인 구조인양 등장한다. 들뢰즈는 자신의 철학사 방법론을 콜라주기법이라 부른다. 이것은 상이한 개념적 대상들을 원래의 문맥에서 분리하여 새로 설정된 문제 속에 재-문맥화하는 기법이고, 이를 바탕으로 제3의 이미지("철학적으로 털투성인 헤겔과 면도한 마르크스")[4]를 구축하는 기술이다. 들뢰즈가 콜라주기법을 통해 제시하는 구조주의는 다소 복잡하고 기괴한 스케일의 모습이다. 우리는 거기서 헤겔과 베르그손을 하나로 묶는 통찰력을 읽을 수 있다.

---

4 G. Deleuze, Différence et répétition (Paris: PUF, 1969); 김상환 옮김, 『차이와 반복』(민음사, 2004), 23쪽. 이 책의 본문 내 약칭 DR.

원뿔로 표시되는 베르그손의 기억은 현재와 접점을 이루는 곳에서 부단히 수축과 이완의 운동을 반복한다. 헤겔의 정신(혹은 개념)도 그에 못지않게 역동적인 운동 속에 놓여있다. 끊임없이 자신으로 회귀하는 부정의 운동, 이른바 "스스로 자기 자신과 관계하는 차이"로 집약되는 반복적 자기부정의 운동이 헤겔이 말하는 정신의 운동이다. 들뢰즈의 콜라주 속에서 구조주의의 구조는 한편으로는 베르그손의 기억-원뿔 도식과 겹치고 다른 한편으로는 헤겔의 정신과 중복된다. 그러면서 이 세 가지 것이 상승적으로 서로를 과장, 변형한다. 이렇게 하여 구조주의의 구조는 베르그손의 기억이나 헤겔의 정신처럼 생동하는 부피와 자기변형의 논리를 지닌 다양체로 거듭난다.[5] 아마 동양의 선비가 이런 대목을 읽는다면 거기에 풀무의 이미지를 보탰을 것이다. 동아시아에서, 특히 노장의 전통에서 우주 대자연은 들숨과 날숨을 반복하는 거대한 풀무로 표상되어 왔기 때문이다.

데리다가 해체론적으로 재구성한 대상과 들뢰즈가 콜라주기법에 따라 짜깁기한 대상은 자기 구성적인 동시에 자기 파괴적인 구조, 이른바 이중물림의 구조를 지녔다는 점에서 일치한다. 다만 데리다의 해체론에서 이것은 맨 마지막에 등장하는 반면, 들뢰즈의 콜라주 기법에서는 시작부터 단도직입적으로 나타난다. 데리다의 해체론에서 이중물림은 구조라는 현전의 평면 자체의 무의식적이고 자기 모순적인 보충(차연)에서 온다. 하지만 들뢰즈의 콜라주기법에서 그것은 이질적인 계열들 사이에 공명을 일으키며 구조를 일으켜 세우는 어떤 우발점(분화소)에서 비롯된다.

5 G. Deleuze, L'île déserte. textes et entretiens 1953~1974 (Paris: Minuit, 2002)에 실린 세 글 "Jean Hyppolite, Logique et existence," "La conception de la différence chez Bergson," "A quoi reconnaît-on le structuralisme?" 참조.

데리다의 구조주의 해체론은 두 가지 논점으로 집약될 수 있다. 하나는 구조주의가 "이미 달성된 것, 이미 형성된 것, 이미 구성된 것의 반영"[6]에 그친다는 점이다. 이는 구조주의적 차이가 생성을 가져오는 차이 그 자체로부터 추상된 어떤 것이라는 것과 같다. 요컨대 구조주의적 차이는 생성에 외면적인 차이, 정적인 차이다. 다른 하나는 차이 그 자체가 이항대립으로 환원될 수 없다는 점이다. 구조주의가 모범적인 차이로 간주하는 이항대립은 개념적으로 재현된 차이, 형이상학에 기초한 이론적 차이라는 것이다(ED 34, 46).

데리다에 따르면 구조의 개념은 이론적 사유(logos, epistémè)와 더불어 태어났다. 이론적 사유는 일상적 언어에 의해 열리게 된 아폴론적 공간에 뿌리를 내리고 아폴론적 공간은 다시 가시성, 빛, 형상(eidos) 등에 의해 특징지어진다(ED 45). 아폴론적 개방성의 시대는 음악성과 힘을 특징으로 하는 디오니소스적 야경(夜景) 이후에 마치 "햇빛 가득한 아침"(ED 47)처럼 시작되었다. 이론적 사유는 "태양 중심의 형이상학"으로서, 여기서는 "힘이 에이도스(다시 말해서 은유적 의미의 눈에 대해 보일 수 있는 형상)에 자리를 내주면서 이미 힘의 고유한 의미로부터 분리되었다. 이는 마치 음향학 안에서 음악적인 것의 질적 본성이 자기 자신과 분리되는 것과 같다"(ED 45). 구조주의는 자신의 가능성을 형상중심주의로서 실현해가는 이론적 사유 일반을 대변한다. 이론적 사유 일반에 의해 소원한 위치로 밀려난 힘은 구조주의의 타자다.

이런 인식을 공유하는 데리다와 들뢰즈에게는 어떠한 구조도 힘과 분리해서 생각될 수 없다. 형식적 구조는 역동적인 힘의 경제 속에서 태어나되 다시 그것에 의해 초과되기에 이른다. 그렇다면 디오니소스적 힘으로부터 어떻게 아폴

6 J. Derrida, L'écriture et la différence (Paris: Minuit, 1967), 12쪽. 이 책의 본문 내 약칭 ED.

론적 형식이 파생-소멸하는가? 이 물음에 대해서는 두 철학자가 서로 다른 의견을 내놓는다. 데리다는 형식주의와 힘 사이에서 벌어지는 어떤 환원 불가능한 투쟁을 가리킨다. 반면 베르그손의 계승자인 들뢰즈는 각각의 현실적 대상 아래 놓여있는 잠재적 위력에 먼저 주목한다. 그리고 형식화를 잠재적 위력이 현실화될 때 수반되는 부수적 효과로 간주한다. 즉 형식은 (내적 변별화와 미분화의 과정을 거친) 잠재적 역량이 분화(개체화)되는 과정에서 파생된 결과다. 이는 형식이 잠재적 위력에 외부적이 아니라 내부적이라는 것과 같다. 우리는 여기서 들뢰즈적 의미의 구조가 어떤 형식적 구성물이 아님을 알 수 있다. 그것은 어떤 중성적이고 정태적인 평면이 아니라 이질적인 힘과 계열들로 가득한 표면을 이룬다.

두 철학자에게 디오니소스적 위력을 생각한다는 것은 구조를 열면서 또한 닫아버리는 어떤 이중운동을 염두에 둔다는 것과 같다. 그것은 구조적 총체성에 생성과 소멸을 동시에 가져오는 하나의 단일한 리듬에 주목한다는 것이다. 들뢰즈는 그런 역동적인 리듬의 유래를 스스로 자신을 변형해가는 구조 자체에서 찾는다. 베르그손의 기억-원뿔 도식에 따르면, 기억은 부단히 자기를 수축-이완하는 이중운동을 통해 자신을 변형하는데, 그런 각각의 자기변형이 현재가 과거로 이행하기 위한 조건(시간화의 조건)이다. 들뢰즈의 구조는 이런 베르그손의 기억-원뿔과 같이 시시각각 자신의 단위, 척도, 본성을 바꾸는 가운데 자기 자신을 재조직해간다. 반면 데리다는 구조를 열면서 동시에 닫는 이중운동을 구조 자체 내에 두는 것이 아니라 구조와 그 바깥 사이에 둔다. 즉 이중운동은 아폴론적 개방성과 디오니소스적 개방성이 나뉘되 연결되는 경계에서 유래한다. 데리다적 의미의 차이, 가장 탁월한 차이 자체는 바로 이 경계에서 벌어지는 갈등에 있고, 그 갈등 자체는 역사적 시간성의 기원 자체로 간주된다.

> 디오니소스와 아폴론 사이, 힘의 도약과 구조 사이에서 일어나는 분쟁, 그 '차이'는 역사 속에서 말소되지 않는다. 왜냐하면 그 차이는 역사 '속'에 있는 것이 아니기 때문이다. 엉뚱한 의미에서이긴 하지만 그것은 또한 어떤 원천적인 구조이기도 하다. 즉 역사, 역사성 자체의 개방에 해당한다. '차이'는 단순히 역사에 속하는 것도, 구조에 속하는 것도 아니다. 셸링과 함께 '모든 것은 디오니소스에 불과하다'고 말해야 한다면, 순수한 힘인 디오니소스는 차이에 의해 가공-변질되는 것임을 또한 알고 그렇게 써야 한다. (…) 디오니소스는 언제나 자신의 죽음에 관계하듯 자신의 바깥에 관계한다. 자신의 가시적 형상에, 구조에 관계하는 것이다.(ED 47~48)

해체론적 차이(차연)는 구조 안에서 생산되는 차이, 구조 안에서 동일성과 이항대립을 이루는 차이가 아니다. 그것은 디오니소스와 아폴론을 하나로 묶는 차이, 순수한 힘과 언어의 형식적 위력을 결합하는 차이이다. 이항대립의 질서(아폴론적 개방성)를 전제하되 다시 그것의 변형을 하위의 효과로 거느리는 상위의 차이인데, 이런 상위의 차이가 없다면 어떠한 힘도 현상의 세계로 진입할 수 없다. 어떤 것이 현상한다는 것은 언제나 가시적 형상이나 분절된 의미를 지니면서, 그러나 이를 위해 먼저 기존의 의미를 지연, 왜곡하면서 나타난다는 것을 말한다.

그러나 가시적 형상이나 분절된 의미를 얻을 때는 치러야 할 대가가 있다. 순수성의 상실이 그것이다. 순수한 힘은 합리적 언어 안에 포착-이해되기 위해서는 변질, 오염되어야 한다. 합리적 질서의 이면은 그렇게 오염된 순수한 힘이다. 차연은 힘 속에서 일어나는 그런 획득과 상실의 이중운동만을 가리키는 것이 아니다. 그것은 또한 형식적 구조의 닫힘과 열림을 가져오는 이중운동이기도 하다. 차연은 구조적 총체성이 조직되는 동시에 와해되는 "구조의 유희," 혹은 "구조의 구조성"(ED 409)[7]에 해당한다.

구조주의는 구조의 구조성을 잊고 있다. 이는 구조를 단일한 중심에 의해 조직화된 총체성으로 파악하기 때문이다. "구조의 구조성은 항시 배후에서 움직이고 있었다 해도 언제나 중성화되고 환원되어 버리고 말았다. 구조에 어떤 중심을 부여하고 구조를 어떤 현전의 지점에 연결하며 어떤 고정된 기원과 연계하는 태도에 의해 그렇게 된 것이다"(ED 409). 만일 깔끔하게 조직화된 총체성을 표상할 때는 중심이 반드시 설정되어야 한다면, 그런 중심을 개념화하기 위해서는 차연을 배제-환원할 수밖에 없다. 반면 차연으로 돌아가서 생각한다면, 중심이란 것은 결코 현전의 형식으로 파악될 수 없다. 결코 자연적인 장소나 고정된 위치를 가질 수 없기 때문이다. 중심은 "기호들의 대체가 무한히 일어나는 일종의 비-장소"에 불과하다(ED 411). 차연은 그 비-장소에서 성립하는 대체의 유희다. 그 유희 속에서 중심은 결코 기억할 수 없는 과거로 밀려나거나 결코 지킬 수 없는 미래의 약속처럼 잊혀져간다.

비-장소로서의 중심. 그것은 어떤 영점(point zéro)이기도 하다. "그것은 규정된 의미와 무의미가 공통의 기원 속에 다시 만나는 영점이다"(ED 86). 데리다는 그런 영점의 사례로 데카르트의 코기토를 든다. 왜냐하면 과장법적 회의에 맞서 체험되는 코기토 속에서는 모든 종류의 이항대립(감성/지성, 신체/정신, 이성/광기 등의 대립)이 무중력 상태에 빠지기 때문이다. 서로 대립하던 두 항들은

---

7 데리다의 차연 혹은 구조성은 구조 자체 내에서는 지시될 수 없다. 아감벤에 따르면, 구조가 가리킬 수 없는 것, 구조 내에서는 말할 수 없는 것은 무엇보다 어떤 것을 지시하는 x(이름, 기호, 존재자 등)이 있다는 사실이다. 그리고 차연은 그런 언표 불가능한 사실을 구조가 스스로 드러내는 자기 지시이자 표현에 해당한다. G. Agamben, Potentialities, D. Heller-Rozen의 엮음과 옮김(Stanford: Stanford University Press, 1999), 1장, 2장, 11장 참조.

그 무중력 상태에서 서로 위치를 바꾸면서 공존하게 된다. 이런 점에서 데카르트의 코기토는 플라톤의 파르마콘과 마찬가지로 "분화 일반이 일어나고 에이도스와 그것의 타자 사이의 대립이 일어나기 위한 어떤 선행의 공-간milieu"[8]에 해당한다.

구조를 자기변별 및 분화의 공-간(spatium)으로 그리는 들뢰즈는 구조적 총체성의 영점을 '빈 사각형'이라 부른다. 이것은 있는 곳에 있지 않고 있지 않은 곳에 있다는 역설을 특징으로 한다. 그것은 자신이 아닌 것에서 자신이 되고 자신인 것에서 자신이 아닌 것이 된다. 자기 자신과의 관계에서 끊임없이 자리를 바꾸고 모습을 달리하므로 그것의 정체성은 정체성의 결여에 있다.[9] 들뢰즈는 애드가 앨런 포의 '떠다니는 편지,' 라캉의 팔루스, 루이스 캐럴의 스나크(Snark) 등에서 빈 사각형을 설명하는 사례를 찾는다. 구조의 배꼽에 해당하는 빈 사각형은 복수의 계열들을 순회하면서 그것들 사이에 내적인 공명을 유도한다(이 공명이 들뢰즈적 의미의 의미다). 그 공명은 계열들이 구조화되는 평면을 낳는다는 점에서 사건이라 불린다. 빈 사각형은 구조의 평면이 성립하는 사건의 핵심적 인자다. 들뢰즈의 사건 이론에서 이 인자는 우발점(point aléatoire)이라 불리고,[10] 초월론적 경험론에서는 분화소(le différenciant)라는 이름을 얻는다(DR 263).

들뢰즈의 초월론적 경험론은 현상 배후의 강도(본체)의 힘에 대한 '실재적' 경험의 조건을 탐구한다. 이 점에서 그것은 현실적 대상(현상)에 대한 '가능한'

---

8 J. Derrida, La dissémination (Paris: Seuil,1972), 144쪽.

9 G. Deleuze, L'île déserte. textes et entretiens 1953~1974 (Paris: Minuit, 2002), 258쪽 이하 참조.

10 G. Deleuze, Logique du sens (Paris: Minuit, 1969) 참조.

경험의 조건을 탐구하는 칸트의 초월론적 관념론과 구별된다. 강도의 세계는 현실적 대상(현상)의 세계와 순수 잠재적 위력(이념)의 세계 사이에 있는 중간의 세계다. 들뢰즈의 초월론적 경험론은 현실성, 강도, 순수 잠재성이라는 세 층위 사이의 복잡한 관계를 서술한다. 그러나 그 중심에 놓인 것은 언제나 강도 혹은 강도의 차이다.

강도는 본체의 힘이자 에너지로서 현상계의 질과 양들을 낳으면서 그 배후로 다시 숨어든다. 강도는 예지계에 해당하는 순수 잠재적 역량들을 극화 및 개체화하는 가운데 현상계의 질과 양들을 생산한다. 반면 강도의 배후에 있는 순수 잠재적 역량들은 점진적 규정의 절차를 거쳐 n-차원의 다양체로 변모한다. 이 이념적 다양체는 점과 관계들로 이루어져 있다. 이때 점은 자신의 근방에 무수한 해(평범한 점)를 유발하지만 그 자체는 해가 없는 이상한 점이다. 완전하게 규정할 수 있고, 따라서 그래프 상 표시되지만 방정식으로는 풀어낼 수 없는 점. 그것은 해에 해당하는 다른 점들(일반적인 점이나 평범한 점들)과 구별되고, 그래서 독특한 점(point singulier) 혹은 특이한 점(point remarquable)으로 불린다. 다른 한편 이념적 다양체를 구성하는 관계는 미분량들 사이의 변별적 관계(미분비)를 말한다. 일반적이거나 독특한 점들, 평범하거나 특이한 점들의 발생 배경에 있는 상관적 차이의 관계인데, 이 관계는 강도에 의해 구현되는 절차를 거쳐 현상계에서 질(質)이나 종(種)이 된다. 반면 현상계의 양(量)이나 부분들(혹은 기관들)은 점들이 구현, 분화된 결과다.

들뢰즈가 『차이와 반복』에서 언급하는 '차이 그 자체'는 현상계의 차이(개념적 차이)도, 이념계의 차이(미분적 차이)도 아니다. 그것은 본체계의 차이인 강도의 차이, 특히 분화소로 진화해가는 강도의 차이를 가리킨다. 들뢰즈는 "영원회귀에 의해 촉발-변용되는 체계, 그런 체계들은 어떤 것인가?"(DR 262)라는 물음, 다시 말해서 체계의 체계성에 대한 물음에 대하여 정확히 분화소와 주름운동이라는 개념을 통해 대답한다. 마치 베르그손의 기억-원뿔이 수축과 이완의 정도를 달리하는 수많은 평면들로 이루어진 것처럼, 들뢰즈의 체계는 강도적 역량들이 만드는 이질적인 계열들로 구성된다. 이런 계열들이 묶여 하나의 체계가 성립하기 위해서는 분화소가 핵심에 놓여있어야 한다.

> 이 새로운 정식에 따르면 차이는 차이나는 항들을 서로 직접적으로 관련지어야 한다. 하이데거의 존재론적 직관과도 부합하는 것이지만, 차이는 그 자체로 분절화이고 묶기여야 한다. (…) 차이의 분화가 있어야 하며, '분화소'로서의 즉자적 차이, 스스로 나뉘는 차이가 있어야 한다. 이 분화소를 통해 차이나는 것은 차이나는 동시에 회집된다.(DR 263~264)

데리다의 차연이 그런 것처럼, 들뢰즈의 분화소는 체계 안에서 생산된 차이, 따라서 동일성과 짝하여 이항대립을 이루는 차이가 아니다. 그것은 차이들의 차이에 해당하는 상위의 차이로서 이질적인 요소들 사이에 회집과 공명을 일으킨다. 이런 분화소는 물리적 체계의 경우 어두운 전조라 불리기도 한다.

> 두 개의 다질적 계열, 차이들의 계열이 주어진다면, 전조는 이런 차이들의 분화소로서 행동한다. (…) 어두운 전조는 차이의 즉자 존재 또는 '차이짓는 차이소'다. 다시 말해서 전조는 두 번째 등급의 차이, 자기 자신과 차이나는 차이이다. 차이나는 것은 이런 차이를 통해 비로소 차이나는 것과 관계한다.(DR 269)

어두운 전조는 체계의 조직화와 탈-조직화, 열림과 닫힘이 일어나는 공통의 뿌리로서 체계의 영점에 해당한다. 이 영점에서 일어나는 이중의 운동을 들뢰즈는 극화(dramatisation) 혹은 주름운동(complicatio) 혹은 지속적 불균등성(disparité) 등으로 부른다. 극화는 개체화(강도의 절차)에 의해 유발된 물리적 절차인데, 이것에 의해 미분화(순수 잠재적 역량의 절차)와 분화(현실화의 절차)가 서로 맞물리게 된다(DR 473). 미분화(잠재적 다양체 속에 미분적 관계와 독특한 점들을 낳는 절차)와 분화(현실적 세계 안에 질과 연장을 낳는 절차)는 극화에 의해 통합되어 하나의 동일한 절차(미/분화)로서 성립한다(DR 522~523).

그렇다면 주름운동이란 무엇인가? 그것은 강도들(개체화하는 차이들로서의 강도들) 사이에서 동시에 일어나는 이중운동, 즉 바깥-주름운동(설명)과 안-주름운동(함축)이다(DR 62, 324 ff). 강도의 힘들은 자신의 주름들을 바깥을 향해 질과 연장으로 펼쳐내면서 현상계로 발을 들여놓는다. 그러나 동시에 자신의 주름들을 다른 힘들 안으로, 다른 힘의 주름들을 자기 자신 안에 접어 넣으면서 현상계 밖으로 물러선다. 이런 주름운동 안에서 볼 때 각각의 개체화하는 차이(강도적 차이)는 하나의 주름에 불과하다. 이런 주름은 데리다가 흔적이라 불렀던 것과 유사한 위치에 있다.

흔적은 프로이트, 특히 레비나스에서 차용된 용어로서[11] 데리다는 그것을 다시 하이데거의 자기 말소적인 존재(X를 겹친 Sein)를 번역할 수 있는 위치로 옮겨놓는다. 여기서 흔적은 원초적 글-쓰기(차연)에 해당하는 능산적 차이와 그것에 의해 생산되는 소산적 차이를 동시에 가리킨다. 원초적 글-쓰기 혹은 원초적 흔적, 자신의 흔적을 그려가면서 동시에 지워가는 능산적 흔적——우리는

---

11 R. Bernasconi, "The Trace of Levinas in Derrida," D. Wood & R. Bernasconi 편, Derrida and Différance (Evanson: Northwestern University Press, 1988), 13~29쪽 참조. 레비나스와 데리다 사이에서 흔적의 개념이 어떻게 다르게 변하는지 설명하는 이 논문은 두 철학이 얼마만큼 유사한, 그러나 방향이 완전히 다른 서양 형이상학 해체론인지를 보여준다.

그것을 들뢰즈의 주름운동과 비교할 수 있다. 데리다의 말을 빌리면, 차이는 "흔적의 흔적," "흔적의 말소의 흔적"[12]과 같은 어떤 것이다. 게다가 흔적은 체계 내에서 "이유 없이" 생산되는 효과다(MP 12). 그것은 생산되는 것과 생산하는 것 사이에서 어떤 정상적 인과관계를 식별하기 어렵다는 의미에서 그렇다. 하이데거가 가르쳐 준 것처럼, 유희는 이성의 충족이유율의 저편이거나 이편이다.[13] 데리다에게 그것은 또한 현전의 이편이거나 저편이다. 흔적의 유희는 '왜'의 물음으로 환원되지 않는 것처럼 현전이나 부재로도 환원되지 않는다. 흔적은 형상적 직관을 벗어나는 "현전의 허상"(MPh 25)이다. 이 점은 들뢰즈가 주름에 해당하는 강도적 차이에 대해 말할 때 다시 확인될 수 있다.

> 모든 강도는 E-E'이고, 이때 E 자체의 배후에는 e-e'가 있고, e의 배후에는 다시 ε-ε'가 있으며, 이런 과정은 계속 이어진다. (…) 우리는 무한히 이분화되고 무한에 이르기까지 공명하는 이런 차이의 상태를 '지속적 불균등성'이라 부른다. 불균등성, 다시 말해서 차이 혹은 강도(강도의 차이)는 현상의 충족이유이고 나타나는 것의 조건이다.(DR 476-477)

현상의 충족이유는 충족이유율로 설명할 수 없는 강도의 유희에 있고, 강도의 유희는 주름의 유희로서 펼쳐진다. 강도의 차이는 그 자체 안에 수많은 하위의 차이들을 봉인하고 있다. 계속되는 비대칭적 종합의 사다리를 따라 내려가며 무한히 공명하는 미세한 차이의 주름들이 그 안에 접혀있다. 그러나 이런 불

---

12 J. Derrida, Marges de la philosophie (Paris: Minuit, 1972), 25쪽. 이 책의 본문 내 약칭 MPh.

13 하이데거에게 존재는 존재자 전체에 대하여 근거의 지위에 있되 그 자체로서는 무-근거(Ab-grund)이며, 이 무-근거는 충족이유율에 의해 사유될 수 없는 어떤 유희다. M. Heidegger, Der Satz vom Grund (Pfullingen: G. Neske, 1957), 184~188쪽, 특히 188쪽 참조: "'왜(Weil)'는 유희 속으로 침몰한다. 유희는 '무슨 이유(Warum)'가 없다. (…) 근거를 정초하는 존재는 아무런 근거도 없고, 다만 각각의 유희의 무-근거로서 유희한다."

균등성 혹은 "지속적 불균등화"(DR 477)은 분화소(어두운 전조) 없이 일어나지 않는다. 되먹임의 방식으로 비대칭적 종합이나 계속되는 불일치의 일치(DR 133, 146, 167, 270, 477, 625, 628)를 유발하는 분화소는 불균등소(dispars)로 불리는데, 우리가 데리다와 들뢰즈 사이에서 어떤 논쟁의 가능성을 생각할 수 있는 것도 바로 이런 대목일 것이다.

들뢰즈의 초월론적 경험론에서 정신분석의 대상들은 존재-신학적 성격을 잃어버리고 어떤 역설적인 허상(시뮬라크르)으로 재구성된다. 이 대상들은 자신이 아닌 것에서 자기 자신이 되고 정체성의 결여에서 자신의 정체성을 발견한다. 들뢰즈는 모든 종류의 목적론과 분명한 거리를 두는데, 특히 라이프니츠의 공-가능성(compossibilité)의 원리를 비판할 때 그렇다. 공-가능성의 원리는 변별적(혹은 미분적) 관계의 가능성을 특정 범위로 제한하고 어떤 수렴의 지점에 의존하도록 만든다(DR 127~128). 들뢰즈의 차이는 비-공가능성을 두드러진 특징으로 하고, 이 비-공가능성은 데리다가 말하는 산종(dissémination)에 해당하는 어떤 것이다. 그러나 들뢰즈에게서 서로 발산하는 차이들은 다시 분화소에 의해 수렴된다.

들뢰즈는 비-공가능한 차이들을 순회하며 회집하는 분화소를 설명하기 위해 라캉이 팔루스 기표의 사례로 끌어들였던 애드가 앨런 포의 '떠다니는 편지'에 의지한다. 멜라니 클라인의 '부분적 대상'이나 라캉의 '대상 a'에서 과격한 존재론적 함축을 끌어내어 분화소의 개념에 주입하기도 한다. 반면 데리다는 이런 대상에 남아 있는 전통 형이상학의 잔재를 추적한다. 그리고 그것이 어떻게 산종적인 차이를 일정한 수로에 따라 흐르도록 국지화하는지, 어떻게 폐쇄된 목적론적 회로 속에 포획하는지 보여준다.[14] 해체론의 관점을 취할 때 들뢰즈는 구조의 구조성을 결국 분화소라 불리는 탁월한 존재자 "대상=X"로 환원하는 셈이고, 따라서 현전적 존재이해의 울타리 안으로 퇴행하고 있는 것이 아닌가?[15]

사실 데리다의 허상이 무한한 흔적의 대체와 산종을 유발한다면, 이는 그것의 현전이 지속적으로 보충을 요구할 정도로 두께를 상실하기 때문이다. 반면 들뢰즈의 허상은 계속 두터워지는 현전, 너무 충만한 나머지 변전으로 나아가는 현전이다. 그것의 산종은 과잉의 생명 속에서 일어나는 분출과 같다. 반면 데리다의 산종은 현전 속에 불순을 가져오는 부재, 생명 속에 보충을 초래하는 죽음, 현재 속에 망각의 대가를 요구하는 과거가 개입하면서 일어난다. 데리다의 산종은 텍스트에서 텍스트로 이어지는 수평적 구도의 산종이지만, 들뢰즈의 산종은 실재의 깊이에서 현재의 표면으로 솟구치는 수직적 구도의 산종이다.

2. 헤겔의 변증법적 차이를 넘어서

형이상학적 차이 일반은 주로 대립의 형식을 취해왔다. 대립은 형상적 직관에 대하여 명석 판명한 나타남의 배경이 된다는 장점이 있다. 형이상학적 차이를 대표하는 아리스토텔레스의 종적 차이(종차)는 가장 크면서 가장 완전한 유

---

14 J. Derrida, "Le facteur de la vérité," La carte postale de Socrate à Freud et au-delà (Paris: Flammarion, 1980), 439~524쪽 참조. 이 글에 대한 해설로는 졸저,『니체, 프로이트, 맑스 이후』(창비, 2002), 1부 3장 참조.

15 들뢰즈는 이런 반론을 충분히 의식하고 있었고,『철학이란 무엇인가』(1991) 이후 그의 후기 철학의 중심에 놓이게 될 내재성(immanence)의 개념은 그런 반론에 대한 대응으로 간주될 수 있다. 이 문제는 여기서 다루기 벅차므로 다른 곳에서 상세히 논의 할 기회를 찾도록 하겠다.

형의 대립이다. 헤겔의 모순은 가장 극단적인 대립의 유형, 다시 말해서 스스로 자신의 한계에 이르는 대립의 유형이다. 대립은 자신의 꼬리를 물면서 나타날 근거(Grund)를 불러들이기 위해 긴박한 소멸(Zu-grunde-gehen)의 계기를 향해 나아갈 때 모순이 된다. 모순을 창발적 사건의 계기로 하는 헤겔의 변증법은 형상적 직관에 대한 형이상학적 열망을 이어가고 있다. 데리다와 들뢰즈가 변증법적 차이에 일정한 거리를 두는 이유는 여기에 있다.

이 점을 부연하기 전에 먼저 헤겔의 변증법이 형이상학의 역사에 차지하는 예외적인 위상에 주목하자. 헤겔의 변증법은 서양 형이상학이 이론적 사변의 차원에서 완성되는 마지막 국면이다. 역사상 성립했던 모든 이론적 관점은 여기서 기억, 반추, 내면화(er-inneriert)되는 가운데 소멸해버린다. 헤겔의 절대자(정신 혹은 개념)는 보편성을 외치던 각각의 특수한 이론들이 모순에 부딪혀 깨지며 일으키는 거품 속에서 현상한다. 다른 한편 헤겔 변증법의 비밀은 다른 데 있는 것이 아니다. 그것은 바깥에서 자신의 안쪽을 발견하고, 안쪽에서 자신의 바깥을 찾는 데 있다. 이는 변증법적 담론의 바깥은 있을 수 없음을 말한다.

끊임없이 외면을 내면으로 전도시키고 내면에서 외면을 창출하는 변증법적 담론에 대하여 그것을 상대화기 위해 필요한 어떤 외부적 관점을 설정한다는 것은 불가능한 것처럼 보인다. 변증법을 비판하는 입장은 그것이 어떠한 것이라 해도 이미 변증법을 역동적으로 구성하는 어떤 내적 요소로 판명되어버리곤 한다(ED 369). 설령 구조주의라 해도 그것 역시 헤겔의 변증법적 기억 속에 이미 포착-이해되고 있는 그 무엇이라 할 수 있다. 그렇기 때문에 헤겔의 변증법은 구조주의가 현대 철학에 가져온 충격을 감당할 거의 유일한 철학사의 유산으로 꼽을 만하다.

사실 헤겔의 변증법은 구조주의와 마찬가지로 모든 종류의 형이상학적 실체를 배격하고 관계의 존재론론을 옹호한다. 의미를 구성하는 최종적 심급에서 개인적 주체를 배제한다는 점에서도 헤겔의 변증법은 구조주의와 일치한다. 의미의 최종 심급임을 자처하는 구조는—역사성을 말소하려는 경향에도 불구하고—자기 자신을 주체로서 실현해가는 헤겔의 체계(실체)로부터 얼마든지 연역될 수 있다. 헤겔의 변증법과 구조주의는 의미를 동일성의 논리(지시denotation의 논리)로 환원하기를 거부하고 차이의 논리(내포connotation의 논리)에서 설명한다는 점에서도 같다. 적어도 이상의 세 가지 점에서 헤겔의 변증법은 구조주의가 함축하는 차이의 존재론을 선취, 예견하는 위치에 있다.

이런 해석의 관점을 뒷받침할 주요 문헌은 일단 헤겔의『논리학』, 특히 제2권에 해당하는『본질-논리학』[16] 에 있다. 이 책의 도입부에서 본질은 어떤 빛의 유희에 안에서 이해되고 있다. 헤겔의 존재-논리학은 존재와 관련된 주요 범주들을 지나 마지막에 "존재의 진리"임을 주장하며 등장하는 본질의 범주와 조우한다. 이후 각각의 존재자(특정한 규정성을 띠고 있는 존재자)는 외양(Schein)으로 번역된다. 왜냐하면 그 규정성이란 것이 내적인 본질에 대하여 외면적으로 대립하고 있는 비-본질로 간주되기 때문이다. 그렇지만 헤겔의 본질-논리학은 본질의 바깥에 있던 존재자-외양을 다시 본질의 안쪽으로 옮겨놓는다. 본질의 본질은 외면적으로 나타난다(Er-scheinen)는 데 있음을 발견하기 때문이다.

헤겔에 따르면, 존재자-외양의 나타남은 외면적 표출을 본질로 하는 본질 자체의 자기운동이다. "외양은 그 본질에 있어 본질 자체의 나타남이자 본질 자체의 외양이다(der Schein im Wesen ist der Schein an sich, der Schein des Wesens

---

16 G.W.F. Hegel, Wissenschaft der Logik II (Frankfurt am Main: Suhrkamp, 1969). 본문 내 약칭 WL.

selbst)"(WL 22). 당대의 광학에 영향을 받아 헤겔은 자기를 이미지화하는 본질과 존재자-외양 사이의 관계를 반조 혹은 반사(Reflektion)로 명명한다. 물론 이 말은 종종 반성으로 옮기기도 하지만, 기본적으로 자기 회귀적인 투사, 혹은 이미지 창출적인 투영을 의미한다. 헤겔이 말하는 반성은 본질의 자기운동으로서 끊임없이 자신의 새로운 이미지를 바깥으로 투영하는 광학적 유희다.

이 유희는 부단히 하나의 외양에서 다른 외양으로 이어지는데, 헤겔은 그것을 "무에서 무로 이어지는 운동, 이로써 자기 자신으로 돌아가는 운동"(WL 24)으로 서술한다. 직접적으로 나타나는 외양이 무라 불릴 수 있는 것은 그것을 구성하는 모든 규정성이 어떤 관계(변별적 차이)로 환원될 수 있기 때문이다. 즉 하나의 사물이 지닌 본성은 그것 아닌 것, 혹은 그것을 부정하는 것들과 맺는 관계로 환원될 수 있다. 대타적 관계나 대타적 존재로 온전히 전환될 수 있는 한에서 각각의 존재자에게는 고유한 어떤 것도 남아있을 수 없게 된다. 외양은 어떤 주름이나 흔적과 유사한 것이 된다.

직접적으로 현상하는 규정성들은 반성의 유희에 놓인 본질 자체이므로 여기서 본질/외양, 실재/가상의 이분법은 무력해진다. 본질의 본질은 가상적 외양에 있고 가상적 외양의 본질은 본질에 있다. 본질은 자신의 내부를 외부로 투영하기 위해 끊임없이 자기 자신으로 돌아간다. 그런 움직임은 들뢰즈가 허상(시뮬라크르)이라 부르는 강도적 체계의 자기함축과 유사하다. 헤겔의 본질은 자기 자신의 바깥에서 자신의 내면으로 복귀하고 자신의 내면으로 돌아가 바깥을 구한다. 그리고 그런 각각의 반성적 복귀와 투영 속에서 매번 자기 자신과 본성상의 차이를 낳는다. 헤겔의 본질은 부단한 자기 복귀적 주름운동 속에서 시시각각 자기 관계적 차이를 이끌어내는 움직이는 총체성이다.

사실 헤겔은 본질을 규정하는 그런 자기 복귀를 "스스로 자기 자신과 관계하는 부정성"(WL 22ff, 24ff, 46ff)이라 정의한다. 즉 사물의 나타남(Erscheinen)과 그 외양적 이미지가 본질이라는 빛의 유희에서 유래한다면, 그 빛의 유희는 자기 회귀적 부정과 지연이라는 논리적 형식에 따라 일어난다. 외양적 이미지(Schein)는 스스로 자기 자신과 관계하면서 끊임없이 자신을 재구조화하는 변증법적 총체성(본질)의 효과다. 헤겔의 본질을 정의하는 이런 자기 복귀적 부정이나 차이는 데리다의 차연이나 들뢰즈의 분화소가 그런 것처럼 현상의 세계에 속하는 차이도, 동일성과 맞서있는 체계 내적 차이도 아니다. 그것은 모든 나타남의 비밀에 해당하는 차이, 현상화(phainesthei)의 공간 자체를 열거나 닫는 상위의 차이, 차이들(규정성들)의 차이인 두 번째 등급의 차이다.

이런 관점에서 볼 때 헤겔의 변증법적 차이는 구조주의적 차이뿐만 아니라 데리다와 들뢰즈가 대표하는 구조주의 이후의 차이를 예상하는 위치에 있다고 할 수 있다. 데리다의 차이와 들뢰즈의 차이는 하이데거의 차이가 또한 그런 것처럼 자기 자신과 관계하고 자기 자신으로 복귀하는 차이라는 점에서 헤겔의 변증법적 차이와 형식적 유사성을 보여준다.[17] 그럼에도 불구하고 두 철학자는 헤겔의 변증법적 차이 앞에서 완전히 다른 모습을 보여준다. 결론부터 말하자면, 데리다는 대단히 긍정적인 반면, 들뢰즈는 적의가 느껴질 만큼 극단적인 부정의 태도를 취한다.

---

17 헤겔의 변증법과 구조주의 이후의 차이 개념의 관련성에 대한 설명으로는 졸고,「헤겔과 구조주의」,《헤겔연구》 23호(2008년 6월), 9~33쪽 참조. 헤겔의 변증법적 차이와 데리다의 차연 사이의 관계에 대해서는 Karin de Boer, "Différance as Negativity: The Hegelian Remains of Derrida's Philosophy," S. Houlgate & M. Baur 편, A Companion to Hegel (Oxford: Blackwell, 2011), 594~610쪽 참조. 헤겔의 본질-논리학과 들뢰즈의 관련성에 대해서는 H. Sommers-Hall, Hegel, Deleuze and the Critique of Representation. Dialectics of Negation and Difference (Albany, NY: State University of New York Press, 2012), 5장 참조. 이 저작은 헤겔의 논리학 이외에도 미분의 해석, 힘의 개념, 유기체의 개념 등을 중심으로 헤겔과 들뢰즈가 어떻게 전통적인 재현주의를 타개하는 두 가지 대안인지를 보여준다.

들뢰즈가 헤겔과 적대하면서 차이의 철학에 기여한 것이 있다면, 그것은 무엇보다 차이의 크기에 주목하도록 만들었다는 점에 있을 것이다. 들뢰즈는 변증법적 차이에 대하여 사이즈의 문제를 제기하면서 새로운 담론의 영역을 여는 계기로 삼았다. 즉 변증법적 차이가 창발적 사건에 이르기 위해 모순으로 발전해야 한다면, 모순은 지극히 인간적인 사이즈의 차이다. 논리적 조작의 가능성 범위를 넘어서지 못하는 인간중심적 형태의 차이. 신인동형론의 세계관을 반영하는 그런 차이에 반하여 들뢰즈는 '부차모순(vicediction)'과 같이 형상적 직관을 벗어나는 차이를 개념화하는 길에서 자신의 길을 찾는다(DR 123~124). 여기서 들뢰즈의 동반자가 되는 것은 라이프니츠로서 그의 미적분 개념은 물론 공가능성이나 미세지각 (petites perceptions)의 개념 같은 것이 중요한 영감의 원천이 된다.

들뢰즈가 헤겔의 변증법에 대해 던지는 다른 종류의 비판은 두 마디로 요약될 수 있다. 하나는 거짓이라는 것이고, 다른 하나는 노예적이라는 것이다. 변증법이 거짓이라는 것은 그것이 개념의 운동에 불과할 뿐 실재의 운동과는 전혀 무관하다는 의미에서다. 가령 『정신현상학』의 초두를 장식하는 첫 번째 변증법은 지금-여기에 대한 감성적 확신 속에 일어나는 전도인데, 들뢰즈는 이것을 다음과 같이 논평한다. "지금과 여기는 텅 빈 동일성, 추상적 보편성으로 정립되며, 이것들은 자신과 함께 차이를 끌고 간다고 주장한다. 그러나 차이는 분명 따라가지 않고 있다. 다만 여전히 자신의 고유한 공간의 깊이 안에 걸려 있다"(DR 135). 들뢰즈가 볼 때 헤겔은 운동의 불가능성을 논증하려 했지만 운동 자체를 소멸시키지 못한 제논과 전도된 위치에 있다. "헤겔은 운동을 만들며, 무한자의 운동까지 만들어낸다. 그러나 말과 재현들을 통해 만들기 때문에 그 운동은 거짓 운동이며, 그것으로부터는 아무 것도 따라 나오지 않는다"(DR 135).

들뢰즈는 헤겔의 변증법을 니체의 계보학에 종속시키면서 비판을 이어간다. 여기서 변증법적 사유는 아름다운 영혼으로, 아름다운 영혼은 다시 차라투스트라의 당나귀로 전락한다. 당나귀는 부정될 수 있는 모든 것에 대해 '예'라고 말한다. "하지만 그에게 긍정한다는 것은 짊어지고 떠맡고 감당한다는 것이다. 당나귀는 모든 것을 짊어진다. 사람들이 그에게 지우는 짐들(신적 가치들)을, 그 스스로 떠맡는 짐(인간적 가치들)을, 그리고 짊어질 것 이 더 이상 없을 때는 자신의 피로해진 근육의 무게(가치들의 부재)를 짊어진다"(DR 138). 니체의 계보학에서 당나귀의 긍정은 디오니소스-차라투스트라의 긍정과 대비를 이룬다. 이는 두 가지 힘, 천박한 반동적인 힘과 고귀한 능동적인 힘 사이의 대립이고, 이는 두 가지 관점의 대립과 같다. "그것은 '아니요'로부터 긍정의 환영을 끌어내는 노예의 관점, 그리고 '예'로부터 부정적이고 파괴적인 귀결을 끌어내는 '주인'의 관점 사이의 대립이다"(DR 140).

헤겔의 변증법은 나타남을 논리적 부정에서 동력을 끌어오는 규정의 운동으로 설명한다("모든 규정은 부정이다"). 변증법적 차이가 열어놓는 지평이 허위의 지평이자 반동적 지평이라는 들뢰즈의 비판은 기본적으로 이 점을 건드리고 있다. 즉 변증법적으로 나타나는 현상은 능동적인 긍정의 위력에 반하는 열등하고 자기 방어적인 반동의 산물이다. 헤겔의 변증법을 끌고 가는 동력은 직접적인 긍정의 역량이 아니라 간접적인 부정의 역량이며, 일차적인 능동의 위력이 아니라 이차적인 반동의 위력이다. 이른바 변증법적 매개라는 것은 개념의 운동에 불과하므로 미분적 실재의 고유한 운동(분화의 운동)을 직접적으로 현시할 수 없다. 다만 반복되는 부정에 의지하여 간접적으로 현시하지만, "부정성은 차이의 현상을 붙들지조차 못한다. 다만 차이의 환영이나 부대 현상만을 받아들일 뿐이다. 모든 정신현상학은 부대현상학이다"(DR 136).

들뢰즈의 관점에서 차이 그 자체는 방어적 매개를 위한 부정이 아니라 선제적 긍정에서 온다. "차이는 본질적으로 긍정의 대상, 긍정 자체다. 긍정은 그 자체가 차이다"(DR 국136) 선제적 긍정과 같은 실재적 차이는 현상이라기보다 현상을 나타나게 하는 배후(본체)다. 들뢰즈는 니체와 키르케고어에서 헤겔의 변증법에 맞서 실재의 적극적 운동을 생산한다는 공통의 계획을 본다. "이들이 헤겔을 비난하는 것은 그가 거짓 운동, 추상적인 논리적 운동, 다시 말해서 '매개'에 머물러 있다는 점이다. (…) 이들은 운동을 새롭게 재현하는 것으로 만족하지 않는다. 재현은 이미 매개다. 이와는 달리 이제는 모든 재현을 넘어 정신을 뒤흔들 수 있는 어떤 운동을 작품 안에 생산해야 한다"(DR 41). 들뢰즈가 헤겔의 현상학을 부대현상학이라 부른 이유는 여기에 있다. 정신현상학은 언어적 사이즈의 부정을 맴도는 현상학이고, 그런 한에서 실재의 적극적 운동을 비켜간다. 실재의 적극적 운동이 문제인 한에서 현상학은 비-형상의 현상학이 되어야 하고 "이미지 없는 사유"(DR 368)의 현상학이 되어야 한다.

들뢰즈는 이렇게 헤겔의 변증법이 열어놓은 지평과는 전혀 다른 지평에 서고자 했다. 반면 데리다는 변증법적 차이를 극복하는 길은 오로지 그것이 낸 길을 충실히 뒤쫓아 더 멀리 이르는 데 있다고 보았다. 헤겔을 넘어 미래로 가기 위한 가능성은 헤겔의 바깥이 아니라 헤겔 자체 안에서 찾아야 한다는 것이다. 헤겔의 변증법은 로고스의 바깥은 없다는 전제 위에서 펼쳐지는데, 데리다는 이런 전제에 충실할 때만 차연으로 가는 길이 열린다고 말하는 것처럼 보인다.[18]

18 J. Derrida, Positions (Paris: Minuit, 1972), 59~60쪽 참조.

로고스의 바깥이 없다는 헤겔의 전제가 웅변적으로 천명되는 것은『정신현상학』[19]의 서문이다. 헤겔은 여기서 진리의 충만한 현전을 갈구하는 순진한 경험론(야코비)과 독일낭만주의(셸링)를 함께 묶어 비난한다. 경험론과 낭만주의는 개념으로 매개되기 이전에 경험될 수 있는 어떤 생생한 진리가 있다고 확신한다. 가령 스피노자-셸링의 실체-무한자 개념이 그런 확신의 대상인데, 헤겔은 그것을 "모든 소가 검게 보이는 밤"(PhG 22)에 비유한다. 이런 비유를 통해 헤겔이 강조하는 것은 직접적이고 근원적인 통일성은 이미 반성적 부정성에 의해 매개되어 있으며, 반성적 부정의 노동이 없다면 어떠한 것도 논리적으로 분절화된 총체성이 될 수 없다는 점이다. 이런 비판은 이른바 지적 직관에 대한 비판으로 이어진다. 헤겔은 "곧장 절대지로부터 시작하려는 열망"을 "직접적 정신"이라 부르고, 그것을 "총구에서 발사된 탄알"에 비유한다. 그리고 직접적 정신은 결코 학문적 지식에 이르지 못하는 "어떤 감성적 의식"에 불과하다고 주장한다(PhG 31).

『정신현상학』의 서문에서 시작된 직접적 정신에 대한 비판은 이 책 1장에서 개진되는 감성적 확신의 변증법에서 보다 정교하고 구체적인 형태를 띤다. '온전한 이것'과 '지금-여기'에 대한 분석을 근간으로 하는 감성적 확신의 변증법은 순수 지칭(순수 감성적 직관)의 가능성을 논박하고 감성적 확신이 자부하는 내용적 풍요성을 추상적 빈곤의 극치로 전도시킨다(PhG 82). 그리고 마침내 헤겔 철학의 근본 전제인 로고스의 바깥은 없다는 결론에 도달한다. 즉 모든 의미작용과 의사소통은 오로지 언어적 요소 안에서만 성립할 수 있다. 언어적 요소에 머물러 있는 한 "우리는 개별적인 감성적 확신 속에서 말하고자 하는 것을 있는 그대로 정확하게 말하지 못한다. (…) 언어적 요소 안에서 우리는 우리가 말하

19 G.W.F. Hegel, Phänomenologie des Geistes (Frankfurt am Main: Suhrkamp, 1970). 본문 내 약칭 PhG.

고자 하는 것을 우리 스스로 직접 논파하는 셈이다"(PhG 85).

왜 그런가? 그것은 말의 세계가 일반적 개념들이 주인공인 세계이기 때문이다. 이 세계에서는 감성적 직관에 직접적으로 주어진 대상은 그것이 무엇이든 개념들에 의해 번역되는 한에서만 어떤 의미를 띨 수 있다. 그러나 일단 개념들에 의해 언어 안으로 번역-기입되고 나면, 대상은 이미 자신의 직접적 내용을 상실한 상태로 전락한다. 그것은 이미 죽은 대상으로서 기호들의 피라미드 안에서 다시 태어나 존속할 수 있을 뿐이다. 헤겔에 따르면, 이 피라미드 안에서 부활하고 새로운 활력을 얻을 가능성, 또는 점점 자라나는 몸을 얻을 가능성은 오로지 매개-기입의 길에서만 찾을 수 있다. 피라미드 안에 한 번 들어 온 이상 대상은 개념에 의해 매개-기입되면 될수록 구체적 내용을 회복한다. 반면 매개-기입의 기회가 적을수록 대상은 추상적 상태에 머물러 있다. 이런 관점에서 볼 때는 하위의 감성적 의식일수록 추상적이고 상위의 이성적 의식일수록 구체적이다.

데리다는 헤겔과 더불어 논리-언어적 매개가 의미의 발생과 전달에 반드시 필요한 조건이라는 생각을 공유한다. 헤겔이 말하던 논리-언어적 매개는 데리다에게 와서 문자학적 기입과 오염으로 번역된다. 이런 새로운 번역을 통해 데리다는 음성중심주의에 예속되어 있는 헤겔의 기호 개념을 해체하고 목적론적 질서에 종속된 매개적 기입에 산종의 가능성을 불어넣는다.[20] 하지만 이런 옮김과 전도에도 불구하고 헤겔의 원리는 타당성을 잃는다기보다는 차라리 좀 더 넓은 적용의 범위를 거느리게 된다. 우리는 데리다가 레비나스, 푸코, 레비스트로스 등과 같은 당대의 저자들을 읽는 경우에서 이 점을 확인할 수 있다.

데리다에 따르면, 레비나스의 타자-얼굴, 푸코의 광기의 역사, 레비스트로스

20 J. Derrida, "Le puit et la pyramid," MPh 79~127쪽 참조.

의 야생적 사고는 헤겔이 금지했던 순순 현전에 대한 욕망을 표현한다는 점에서 일치한다. 이것은 순수 타자와 직접 대면하는 가운데 이성의 폭력을 고발하겠다는 의욕이다. 그러나 이런 시도는 자신의 의도와 상반된 결과를 낳는다. 이성의 타자를 옹호하겠다는 계획은 결국 그 타자에 대한 폭력의 행사로 귀결된다. 왜 그런가? 그것은 로고스의 영역으로 들어와 개념을 통해 대상화되자마자 이성의 타자는 본래의 모습을 잃어버리기 때문이다. 이성의 언어 안으로 기입되자마자 이성의 타자는 자기 자신과 분리, 소외된다.

그럼에도 불구하고 이성의 타자는 역설적으로 그런 분리와 소외를 겪으면서 이성의 언어 안으로 기입-매개되어야 한다. 왜냐하면 그렇게 되기를 거부한다면 순수성은커녕 존립 자체를 보존하거나 회복할 수 없기 때문이다. 문자학적 기입이 가져오는 폭력은 순수 타자가 세계 속에서 의미를 띠고 현상-존립하기 위한 일차적 조건이다. 이성의 타자는 글-쓰기에 의해 분명 훼손될 수밖에 없다. 그러나 동시에 자신의 생명과 순수성을 되돌려 받을 유일한 가능성도 그 폭력적인 글-쓰기에서 구할 수밖에 없다. 데리다에게 생명은 언제나 죽음 다음에 오는 생명이거나 죽음에 의해 보충되어야 하는 생명이다. 의미는 무-의미 이후에 오는 의미이거나 무-의미에 의해 보완되어야 하는 의미다.

데리다는 문자학적 기입이 이성의 타자에 대하여 행사하는 폭력을 "선험적 폭력"(ED 188)이라 부른다. 의미의 발생과 진화, 현상학적 나타남의 가능성 일반에 대하여 일차적으로 전제해야 조건임을 확실히 해두기 위해서다(ED 94, 191). 그러나 이보다 더 중요한 것은 이성에 내재하는 선험적 폭력과 이성의 타자가 행사하는 자연적 폭력 사이에 일어나는 어떤 경제적 관계, 즉 어떤 유도와 생략, 갈등과 타협, 소비와 지연을 동시에 의미하는 경제적 관계다. "극도의 과장, 절대적 열림, 반-경제적 소비는 언제나 어떤 '경제' 속에 다시 추슬러지고 움

츠러든다. 이성, 광기, 죽음 사이의 관계는 일종의 차연의 경제, 차연의 구조이며, 이 경제의 환원 불가능한 근원성은 반드시 존중되어야 한다"(ED 95).

데리다가 말하는 차연은 상호 배타적인 두 힘(디오니소스/아폴론, 생명/죽음, 내부/외부) 사이에서 일어나는 경제적 관계 이외의 아무 것도 아니다. 이 차연의 경제가 의미 발생의 원천이라면, 그 원천은 데리다의 후기 철학에서 다시 용서(pardon)로 번역된다. 즉 의미가 어떤 주어진 선물(don)이라면, 모든 선물은 어떤 용서에 의해(par-don), 용서를 통해서 온다.[21] 언어의 바깥으로 향한 일보, 이성 바깥의 순수 감성적 풍요성이나 광기로 향한 여행, 나아가 모든 계산 가능성의 바깥에서 오는 구원에 대한 믿음 같은 것이 가능하다면, 이런 것은 오로지 차연의 용서에서 비롯되는 선물이다. 반면 차연의 사유가 용서하지 않는 것이 있다면, 그것은 무엇보다 "순수 차이론적 사유(pensée purement hétérologique)"다. 가령 레비나스에서 볼 수 있는 "순수 차이에 대한 순수 사유"가 그런 것의 일종인데, 데리다는 그런 순수 차이론적 사유를 경험론이라 부른다. 그리고 그런 경험론을 불가능한 꿈이라 낙인을 찍는다.

> 타자 앞에서 완전히 고개를 숙이는 사유, (…) 철학적 담론의 논리보다 훨씬 더 심층적인 진리에 의해 영감을 얻는 사유에 붙여야 할 참된 이름은 경험론이다. 개념의 포기, 선험성의 포기, 언어의 초월론적 지평들에 대한 포기에 붙여야 할 참된 이름은 경험론이다. (…) 경험론적 의도는 순수 차이론적 사유가 자신의 원천에서 꾸는 꿈이다. 우리는 그것을 꿈이라 하는데, 이는 언어가 태양처럼 떠오르자마자 밝은 낮 속으로 사라져버리기 때문이다.(ED 224)

---

21 J. Derrida, Donner le temps 1: la fausse monnaie (Paris: Galilée, 1991), 65~67쪽. 이 책에 대한 해설과 논평으로는 졸저, 『철학과 인문적 상상력』(문학과지성사, 2012), 2부 4장 참조.

아마 이보다 더 헤겔적인 문장은 없을 것이다. 헤겔에게 그런 것처럼 데리다에게도 경험론은 철학에 맞서는 가장 위험한 도전이다(ED 226). 이성에 대립하여 치명적인 순수 차이의 폭력을 끌어들이기 때문이다. 그러나 대책없는 순수 타자의 침입은 실패로 끝난다. 철학적 언어와 모든 타협을 거부하는 한에서 순수 타자는 침묵 속에 머물러 있어야 한다. 반면 논리적 언어 안으로 발을 들여놓는다면, 그 즉시 순수 타자는 개념적 동일성의 확대 재생산에 봉사하는 변증법의 위력에 침몰 당할 위험에 처한다. 이로써 철학의 위반이라는 주장은 가상에 빠진다. "그것은 철학의 장 내에서는 지각되지 않은 착오다. 경험론은 항상 이런 착오를 하위 단위로 거느리는 상위의 범주일 것이다"(ED 421).

경험론이 어떤 가상이라면, 이는 그것을 자극하는 "순수 차이에 대한 순수 사유"라는 것이 어떠한 의미도 확보할 수 없기 때문이다. 그것이 무엇이든 의미있는 방식으로 생각되거나 언급될 수 있는 차이는 오로지 언어에 의해 용서될 수 있는 차이로 제한되어 있다. 이런 용서된 차이는 들뢰즈의 긍정된 차이와 비교해 볼 만하다. 들뢰즈가 의미의 기원에 차이의 긍정을 놓는다면, 데리다는 그 자리에 차이의 용서를 놓는다. 그러나 긍정은 우글거리는 미시적 차이들로 구성된 강도 내부에서, 용서는 두 가지 뚜렷한 폭력 사이의 경계에서 이루어진다.

그렇다면 의미란 무엇인가? 왜냐하면 두 철학자는 의미를 동일한 의미로 설명하는 것이 아닌 것처럼 보이기 때문인데, 장-뤽 낭시를 따라 우리는 그 차이를 이렇게 정리할 수 있을 것이다.[22] 들뢰즈가 구하는 의미는 실재 상의 새로움, 창조로 나아가는 힘들의 변형과 분출(공명)에 있다. 반면 데리다의 의미는 언어적

22 Jean-Luc Nancy, "Les différences pararellèles (Deleuze & Derrida)," M. Crépon & F. Worms 편, Derrida, la tradition de la philosophie (Paris: Galilée, 2008), 199~215쪽, 특히 207~208쪽 참조.

차원에서 성립하는바 끊임없는 지연, 대체, 보충, 결렬을 겪어나가야 하는, 그러나 차이를 겪되 여전히 반복 가능해야 하는 어떤 관념성을 가리킨다. 데리다와 들뢰즈가 서로 다른 문법의 언어를 말하고 서로 다른 목포를 향하고 있는 것처럼 보이는 것은 아마 이렇게 의미를 서로 다른 곳에서 구하기 때문일 것이다.

피상적인 독자일수록 들뢰즈의 초월론적 경험론을 데리다의 관점에서 해체할 가능성을 확신하기 쉬운 것도 아마 이 점을 놓치고 있다는 점에서 설명해야 할 것이다. 가령 들뢰즈가 모든 재현이나 표상 저편에 "개념 없는 차이"를 현시하겠다는 극단적 경험론의 의욕을 내보이는 대목에서 그런 믿음이 생길 수 있다. 그러나 두 철학자에게 의미의 의미가 다르듯 경험론의 의미도 다른 뉘앙스를 지닌다. 무엇보다 들뢰즈적 의미의 경험론이 감성적 사태와 직접 관계하기 위해 처음부터 모든 개념을 포기하는 순진한 경험론이 아니라는 사실에 주목하자.

> 경험론은 결코 개념들에 대한 반동이 아니며 생생한 경험에 대한 호소도 아니다. 거꾸로 경험론은 이제까지 결코 보거나 듣지 못했던 지극히 광적인 개념 창조를 시도한다. 경험론은 개념의 신비주의, 개념의 수학주의다. 하지만 정확히 말해서서 경험론은 개념을 어떤 마주침의 대상으로, '지금들'과 '여기들'이 항상 새롭고 항상 다르게 분배되는 가운데 무궁무진하게 생겨나는 어떤 에레혼(Erewhon)인 것처럼 개념을 다룬다고 해야 한다.(DR 20~21)

들뢰즈의 경험론이 개념을 에레혼(새뮤얼 버틀러가 꿈꾼 상상적 유토피아로서 여기서는 기계들이 생명체처럼 자기증식의 능력을 지닌다)처럼 취급한다면, 에레혼은 장소 아닌 장소, 있으면서 없는 장소다(Erewhon은 No Where의 새로운 조합이다). 기계와 생명, 있음과 없음 등 일반적 이항대립이 무력해지는 역설적인 장소. 그것이 들뢰즈의 경험론이 시작되는 출발점이다. 반면 데리다의 해체론은 그런 비-장소를 도달점으로 한다. 데리다는 가령 플라톤의 코라(khora)나 파르마콘(pharmakon) 혹은 데카르트의 코기토(cogito) 등에서 그런 독특한 장소의 사례를 발견한다. 이런 해체론적 비-장소(글-쓰기의 장소)는 로고스의 안과 바깥이 나뉘는 동시에 결합되는 경계 지대인데, 여기서는 양쪽의 차이가 부단히 상호 기입-지연-용서되는 가운데 복수의 의미가 선물로서 주어진다. 데리다에게 증여는 지연의 인내 속에 일어나는 용서다.

데리다는 기존의 논리적 언어에 충격을 가져오는 글-쓰기의 장소를 발견하는 일에서 해체론의 가장 중요한 과제를 찾는다. 마찬가지로 들뢰즈는 자신의 경험론을 에러혼에 해당하는 개념의 실험과 창조로 정의한다. 이렇게 보면 데리다의 해체론과 들뢰즈의 경험론은 거의 유사한 장소를 공유하는 것처럼 보인다. 새로운 의미가 분출하는 장소를 공유하는 것인데, 다만 한쪽은 그것을 출발점으로 하고 다른 한쪽은 그것을 도달점으로 한다는 차이가 있을 뿐이다. 이런 관점에서 보면 들뢰즈가 언급하는 "지극히 광적인 개념 창조"나 "개념의 신비주의"는 데리다의 글-쓰기와 상호 번역될 수 있는 관계에 있는 것처럼 보인다. 즉 들뢰즈의 개념 창조는 언어의 바깥에서 그 안쪽으로 가는 글-쓰기이고, 데리다의 글-쓰기는 언어의 안쪽에서 그 바깥으로 이르는 개념 창조가 아닌가?

그럼에도 불구하고 두 철학자는 여전히 평행선을 그리고 있는데, 특히 헤겔을 앞에 두고 그렇다. 헤겔에 대해 어떠한 타협의 빌미도 주지 않으려는 들뢰즈와 달리 데리다는 적어도 헤겔의 변증법적 차이에 대해서만큼은 그것이 지닌 극복 불가능한 측면을 강조한다. 이것은 바타유의 반-헤겔주의에 대한 데리다의 해체론적 논평[23]에서 잘 나타나는 점이지만, 데리다의 차연 개념 자체부터가

23 J. Derrida, "De l'économie restreinte à l'économie générale: un hegelianisme sans réserve," ED 369~407쪽

변증법적 차이의 현대적 버전인 것처럼 보일 때가 있다. 이것은 특히 데리다가 "순수 차이에 대한 순수 사유"의 불가능성을 설명하기 위해 헤겔에 의존할 때 그렇다.

> 순수 차이는 (비-차이로부터) 절대적으로 다른 것이 아니다. 순수 차이의 개념에 대한 헤겔의 비판은 아마 우리에게 여기서 가장 물리치기 어려운(le plus incontournable) 주제가 될 것이다. 헤겔은 절대적 차이를 생각했고, 그것이 순수하지 않는 한에서만 순수할 수 있음을 보여주었다. 헤겔은『논리학』에서 '절대적 차이'와 관련하여 가령 이렇게 쓰고 있다: '(…) 차이 그 자체는 자기 자신과 관계하는 차이이다. 그것은 또한 자기 자신에 대한 부정으로서 어떤 다른 타자에 관계하는 것이 아니라 단지 자기 자신과 관계하는 차이이다.(ED 227)

이 인용문과 더불어 우리는 변증법적 차이에 대한 논의를 위해 출발점으로 삼았던 헤겔의 본질-논리학으로 다시 돌아오게 되었다. 이미 언급했던 것처럼 헤겔의 본질-논리학, 특히 그것을 개시하는 반성(자기투영)의 개념은 여러 점에서 구조주의 및 그 이후의 차이 개념을 예견, 선취하고 있는 것처럼 보인다. 가령 데리다의 차이든 들뢰즈의 차이든 자기 관계적 차이라는 점에서 하이데거의 차이와 마찬가지로 헤겔의 변증법적 차이의 후예가 아닌가? 변증법적 차이가 현대 사상에 대해 "가장 물리치기 어려운 주제"라는 데리다의 평가는 이런 객관적 사태를 반영한다. 데리다에게 헤겔은 "환원 불가능한 차이의 사상가," 다시 말해서 "마지막 책의 철학자이자 첫 번째 글-쓰기의 철학자"[24]다. 그럼에도 불구하고 변증법적 차이와 구조주의 이후의 차이 사이에는 어떤 돌이킬 수 없는 거

참조.

24 J. Derrida, De la grammatologie (Paris: Minuit, 1967), 41쪽. 이 책의 본문 내 약칭 DG.

리가 있는 것도 사실이다. 데리다는 그것을 현전의 형이상학(목소리중심주의)이나 목적론적 사유(태양중심주의)의 울타리에 속하느냐 아니냐 하는 문제로 제기한다. 하지만 들뢰즈의 편에 선다면 그것은 형상중심주의를 넘어 "이미지 없는 사유"로 나아가느냐 아니냐 하는 문제로 귀착된다.

3. 하이데거의 존재론적 차이를 넘어서

사실 하이데거가 지적한 것처럼, 헤겔의 변증법적 차이는 데카르트의 자기의식(스스로 자기 자신에 관계하고 자기 자신을 변용-촉발하는 코기토)에 모델을 두고 있을 뿐만 아니라 명제의 차원에서 기능하는 논리적 부정에 기초하고 있다.[25] 이는 변증법적 차이가 태양중심주의에 의존하는 두 가지 중심주의, 다시 말해서 인간 중심적 형상주의와 언어 중심적 형상주의에 종속되어 있음을 말한다. 하이데거 이전에는 니체가 이런 종류의 비판의 길을 열었다. 니체에 의하면, 언어(로고스)와 실재가 동일한 구조를 지닌다는 문법적 가상이야말로 서양 사상사 전체를 떠받치는 근본적 착오다. 헤겔의 변증법에 대한 들뢰즈의 비판은 이런 해체론적 발견의 후폭풍으로 이해할 수 있다. 즉 변증법은 나타남(phainesthei)의 공간을 여는 운동임을 자처하지만, 여기서 나타나는 것은 단지 자연적 언어의 스케일로 번역될 수 있는 형상적 직관의 단위일 뿐이다.

데리다와 들뢰즈는 인간적 사이즈의 형상과 명제적 사이즈의 형상에 동시에 구속된 서양 형이상학의 역사와 결별한다는 니체 이후의 과제를 함께 나누

25 하이데거에 따르면, 헤겔이 부정성과 차이를 이런 식으로 파악한 것은 사유의 자명성에 의존하면서 존재를 주체 앞에 표상된 것(Vor-gestelltheit)이자 주체에 의해 언명된 것(Ausgesagtheit)로 이해했기 때문이다. M. Heidegger, Hegel, 전집68권(Frankfurt am Main: Klostermann, 1993), 28쪽 이하, 37쪽 이하 참조.

고 있다. 동일한 여정을 함께 나누는 가운데 두 철학자는 형상적 가시성과는 다른 것을 선물하는 존재론적 개방성을 실험한다. 이른바 탈-구조주의를 대표하는 데리다와 들뢰즈의 철학사적 의미는 바로 이런 점에 있다. 그리고 이런 역사적 위상의 문제를 좀 더 구체적으로 공략하기 위해서는 헤겔에 버금가는 기억의 작업을 통해 서양 형이상학의 역사에 대한 해체론적 담론을 구축한 하이데거의 차이 개념을 새로운 비교의 기준으로 끌어들여야 할 것이다.

데리다의 차연은 하이데거의 존재론적 차이를 일반화한다는 평가를[26] 받는가 하면, 전적인 존재망각 속에 일어나는 존재적 차이의 범람을 개시한다는 평가를[27] 동시에 받고 있다. 이런 상반된 평가는 모두 다음과 같은 유명한 대목에 근거한다. "차연은 특정하고 대단히 괴상한 방식으로 존재론적 차이 또는 존재의 진리보다 훨씬 더 나이를 먹었다"(MPh 23, 77; DG 38). 우리는 데리다와 들뢰즈의 차이 개념을 비교하면서 이런 논쟁에 새롭게 개입할 여지를 찾을 수 있을 것이다.

데리다의 차연이 하이데거의 존재론적 차이를 일반화한다는 평가는 데리다가 하이데거에 진 빚을 생각할 때 자연스럽게 보인다. 데리다는 "내가 시도한 그 어떤 것도 하이데거의 물음들이 열어놓은 길이 없었다면 가능하지 않았을 것"[28]이라 말했을 정도로 하이데거의 존재사유가 낸 길을 미래의 철학으로 가는 정

26 J.-L. Marion, L'idole et la distance (Paris: Grasset, 1977), 208쪽 이하 참조.

27 G. Vatimo, Les aventures de la différence (Paris: Minuit, 1985), 6장;R. Gasché, Inventions of Difference. On Derrida (Cambridge, Massachusetts: Harvard University Press, 1994), 3장 참조. 바티모에 따르면, 탈근대적인 존재자의 범람은 차연의 "영원화"와 "이상화"에서 오는 결과다. 그 외 바티모의 다른 글, "Historicité et différence," J. Cohen & R. Zagury-Orly 편, Judéité: Questions pour Jaques Derrida (Paris: Galilée, 2003), 157~168쪽 참조.

28 J. Derrida, Positions (Paris: Minuit, 1972), 18쪽.

도로 간주한다. 해체라는 말 자체가 서양 형이상학의 내재적 한계를 드러내고자 했던 하이데거의 용어를 번역하는 가운데 나왔다는 것은 이미 진부한 이야기다. 이런 문맥에서 데리다는 차연이 하이데거의 존재론적 차이가 거느리는 개념적 배치 속에서만 제대로 이해될 수 있음을 강조한다. 차이는 일단 존재론적 차이로서 규정되어야 하고, 그런 규정의 길에서 다시 존재론적 차이보다 멀리 갈 수 있을 때에만 차연에 이를 수 있다는 것이다(DG 38).

데리다는 분명 서양 형이상학의 울타리를 그려내는 작업에서 하이데거보다 멀리 나아가고자 했다. 그리고 이를 위해 하이데거의 해체론을 떠받치는 존재론적 차이의 한계를 표시하고자 했다. 차연이 존재론적 차이보다 오래되었다는 위의 인용문은 이런 데리다의 의도를 집약한다. 그런데 데리다의 차연이 하이데거의 존재론적 차이와 경쟁할 때 최종적인 결정의 심급은 단지 서양 형이상학의 내재적 한계를 얼마만큼 효과적으로 표시하느냐 하는 물음에만 있는 것이 아니다. 그것은 또한 세계의 열림, 다시 말해서 나타남(phainesthei)의 기원을 얼마만큼 정확하게 설명하느냐 하는 물음에 있다. 왜냐하면 하이데거의 존재라는 것 자체가 이미 기본적으로 존재자의 나타남의 차원, 또는 탈-은폐의 사건을 가리키기 때문이다. 우리는 데리다가 원초적 글-쓰기를 문자학의 차원에서 개진할 때 이런 점을 충분히 고려하고 있음을 엿볼 수 있다.

> 원초적 글-쓰기, 이것은 말의 일차적 가능성이자 좁은 의미의 기호문자(graphie)인데, (…) 이런 [능산적] 흔적은 일차적 외면성 일반의 개방이다. 바깥, '공간적'이고 '객체적'인 외면성은 (…) 문자(gramme)가 없다면 나타나지 않을 것이다. 시간화로서의 차연이 없다면, 현재의 의미 속에 기입된 타자의 비-현전이 없다면 나타나지 않을 것이다.(DG 103).

데리다에게는 부재하는 타자, 죽거나 잊힌 타자의 침묵이 없다면 어떠한 것도 의미를 지닌 채 나타날 수 없다. 의미는 반복, 전달될 때마다 그런 침묵의 비-현전에 의해 지연, 변형, 산종을 겪는다. 하이데거의 존재론적 차이를 문자학의 틀 안으로 옮기려는 데리다의 시도는 세계의 현상화와 관련된 문제를 이런 새로운 의미론 내에 다시 위치시키려는 일관된 노력의 일부다. 문맥과 장소에 따라 변주되는 이런 재정위의 작업에서 존재론적 차이는 의미화, 분절화, 혹은 종합이 관건이 되는 거의 모든 영역에서 다시 번역되고 있다. 세계에 나타나는 질서의 마지막 한계를 향해 나아가는 듯한 데리다의 미시적 분석은 "나타나는 것과 나타남 사이에 있는 전대미문의 차이가 (…) 다른 모든 차이들의 조건이자 모든 흔적들의 조건이며, 그 전대미문의 차이가 이미 어떤 흔적이라는 사실"(DG 95)의 해명이다.

하이데거의 존재론적 차이가 데리다의 해체론적 번역 속에서 내적 한계를 드러낸다면, 이는 특히 다음과 같은 세 가지 대목에서 그렇다. 먼저 하이데거가 존재의 진리를 "특정한 초월론적 의미의 기의"(DG 33)에 해당하는 위치에 놓는 대목. 다른 한편 존재에 대한 하이데거의 담론이 "존재의 목소리에 복종하는 사유"(같은 곳)로서 모습을 드러내는 대목. 마지막으로는 하이데거가 "어떤 원초적 단어(Urwort), 다른 모든 단어들의 단어-됨의 가능성을 보장해주는 어떤 초월론적 단어"(DG 34)를 찾는 경우다.

이 세 경우는 모두 소쉬르 이후의 현대 언어학(기표 위주의 언어학)에 비할 때는 한 없이 낡아빠진 과거의 언어학(기의 위주의 언어학)에서 벗어나지 못한 결과라 할 수 있다. 데리다의 해체론적 문자학은 하이데거마저 벗어나지 못한 과거의 언어학을 현전적 존재이해와 동전의 양면을 이루는 음성중심주의로 재구성한다. 그리고 그렇게 재구성된 음성중심주의를 서양 형이상학의 역사적 울타리를 표시하는 가장 중요한 계기로 삼는다. 이때 음성중심주의란 목소리를 충만한 의미의 현전을 보장하는 본래적 언어로, 반면 문자를 의미의 비-현전을 초래하는 비-본래적 언어로 간주하는 태도와 그 전통이다.[29]

형이상학의 존재이해를 음성중심주의로 재구성한다는 데리다의 전략에 대해 하이데거는 헤겔이나 후설보다 훨씬 더 중요한 희생양이다. 하이데거의 존재론적 차이가 헤겔의 변증법적 차이 못지않게 음성중심주의의 그늘 속에 머물러 있음을 보여주면서 데리다는 니체 혹은 그 이전의 칸트에 의해 시작된 해체론의 전통이 하이데거가 아니라 결국 자신에 의해 완성된다는 점을 강력히 암시할 수 있었다. 그래서 하이데거가 "하나의 유일한 단어, 마지막 고유의 단어 속에서 이루어질 말과 존재의 일치"에 대해 언급할 때마다 데리다는 근원적 현전으로 향한 "하이데거의 열망"과 "향수"(MPh 29)를 지적한다. 그리고 이것을 하이데거의 존재사유가 아직도 형이상학의 역사적 한계 안에 머물러 있음을 알려주는 결정적인 증거로 삼는다.

그럼에도 불구하고 데리다는 언제나 차연으로 가는 결정적인 전환점이 하이데거의 존재론적 차이에 있는 것처럼 말한다.[30] 이것은 특히 데리다의 해체론이 차연으로부터 형이상학의 텍스트를 연역하는 대목에서 그렇다. 물론 여기서

29 데리다는 음성중심주의에서 목소리가 차지하는 위상을 이렇게 서술한다: "목소리는 (…) 자기 자신에게 가장 가까이, 마치 기표의 절대적 말소인양 가장 가까이 들린다. 그것은 순수한 자기감응이다. 자기 자신의 바깥에서는 어떠한 보조적인 기표도 빌리지 않고 자기 자신의 고유한 자발성에 이방적인 어떠한 표현의 실체도 빌리지 않는 순수한 자기자극인 것이다."(DG 33)

30 "[차연에 이르기 위해서는] 이 난해한 이행의 길목에 머물러 있어야 하고, 형이상학에 대한 엄밀한 해독 속에 다시 반복해야 한다. (…) 전적인 엄밀함을 기하는 가운데 존재의 진리를 초과하는 것의 흔적이 등장, 소멸하도록 만들어야 한다. (…) 기초 존재론과 현상학을 심층에서 하나로 묶는 것의 저편에 있는 흔적 말이다"(MPh 23~24). '존재의 진리를 초과하는 흔적'은 해체론적 문자학과 해체론적 유령학에서 약간 다른 뉘앙스를 지닌다. 전자에서 그것은 현전의 의미나 생명 속에 차이를 만드는 망각, 광기, 죽음의 흔적이다. 그러나 후자에서 그것은 레비나스가 말하는 순수 타자의 얼굴 혹은 유령을 닮아간다.

연역은 논리-인과적 연역이라기보다 역사-회상적 연역이지만, 그런 연역의 가능성은 형이상학의 행보(traits)가 차연의 후퇴(re-traits)와 분리할 수 없다는 하이데거적인 전제에 기초한다. 하이데거의 존재론적 차이는 존재자를 탈-은폐하면서 존재자 배후로 자신을 은폐한다. 마찬가지로 데리다의 차연은 형이상학적 텍스트의 무늬를 직조하면서 그 배후로 숨는다. 차연은 "형이상학적 텍스트 내에서 자신의 궤적을 그리면서 동시에 말소한다"(MPh 25). 형이상학적 텍스트는 자기말소의 궤적을 그리는 차연의 흔적, 흔적의 흔적이다.

이렇게 말할 때 데리다는 프로이트와 레비나스에서 차용한 흔적의 개념을 통해 하이데거의 존재론적 사건(은폐와 탈-은폐의 유희)을 옮기고 있는 셈이다. 해체한다는 것은 많은 경우 기존의 개념을 다른 문법, 다른 문맥, 다른 환경 속으로 옮긴다는 것과 같다. 데리다의 해체론은 때로 번역론의 형태를 띤다. 해체론적 번역은 과거의 개념을 창조적으로 변형하는 철학사 방법론이라는 점에서 들뢰즈의 콜라주기법에 상응한다. 그런데 데리다가 흔적을 콜라주하는 작업은 기호학적 의미작용과 텍스트 개념에 모델을 두고 있다는 사실에 주목하자. 왜냐하면 바로 이 점에서 데리다는 나타남의 문제를 순수한 힘의 차원에 설정하는 들뢰즈나 존재의 차원에 설정하는 하이데거와 멀어지기 때문이다.

> 현재적으로 현전하는 것(le présent)은 기호의 기호, 흔적의 흔적이다. 그것은 더 이상 모든 회송의 절차를 마지막 심급으로 회송하는 어떤 것이 아니다. 그것은 어떤 일반화된 회송의 구조 속에 성립하는 하나의 기능이 된다. 그것은 흔적이되 흔적을 말소하는 흔적이다. 형이상학의 텍스트는 이런 식으로 포괄-이해된다.(MPh 25)

하이데거와 데리다를 비교할 때, 나아가 하이데거를 중심으로 데리다와 들뢰즈를 비교할 때 중심에 와야 하는 것은 무엇보다 유희의 개념이 되어야 할 것이다.[31] 하이데거의 존재론적 차이와 데리다의 차연, 그리고 들뢰즈의 분화소는 모두 낭만주의(실러)에서 니체를 통해 전달되고 다시 구조주의 속에서 자라나는 유희의 개념을 가장 중요한 자양분으로 하고 있다. 현대 차이의 철학은 유희의 개념이 함축하는 어떤 거대한 존재론적 전회의 가능성을 현실적으로 입증하는 위치에 있다. 이 점에서 차이의 사유는 언제나 유희의 사유와 같다. 유희의 개념이 가져올 존재론적 전회는 니체나 하이데거에 의해 충분히 언명된 바와 같이 그것이 근거, 이유, 원인 등의 개념을 대체하거나 해소하는 데 있다. 서양적 사유는 이론적 사유를 근간으로 하고, 이론적 사유에서 나타나는 모든 것은 어떤 원인에 의한 필연적 효과이거나 어떤 효과를 필연적으로 낳는 원인이다. 나타나는 것은 필연적 인과의 연쇄 속에 있고, 따라서 이론적 사유는 인과의 연쇄를 정초하는 최후의 근거를 찾을 때 완성된다.

하이데거와 들뢰즈는 각기 탈-근거(Ab-grund)과 근거와해(effondement)와 같은 개념을 내세워 전통의 토대주의와 결별하고자 한다. 반면 데리다는 근거나 토대가 아니라 중심을 해체의 대상으로 설정한다. 중심 속에서 일어나는 대체와 보충의 유희를 논증하고, 이를 통해 현전의 존재이해와 이것에 기초한 언어학적 전제, 특히 초월론적 기의의 개념을 무너뜨린다. "초월론적 기의의 부재는 유희라 부를 수 있다. 기의의 부재는 유희의 제한이 없어진다는 것과 같고, 다시 말해서 존재-신학과 현전의 형이상학이 뒤흔들린다는 것과 같다"(DG 73).

---

31 F. Dastur, "Heidegger, Derrida et la question de la différence," M. Crépon & F. Worms 편, Derrida, la tradition de la philosophie (Paris: Galilée, 2008), 87~107쪽, 특히 95~98쪽, 105~106쪽 참조. 이 논문의 저자에 따르면, 데리다는 하이데거의 유희 개념, 특히 만년의 하이데거가 존재를 설명하는 핵심에 놓은 유희 개념에 눈을 감았고, 그렇기 때문에 하이데거를 형이상학의 울타리 안으로 밀어놓을 수 있었다. 하이데거의 유희 개념에 대해서는 앞에서 인용한 Der Satz vom Grund (Pfullingen: G. Neske, 1957), 184~188쪽 참조.

데리다에게 유희는 무엇보다 기호의 유희, 더 정확히 말해서 기의 없는 기표의 유희다. 기표는 결코 현전하는 기의, 실재에 이르지 못한다. 다만 자신의 역할을 대리할 다른 기표에 의해 대체될 뿐이다. "근원적 대체(substitution originaire), '~을 대신하여'의 형식으로 일어나는, (…)다시 말해서 기호학적 지시(signification) 일반의 작용 자체 속에서 일어나는 근원적 대체."[32] 그것이 데리다의 유희, 차이의 유희다. 데리다는 힘의 유희를 생각할 때마저 기의 없는 기표의 유희(혹은 기의를 사후적으로 생산하는 기표의 유희)에서부터 출발하는 것처럼 보인다. 데리다의 유희가 흔적의 유희로서 정식화된다면, 흔적의 유희는 언어 혹은 텍스트 상에서 일어나는 유희로서 "어떤 유한한 집합의 울타리 안에서 일어나는 무한한 대체의 장"(ED 423)을 형성한다. 반면 하이데거와 들뢰즈에게 유희는 기호 차원의 유희이기 전에 사물 혹은 세계의 유희다. 하이데거의 유희는 존재와 존재자의 유희, 세계(사방 Geviert)의 유희, 존재-빈터에서 일어나는 빛과 어둠의 유희다. 들뢰즈의 유희는 탁월하게 힘의 유희로서, 그 유희는 기표적 의미작용(signification)을 낳는 것이 아니라 물리적 신호작용(signalisation)를 낳는다. 초월론적 경험론에서 이런 힘의 유희는 주름의 유희로 묘사한다.

> 차이는 스스로 자신의 주름을 펼치지만, 정확히 그런 밖-주름운동이 일어나는 체계 안에서 스스로 소멸되는 경향이 있다. 이는 단지 차이가 본질적으로 함축된다는 것을, 차이의 존재는 안-주름운동이라는 것을 의미할 따름이다. 차이에 대해 바깥으로 주름을 펼친다는 것, 설명한다는 것은 스스로 소멸된다는 것이고, 자신을 구성하는 비동등성을 추방한다는 것이다.(DR 488)

32 J. Derrida, La voix et le phénomène (Paris: PUF, 1967), 99쪽.

들뢰즈의 철학에서 개체적 존재자는 즉자적 차이(차이 그 자체), 혹은 그것에 해당하는 강도적 차이를 가리킨다. 공명(물리적 신호와 관념적 의미의 생산)을 가져오는 분화소나 전조는 강도적 차이들 중 가장 탁월한 차이일 뿐이다. 그런데 강도적 차이는 비대칭의 관계에 놓인 미시적인 힘들의 결합체라는 의미에서 어떤 주름 덩어리와 같다. 이 주름 덩어리는 개체화의 시발점인 어떤 심층적 공-간 속에서 자신의 주름들을 풀어놓고, 그렇게 풀린 주름들은 다시 그 공-간에 의해 물리적 연장과 질로 외면화되면서 자취를 감춘다. 그러나 이것은 소멸을 말하는 것이 아니다. 다만 그 주름들 각각은 서로의 안으로 접혀 들어가고 있을 뿐이다.

주름들은 바깥으로 설명되면서 질과 양을 낳는가 하면 서로에게 함축되면서 다시 자기 자신으로 돌아간다. 주름은 자신을 함축한 다른 주름들을 함축하면서, 또는 자신이 함축한 다른 주름들에 의해 함축되면서 자기 자신으로 돌아간다. 그리고 이것이 들뢰즈가 풀어내는 니체의 영원회귀다. 초월론적 경험론에서 체계는 영원회귀에 의해 부단히 자극-변용되는 체계이고, 영원회귀는 주름들의 상호 함축 속에서 일어나는 강도적 차이의 자기복귀다. 들뢰즈는 신플라톤주의 전통에서 유래하는 주름운동을 물리적 체계의 분화와 니체의 영원회귀를 함께 번역하는 데까지 나아간다. 그리고 여기서 하이데거의 존재론적 차이를 옮길 수 있는 가능성을 엿본다.

> 영원회귀가 관계하는 세계에서 차이들은 서로를 함축하고 있다. 서로의 안으로 주름을 접어 넣고 있는 것이다. 온-주름운동 속에 놓여있는 이 복잡한 세계는 동일성이 없고 말 그대로 카오스다. (…) 영원회귀는 완성된 세계 자체의 무제약성이다. 그것은 차이를 통해 언명되는 일의적 존재다.(DR 146)

들뢰즈의 초월론적 경험론에서 하이데거의 존재에 해당하는 것은 영원회귀다. 영원회귀는 존재자의 일관성과 공통의 의미를 담보한다는 점에서 존재자(허상, 힘의 의지)의 존재다. 동일성의 형이상학은 칸트의 변증론(이념론)이 요약하는 것처럼 "사유하는 주체의 일관성, 세계의 일관성, 그리고 보증하는 위치에 있는 신의 일관성"(DR 148) 등에서 존재자의 존재를 찾는다. 반면 영원회귀가 선물하는 일관성은 차이의 일관성, 생성의 일관성, 차라리 비-일관성의 일관성이다. 영원회귀는 존재자를 되돌아오게 하면서 비로소 있게 한다. 하지만 오로지 부단히 달라지는 가운데 자신의 극단에 이르는 존재자만이 영원회귀 속에서 돌아올 수 있다. 자신의 역량의 한계에 도달하고, 그 문턱을 넘어 새롭게 변신하는 존재자만이 "영원회귀의 시험"(DR 113)을 이길 수 있고, 이로써 다른 존재자와 "공통의 존재"(같은 곳)를 나눌 수 있다.

그렇다면 존재자는 어떻게 자기 자신과의 차이(자기 관계적 차이)를 만들면서 영원회귀의 반복에 참여할 수 있는가? 그것은 오로지 다른 존재자를 함축하거나 다른 존재자에 의해 함축되는 정도에 달려 있는 문제다. 들뢰즈의 후기 철학에서 자주 사용되는 스피노자의 용어를 빌린다면, 그것은 다른 존재자에 의해 자극-변용되거나 다른 존재자를 자극-변용하는 역량의 문제다. 함축(안-주름운동)은 감응, 자극, 변용, 정념과 같다. 영원회귀가 가져오는 존재론적 일관성이 "차이나는 것의 둘레를 도는 동일성"(DR 113)에 있다면, 존재자 각각은 서로를 통해 함축-변용하는 역량의 정도에 따라 탁월한 차이에 도달한다는 점에서 서로 일관성을 띠고 동일한 의미를 지닌다. 그리고 힘의 의지나 허상(시뮬라크르)이라는 동일한 자격을 얻게 된다.

> 영원회귀는 자신이 존재하게(그리고 돌아오게) 만드는 것에 허상이라는 자격을 부여한다. 영원회귀가 존재(비형상적인 것)의 역량이라면, 허상은 존재하는

것—'존재자'—의 참된 특성 혹은 형상이다. 사물들의 동일성이 와해될 때, 존재는 거기서 빠져나와 일의성에 도달하며, 차이나는 것의 주위를 맴돌기 시작한다.(DR 163)

하이데거의 존재론적 차이가 문제로서 제기하는 것은 존재와 존재자 사이의 차이에 있다. 그러나 들뢰즈에게 중요한 것은 존재와 존재자를 구별하는 문제가 아니라 존재(존재론적 일관성, 존재자들의 공통 의미와 자격)가 취할 수 있는 두 가지 유형을 구별하는 문제다. 들뢰즈는 존재의 두 유형, 따라서 존재론의 두 유형으로 유비의 존재론과 일의성의 존재론을 대립시킨다. 두 존재론의 차이는 존재자에 고정된 형상을 부여하느냐 아니면 자기 변형적 형상(허상)을 부여하느냐에 있다. 형상의 존재론과 변상(變像)의 존재론. 들뢰즈에게 양자는 각기 플라톤주의의 전통과 반-플라톤주의의 전통을 대신한다.

형상의 존재론은 각각의 사물에 고정불변의 형상을 부여하므로, 존재는 존재자들에 의해 서로 다른 의미로 언명된다. 따라서 서로 다른 의미 사이에 일관성을 확보하기 위해서는 유비에 의존할 수밖에 없다. 반면 허상의 존재론에서 각각의 사물은 복수의 형상을 지니거나 자기 변형적인 형상을 지닌다. 모든 존재자는 어떤 부류에 속하든 변형의 문턱을 지나기 위해 자신의 가능성의 한계로 향하는 한에서만 존재에 참여하고, 따라서 이미 평등하고 동등한 자격을 지닌다. 존재는 존재자들에 의해 하나의 똑같은 의미에서 언명된다(이상 DR 632). 허상의 존재론이 일의성의 존재론이라 명명되는 이유는 여기에 있다.

일의성이 의미하는 것은, 일의적인 것은 존재 자체이고 이런 일의적 존재가 다의적인 존재자를 통해 언명된다는 사실이다. (…) 하지만 존재가 어떤 존재자를 통해 언명된다면, 존재를 언명하는 그 존재자는 차이를 만든다. 존재를 언명하는 것은 차이 자체다. 어떤 범주들 안에서 스스로 분배되고 존재자들에게 어떤 고정된 몫을 할당하는 것은 유비적 존재가 아니다. 오히려 존재자들은 모든 형식들에 열려 있는 일의적 존재의 공간 안에서 스스로 할당된다. 개방성은 일의성에 본질적으로 속한다.(DR 633)

우리는 앞에서 하이데거 이후의 차이의 철학이 '존재론적 차이'의 일반화로 향하느냐 아니면 '존재적 차이'의 일반화로 향하느냐 하는 문제를 제기했다. 위의 인용문은 이런 문제와 깊이 관련되어 있으므로 주의를 요한다. 여기서 중요한 것은 존재를 통해 존재자가 언명되는 것이 아니라 존재자를 통해 존재가 언명된다는 점이다. 즉 존재를 언명하는 것은 존재가 아니라 존재자다. 존재가 스스로 자기 자신을 분배하거나 존재자들에게 고정된 몫을 할당하는 것이 아니다. 오히려 존재자들이 스스로 존재의 공간을 열고 거기서 스스로 자기 자신을 할당한다. "개방성은 일의성에 본질적으로 속한다." 그러나 일의적 존재의 공간을 여는 것은 존재가 아니라 존재자다.

이것은 결국 존재가 먼저 있고 그것이 다시 존재자를 있게 하는 것이 아니라 존재자가 먼저 있고 그것이 다시 존재를 있게 한다는 것과 같다. "이런 의미에서 영원회귀는 어떤 근원적인 차이의 당연한 귀결이다. 그것은 순수하고 종합적인 차이, 곧 (니체가 힘의 의지라 불렀던) 차이의 즉자 존재에서 비롯되는 귀결이다. 만약 차이가 즉자 존재라면, 영원회귀 안의 반복은 차이의 대자 존재다"(DR 281~282). 존재는 존재자의 자기함축 속에서 성립하는 대자 존재이고, 대자 존재는 존재자의 즉자 존재 다음에 오는 이차 존재다.[33] "만일 '존재자'가 우선 차

---

33 따라서 우리는 "들뢰즈주의가 어떤 재-강조된 플라톤주의"라는 바디우의 해석을 보류해야 할 것이다. 바디우에 따르면, 들뢰즈는 "허상들의 권리를 긍정하되 존재의 일의적 역량에 대한 즐거운 증언으로서 긍정하며, 일의성의 다양한 경우들로서 긍정한다." 즉 존재자의 다의성은 "생생하게 살아 있는 일자의 역량"을 말

이이자 시작이라면, 존재 그 자체는 반복이자 존재자의 새로운 시작이다"(DR 436). 시작에 있는 것은 미시적 힘들의 주름 덩어리인 존재자(허상, 힘의 의지)이고, 영원회귀라는 존재는 그 존재자의 안-주름운동에서 움트는 새로운 시작의 가능성이다.

들뢰즈의 초월론적 경험론이 가져온 어떤 전회가 있다면, 그것은 무엇인가? 이렇게 물으면 아마 동일성의 주위를 돌았던 차이가 이제는 중심이 되어 동일성이 그 주위를 돌게 되었다는 대답이 가장 먼저 나올 것이다. 그러나 이것은 들뢰즈 개인의 독창성이라기보다 그가 데리다와 같은 다른 차이의 철학자와 공유하는 시대의 독창성이다. 다른 차이의 철학들과 비교할 때 초월론적 경험론의 독창성은 무엇보다 일의성의 테제에 있을 것이다. 일의성의 테제가 전하는 궁극의 메시지는 존재의 둘레를 돌던 존재자를 중심으로 존재가 그 주위를 돌도록 만들 때만 차이의 철학이 가져온 코페르니쿠스적 전회가 완성된다는 점에 있다.

들뢰즈는 만년에 이를수록 스피노자를 "내재성의 화신"이자 "철학자들의 예수 그리스도"[34]로 끌어올린다. 그러나 『차이와 반복』에서는 스피노자가 니체에 의해 극복되어야 할 미완의 철학으로 남아 있다. 이런 평가는 존재와 존재자 사이에서 계획된 코페르니쿠스적 전회의 시각에서 온다. 스피노자의 용어로 한다면, 존재자를 중심으로 존재가 회전해야 한다는 것은 양태를 중심으로 실체가 돌아야 한다는 것과 같다. 그러나 들뢰즈는 스피노자의 실체와 양태 사이에

해주는 증거라는 것이고, 이 점에서 들뢰즈는 플라톤적이다. A. Badiou, Deleuze: la clameur de l'être (Paris: Hachette, 1997) 42~43쪽 참조.

34 G. Deleuze & F. Guattari, Qu'est-ce que la philosophie? (Paris: Minuit, 1991), 49~50쪽, 59쪽 참조.

서 "어떤 무관심"을 발견한다. "스피노자에게서 실체는 양태들로부터 독립해 있는 것처럼 보인다. 그리고 양태들은 실체에 의존하지만 어떤 다른 사물인 것처럼 의존한다. 실체는 양태들을 통해, 오로지 양태들을 통해서만 자신을 언명해야 할 것이다"(DR 112). 들뢰즈는 다시 말한다. "일의적인 것이 순수한 긍정의 대상이 되는 수준으로까지 나아가기 위해 스피노자주의는 한 걸음만 더 내디디면 된다. 그것은 실체로 하여금 양태들 주위를 돌게 만드는 것이고, 다시 말해서 영원회귀 안의 반복에 해당하는 일의성을 실현하는 것이다"(DR 632).

일의성의 존재론에서 존재는 존재자에 대하여 결코 분리되어 있는 것도, 명령하는 높이에 있는 것도 아니다. 존재는 다만 존재자의 대자적 자기관계(자기함축)에서 파생되는 이차적 효과에 그친다. 존재는 존재자의 자기복귀(안-주름운동) 속에서 일어나는 어떤 아우라와 같다. 이 점에서 일의성의 존재론은 존재자에 받칠 수 있는 최고의 찬양가다. 반면 유비의 존재론은 존재에 받치는 최고의 찬양가라 할 수 있다. 여기서는 어떤 복잡하고 두터운 의미 속에 자신의 비밀을 숨기는 존재가 참을 수 없이 가벼운 존재자를 무겁게 짓누르고 있다. 이런 전경은 신플라톤주의 전통의 부정신학에서 극적으로 펼쳐진다. 여기서는 모든 실재성을 잃어버린 존재자가 무한한 신의 실재성과 대조를 이룬다.[35] 반면 일의성의 존재론에서는 바람에 나는 먼지만큼 가벼워지는 것은 존재자가 아니라 존재다. 존재자는 오히려 다의적인 의미를 획득하는 가운데 점점 무거워져 간다. 존재자 안에서 폭발적으로 자라나는 긍정의 무게가 참을 수 없이 가벼운 희망인 양 존재를 꿈꾸는 장면. 이것이 바로 바로크적 세계의 전경이다.

---

35 데리다의 부정신학 해체론과 관련해서는 J. Derrida, "Comment ne pas parler," Psyché: inventions de l'autre (Paris: Galilée, 1987), 535~595쪽 참조. 데리다는 여기서 차연을 "존재를 넘어서는 극-실재(hyper-essentialité)"에서 출발하는 부정신학과 거리를 두면서, 부정신학이 현전의 형이상학이 취하는 한 유형임을 설명한다.

분명한 것은 일의성의 테제 속에서 일반화되고 있는 것은 존재론적 차이가 아니라 존재적 차이라는 사실이다. 여기서 존재론적 차이는 범람하는 존재적 차이 속으로 함몰해 들어간다. 무릇 존재는 존재자들의 보편적이고 공통된 의미, 혹은 존재자들의 현상화-지평이나 의미화-지평, 혹은 존재자들 간의 상호 일관성을 의미한다. 그러나 그것이 무엇이든 일의성의 테제에서 존재는 주름운동(또는 상호 함축과 변용)이라는 존재자의 자기복귀적인 함량운동 속에서 일어나는 심오한 반향이 되어버린다. 그것은 헤겔의 절대정신이—보통 오해되고 있는 바와는 달리—상호 자극, 침투, 전도하는 과거의 기억들 속에서 피어오르는 거품인 것과 같다. 이런 관점에서 보면 들뢰즈의 차이는 하이데거의 존재론적 차이와 화해할 수 없는 지점에 서 있는 것 같다. 왜냐하면 존재론적 차이는 아무리 유희 모델에 따라 진화해 간다 해도 존재가 주도적인 차이, 다시 말해서 존재가 스스로 마술을 부리는 가운데 존재자 사이에서 일어나는 사건(Austrag, Geviert, Seyn, Unter-schied, Ereignis, Enteignis)이기 때문이다.

존재보다는 존재자를 앞세운다는 점에서 들뢰즈의 존재론적 목소리는 레비나스의 윤리적 목소리와 공명한다. 주지하는 바와 같이 레비나스의 윤리학은 하이데거의 존재사유가 일종의 플라톤주의로 전도되는 지점, 그것이 존재자의 얼굴을 모두 사라지게 만드는 어떤 추상적 보편주의로 드러나는 지점에서 출발한다. 그렇다면 데리다에게 존재는 일의적인가 아니면 다의적인가? 이것은 그렇게 쉽게 답할 수 있는 문제가 아니다. 데리다는 유비의 존재론에 속하는 텍스트를 해체하지만, 그렇게 해체론적으로 재구성된 형이상학적 텍스트는 전적인 일의성의 텍스트도, 전적인 유비의 텍스트도 아니다. 그것은 오히려 유비와 일의성이 하나로 얽히는 이중적이고 역설적인 텍스트가 된다. 형이상학의 텍스트 속에 반-형이상학의 목소리가 울리게 만드는 것이 해체론의 일반적 특징이다. 그것은 유비의 존재이해 속에 일의성의 목소리가 울리게 만드는 것과 같다.

그렇지만 데리다는 존재의 보편적 의미보다는 존재자 각각의 독특한 얼굴에 주목해야 한다는 레비나스의 견해에 대하여 절대적인 동의를 표시한 최초의 철학자임을 여기서 잊지 말자. "모든 타자는 전적으로 다르다(tout autre est tout autre)"란 후기 데리다의 후렴구는 이런 계승관계를 집약한다. 우리는 이 문장을 존재론적 차이에 대한 존재적 차이의 우위를 옹호하는 공식으로 받아들일 수 있다. 그러나 데리다가 이런 계승관계 속에서 존재적 차이의 우위를 옹호한다면, 이는 단지 존재자의 환원 불가능한 독특성을 강조하기 위해서만이 아니다. 해체론이 문자학에서 유령학으로 전환된 이후 더욱 분명하게 드러나는 것처럼, 그것은 무엇보다 먼저 역사성 자체의 무한한 열림을 보존하기 위해서다. 하이데거의 존재사유를 포함한 모든 종류의 프로그램화된 형식에서 역사를 해방한다는 것, 역사의 역사성을 모든 기투와 계획의 가능성 저편에서 오는 순수 타자의 메시아적 약속에서부터 이해한다는 것이 그것이다.[36]

기독교적 종말론을 포함한 모든 종류의 보편적 역사를 위반하는 메시아적 약속. 그런 약속에 대한 응답과 책임에 이를 때 진정한 역사적 시간성이 생성한다면, 그것은 시간 속에서 들뢰즈적 의미의 일의성이 실현되는 순간이라 할 수 있다. 왜냐하면 모든 종류의 프로그램을 무너뜨리면서 도착하는 타자의 메시아적 약속과 마주친다는 것은 들뢰즈의 용어로 하면 개체가 자신의 역량의 내적

36 J. Derrida, Spectres de Marx (Paris: Galilée, 1993), 125~126쪽: "특정한 해체론적 행보는 (…) 처음부터 헤겔, 마르크스에게서 또는 하이데거의 획기적 사유 안에서마저 남아있는 존재-신학적 역사 개념만이 아니라 원초-목적론적 역사 개념을 의문에 붙여왔다. 이는 그런 개념에 어떤 역사의 종언이나 비-역사성을 대립시키기 위함이 아니었다. 반대로 이 존재-원격-원초의 목적론이 역사성에 빗장을 지르고 역사성을 중성화하며 마침내는 역사성을 무화시킨다는 것을 논증하기 위함이었다. 여기서 문제는 (…) 메시아적이고 해방적인 약속을 긍정하는 사유로 가는 길을 여는 데 있다. 즉 프로그램 또는 존재-신학적이거나 목적-종말론적인 계획이 아닌 진정 약속다운 약속을 긍정하는 사유의 길이 관건이다."

한계에 이르고, 그 문턱을 넘어 새로운 형태로 변신한다는 것과 같기 때문이다. 변신과 창조 혹은 결단을 함축한다는 점에서 데리다의 약속은 들뢰즈의 긍정과 같다. 그러나 그것은 충만한 현전의 위력이나 생명 안에서 움트는 위력이 아니다. 다만 죽음, 망각, 부재 등에 의해 지연되거나 훼손되는 가운데 자신의 한계에 이르는 현전의 위력이다. 그것은 현전의 극단적 비-현전화 속에서 움트는 재-현전화의 약속이되 결코 현전화될 수 없는 약속이고, 이 점에서 다시 들뢰즈의 긍정과 멀어진다.

논평과 토론

데리다와 들뢰즈의 차이: 두 차이의 차이

박인철 안녕하세요. 박인철입니다. 질문을 준비하느라고 논문도 여러 편 읽고 책도 읽어 봤는데 정말 데리다와 들뢰즈의 사상은 저에게는 신선한 충격이었습니다. 그것은, 데리다의 표현을 빌리면, '이질적인 것으로부터의 촉발'(hétéro-affection)에서 오는 충격이라고 할 수 있었습니다. 특히 데리다는 구조주의에 대해서 대단히 신랄한 비판을 가하고 있더군요. 그는 구조주의에 대해서 거의 증오심에 가까운 표현을 써가며 공격하고 있는데, 이를 테면 "오늘날 가장 세련된 구조주의적 형식주의, 역겨운 만취상태에서 볼 수 있는 자포자기"와 같은 표현이 그렇다고 하겠습니다. 이 말은 그의『글쓰기와 차이』(L'écriture et la différence)에 나오는데, 저는 기호학을 공부했고 또 기호학의 이론적인 바탕이 구조주의이기 때문에 이 표현을 보고 매우 놀랐어요. 이 책이 나온 해가 1967년인데, 실상 제가 공부한 파리학파의 기호학은 1970년대 초부터 그레마스의 선도로 발전된 것이고, 1980년대 중반부터는 구조주의의 원류가 생기론(vitalisme)에 있다고 해서 기호학파 내에서 역동적인 요소를 도입하려는 많은 시도가 있었지요. 그렇기 때문에 구조주의에 대한 데리다의 비판이 기호학에도 해당되는지는 생각해 보아야 할 문제인 것 같습니다. 아무튼 제가 기호학을 전공했기 때문에 선생님이 발표하신 것 중에서 구조주의에 대해 논의한 부분에만 국한에서 질문을 제기해보겠습니다. 제가 관심을 갖고 있는 분야는 행동과 정념으로 이루어진 이야기의 분석인데, 이 관점에서 보더라도 데리다와 들뢰즈가 매우 흥미 있는 견해를 내놓았더군요. 예컨대 데리다와 들뢰즈가 사후성의 논리로 설명한, 프로이트의 환자인 엠마의 광장 공포증이나 토마스만의『마의 산』에서 한스 카스트로프가 쇼샤 부인에 대해 품은 사랑, 프루스트의 마들렌느와 관련된 무의지적 기억, 나아가서 또 모세와 예수의 삶의 공속성과 같은 예는 무척 흥미를 끌었습니다. 왜냐하면 저도 이야기를 분석하다보면, 예컨대 컬트영화처럼 제가 사용하는 분석의 틀이 제대로 적용되지 않는 경우가 있는데, 이러한 사후성의 논리가 도움을 줄 수 있지 않을까 하는 예상도 해봅니다. 무슨 이야기냐 하면 기호학적인 관점에서 접근 가능한 타당한 영역이 분명히 있는데, 이러한 영역을 벗어나는 영역에 대해선 데리다와 들뢰즈의 접근 방식이 도움이 되지 않을까 하는 것이지요. 그런데 이 두 사람이 구조주의를 극복하려고 하고 또 비판하고 있기 때문에 이것은 단지 타당성(validité)의 영역에 관련된 문제가 아니라 전혀 다른 문제가 아닌가 하는 생각이 듭니다. 왜냐하면 두 사람의 구조주의에 대한 비판은 서양의 사유 체계를 극복하려는 시도의 일환으로 여겨지기 때문입니다. 선생님께서 이 점에 대해서 좋은 답변을 해주시기를 부탁드리겠습니다.

아무튼 저는 가장 기본적인 사실로부터 문제를 제기해 보겠습니다. 현대 구조언어학의 시조인 소쉬르의 경우를 보지요. 아시다시피 소쉬르는 잡다한 언어 현상들이 아니라 인간의 언어 소통을 가능하게 하는 바탕이 되는 것을 연구 대상으로 삼았습니다. 예컨대 불어로 '로즈'(rose, 장미)라는 낱말을 예로 들면 이 낱말은 발음하는 사람마다 제가기 조금씩 다르고, 이 낱말에 대한 의미 인상(impression sémantique)도 각 사람에게 조금씩 차이가 나지만, 이 낱말을 들은 사람들은 모두 그것을 동일한 '장미'라고 인식하지요. 그런데 지극히 단순하게 보이는 이러한 사실에 깊은 언어학적 진실이 감춰져있다 할 수 있습니다. 만일 그토록 다양하게 발음되는 로즈를 동일한 '로즈'로 인식하지 않고 그때마다 다른 어떤 것으로 파악해야 한다면 아마 우리의 언어 소통은 가능하지 않을지도 모릅니다. 바로 이처럼 언어 단위의 동일성을 파악하게 해주는 바탕이 랑그라는 것이지요. 소쉬르에게 랑그는 무엇보다도 기호들의 체계였습니다. 그리고 이 체계는 잠재적이고 심층적인 것입니다. 표층에서 실현된 모든 언어 단위들을 한 언어 공동체에 있는 사람들은 모두 이 심층적인 체계를 통해 동일하게 파악을 하지요. 기호학도 소쉬르의 이러한 생각을 이어받아서 예컨대 이 세상의 거의 모든 이야기들이 하나의 설화도식의 틀 안에서 조직된다고 보고 있습니다. 그런데 하나의 낱말이 음성적으로나 의미적으로나 개개인에 따라 미세한 차이를 갖고 실현되더라도 우리의 뇌 속에 저장된 랑그를 통해서 우리는 이런 것들이 그 동일한 낱말임을 인식한다는 소쉬르의 주장은 플라톤의 주장, 즉 기억 속에 있는 유적 동일성으로서의 이데아를 통해서 우리 앞에 현존하는 개별자들을 하나의 보편자와 관련시킨다는 플라톤의 주장과 유사하다고 하겠습니다. 이러한 점에서 보면 구조주의는 서양철학의 사유의 전통을 계승한 것이라고 볼 수 있겠죠. 게다가 구조주의가 금과옥조로 삼고 있는 이항대립은 서양철학의 이분법적 사고방식과도 일맥상통한다고 볼 수 있습니다. 들뢰즈는 이러한 테제를 유비테제라고 부르고 있더군요.

김상환 예. 그래서 그것과 대립하는 일의성(univocité)의 테제가 나오고요.

박인철 네, 그래서 들뢰즈는 이 유비테제에 대항해서 일의성의 테제를 내세우고 있더라고요. 일의성의 테제에 따르면 개체들은 특정한 형상이나 본질에 관련되지 않고, 각각 존재론적으로 동등한 가치를 지니고, 그 의미도 유동적이고 가변적이라고 합니다. 그러니까 제가 앞에서 예로 든 '로즈'의 경우를 보면 각각의 개인이 발성하는 발음 하나하나가 모두 동등한 가치를 가진다는 것이지요. 또 데리다의 편에서는 구조주의의 총체성을 넘어서려는 시도로써 언표되거나 사유될 수 없는 부정적인 무한자를 내세우더라고요. 데리다의 경우에는 부정적인 무한자가 전체성의 기원이 되고 있습니다. 들뢰즈도 데리다와 같은 차원에서 언표되고 사유될 수 없는 것을 말하는데 그는 이것을 "경험의 초월적 근거"라고 부르고 있습니다. 그는 경험의 초월적 근거를 바로 차이 그 자체에 두고 있는데, 조금 전에 말한 사후성의 논리를 구성하는 것, 즉 시간적인 차이를 두고 있는 두 사건이 공명하게끔 하는 제3항으로서의 차이가 여기에 해당하지요. 데리다가 자신의 부정적 무한자를 언표되거나 사유될 수 없다고 말한 것처럼, 들뢰즈도 차이 자체를 "볼 수 없고 감각될 수 없는 것"이라고 말하고 있습니다. 기호학에서는 심층의 의미가 언표되거나 사유될 수 없다고까지는 말하지 않지만, "정의될 수는 없지만, 많은 것을 규정하는 것"(장 프티토)으로 보고 있기는 하지요. 이 심층의 의미는 삶과 죽음, 문화와 자연, 신성과 인성과 같은 것입니다. 그러면 여기서 제가 질문을 제기하겠습니다. 즉, 들뢰즈의 일의성의 테제는 인간의 언어 소통을 가능하게 하는 랑그도, 이야기를 일관되게 심층에서 조직하는 설화도식도 부정하는 것이 아닌가 하는 것이 제 첫 번째 질문입니다. 그리고 데리다의 해체론이 추구하는 것이 구조와 힘의 차이를 내는 '사이'에, 그의 용어대로 하면, 아폴론적 개방성과 디오니소스적 개방성을 내는 그 '사이'에 다리를 설계하는 것이라면 전자에 해당하는 랑그와 설화도식에 해당하는 후자, 즉 디오니소스적 개방성은 구체적으로 무엇을 말하는 것인지요. 이것이 제 두 번째 질문입니다.

김상환 과학자의 관점과 철학자의 관점이 다를 수밖에 없어요. 가령 시간의 문제가 철학에서 중요한데, 베르그송은 과학의 시간은 공간화된 시간이지 참된 시간, 다시 말해서 지속이 아니라고 합니다. 하지만 과학자들에게 시간은 현상 설명 모델 안에 들어와 있는 어떤 조작 가능한 변수가 되어야 합니다. 어떤 이론 체계 안에 들어와서 다른 변수들과 함께 연계적으로 계산할 수 있는 하나의 오퍼레이터가 돼야 되는데, 시간도 마찬가집니다. 그래서 사실 베르그송이 가리키는 지속에 고개를 끄덕이면서도 그걸 과학적으로 사용하기는 어려운 겁니다. 어떻게 베르그송의 지속개념을 가지고 인과적인 질서를 설명할 수 있겠어요. 차이의 경우도 마찬가지입니다. 철학은 언어학적 모델 안에서 허용 가능한지 아니지 하는 그런 기준을 깨고 차이 자체의 실상을 보자는 거죠. 과학자의 입장에서도 상당히 고개를 끄덕이지만 역시 거리를 둘 수밖에 없는 그런 측면은 물론 인정을 해야 됩니다. 그리고 무한자 이론을 말씀하셔서 그런데, 하이데거 이후의 철학에거 중요한 특징 중의 하나가 있습니다. 그것은 이론적인 모델 안으로 번역 가능한 그런 요소가 아니라 개념적으로 논리적으로 표상, 재현할 수 없는 것과 씨름하는 것입니다. 그런 것을 불가능자라고 합니다. 기존의 논리로 번역하기 힘든 것인데, 그런 불가능자를 개념적으로 기입할 수 있는 방법을 모색하는 것, 그런 불가능자가 이론적인 체계 안의 변수들과 맺는 관계를 설명하려는 게 현대 철학의 특징이죠. 이런 노력은 실증적인 설명모델을 추구하는 사람들에게는 쓸데없는 걸 자꾸 건드린다는 인상을 줄 수 있습니다. 여기서 선생님의 질문으로 돌아가면, 일의성의 테제가 설화도식을 불가능하게 만들지 않느냐는 것이죠?

박인철 예

김상환 선생님의 질문을 정확히 파악했는지는 모르겠는데, 말씀하신 설화도식이라는 게 어떤 통사적인 형식 같은 것인지요.

박인철 그렇게 볼 수 있습니다. 그러니까 모든 문장들이 다섯 개의 형식 중 어느 하나의 형식 안에 들어가는 것과 같이 이야기들도 모두 하나의 설화도식의 틀 안에서 조직된다는 것이지요.

김상환 사실 말에는 어휘만 있는 게 아닙니다. 어휘를 엮는 구문, 문법이 또 있습니다. 모든 언어는 의미론적 축과 통사적인 축이 있습니다. 그런데 제가 최근에 어떤 서양 학자가 쓴 글을 읽어보니까 고대 한문에 나타난 어휘는 글자가 아니라 차라리 문장(紋章 emblem)에 가깝다는 주장을 펼치고 있더군요. 올림픽 기념주화나 운동회 기념 펜던트를 보면 그림도 들어있고, 그 밑에 보면 대회의 성격이나 등급을 알리는 명문(明文)이 새겨져 있는데, 그런 것을 inscriptio라고 합니다. 또 그 밑에는 subscriptio가 있습니다. "왔노라 보았노라 이겼노라" 같은... 이와 같은 문장처럼 한자에는 소리뿐만 아니라 그림, 이야기 등과 같은 것이 함께 들어있습니다. 시각, 청각, 촉각 등의 여러 감각적 요소, 게다가 서사적 요소가 포함돼 있어서 서양의 음성 알파벳을 기준으로 글자나 단어를 이해하는 사람한테는 글자로 비추기 어려울 수 있습니다. 확실히 한자는 글자 이상의 글자입니다. 글자마다 단일하고 통일된 의미를 갖는 것이 아니라 다양하고 두터운 의미, 하나로 수렴되기 어려운 복잡한 의미를 갖는다는 점에서 그렇습니다. 이것이 한문의 언어학적 개성으로 이어집니다. 글자 각각이 어떤 아득한 은유적 연락망을 거느리는 고대 한문은 의미론적인 축에서 서양말과 비교할 때 엄청난 힘과 깊이를 자랑합니다. 반면 통사적인 축에서 보면 정반대입니다.

고대 한문에서 단어는 문장 안에서 놓이는 위치에 따라 시제, 품사, 격이 달라집니다. 인도유럽 문명권에서는 흔했던 문법서가 중국에서는 전혀 발달하지 못한 이유는 이렇게 고정된 문법이 없다는 데 있을 것입니다. 중국의 역사에는『설문회자』같이 글자의 기원과 의미를 연구하는 책, 어휘 관련 연구서, 뿐만 아니라 일종의 백과사전에 해당하는 유서(類書)가 엄청나게 풍부합니다. 이와는 대조적으로 문법서나 논리학 관련 서적은 전무하다고 하는데, 이런 이야기를 종합해보면 뭐가 되겠습니까. 한문은 통사적인 축이 대단히 취약한 언어라는 것이고, 통사적인 측면의 취약성을 의미론적인 측면에서 보완하는 언어라고 정리할 수 있겠죠. 예를 바꾸어 수학적 언어와 시적인 언어를 비교해봅시다. 시적인 언어는 단어 하나하나가 엄청난 의미론적 두께를 지니고 있어요. 시에 등장하는 물, 불은 일상어에 등장하는 물 ,불 이상의 의미를 갖지요. "나를 키운 건 바람이 8할이다"에서 바람이란 말은 많은 것을 함축합니다. 그런데 누가 왜 꼭 8할이냐, 6.5할이라 해야 되지 않느냐고 따지면 희극이 됩니다. 시가 추구하는 것은 처음부터 논리-산문적인 정확성, 형식적 엄밀성이 아니기 때문입니다. 시적인 언어는 통사적 구문의 형식에 얽매이지 않습니다. 오히려 거기에 충격을 주어 특유의 리듬과 음악성을 살리려 하죠. 그리고 그 충격은 시적인 언어가 자랑하는 의미론적인 축에서 오는 것이죠. 반면 수학적 언어는 통사적 형식에서 가장 엄밀하고 정확한 언어지만, 의미론적인 축에서는 가장 빈곤한 언어라고 할 수 있지요. 이런 대조의 관점에서 우리는 랑그의 다양한 유형을 생각해 볼 수 있을 것입니다. 시적인 언어처럼 의미론적인 축이 강하냐 아니면 수학적인 언어처럼 통사적인 축이 강한 언어냐 하는 관점에서 말이죠. 그리고 극단적인 경우, 가령 존재론적 일의성의 테제를 받아들여 단어의 고정된 의미를 부정하고 다의성, 다성성(多聲性)만을 인정한다 해도, 말의 순서가 엉망이 될 것라고 절망할 필요는 없을 것 같습니다. 고대 한문이나 시적인 언어의 경우에서 볼 수 있는 것처럼, 풍부한 의미론적인 축에서 그것에 걸맞은 통사적인 제어력이 자라나거나 구문론적인 취약성을 보완할 가능성이 주어질 수 있을 테니까요.

최문규 제가 다른 질문을 드리겠습니다. 들뢰즈와 데리다가 각각 헤겔 수용의 다른 모습을 보여준다고 강조하셨는데, 즉 들뢰즈는 헤겔을 가차 없이 공격적으로 비판하고, 데리다는 약간 헤겔의 변증법을 옹호한다고 말입니다. 그런 양자의 차이점을 어디서 강하게 느끼셨는지?

김상환 무엇보다 『글쓰기와 차이』에 실린 바타유론을 예로 들고 싶습니다. 바타유가 헤겔적 변증법의 사유를 넘어 그 바깥으로 이행하려는 시도를 분석하는 글인데, 데리다가 볼 때는 그것이 거의 불가능한 시도라는 것이죠. 이 글의 첫 페이지는 헤겔을 넘어선다는 게 얼마나 어려운지를 극적인 문장으로 기술하고 있는데, 요점은 헤겔의 바깥으로 제시된 지점이 알고 보면 헤겔의 체계가 이미 변증법적으로 지양한 수많은 입장들의 하나에 불과하다는 것입니다. 손오공은 한참을 달려 벗어났다고 생각하는데 역시 부처님 손바닥 안이라는 이야기와 같습니다. 헤겔의 체계는 서양철학이 생각할 수 있는 거의 모든 입장들이 나타났다 거품처럼 사라지는 운동 속에서 태어납니다.

최문규 헤겔이 음성중심주의라던가 형이상학적인 전통에 서 있다고 비판한 것이 데리다의 입장인데, 그렇다면 헤겔을 옹호할 경우 데리다 스스로도 형이상학적이고 음성중심의 전통으로 회귀한다는 것은 아니시겠죠?

김상환 데리다의 관점에서 헤겔은 하이데거, 프로이트, 소쉬르와 유사한 입장에 있습니다. 형이상학의 울타리를 벗어나면서도 다시 그 안쪽으로 퇴행하는 그런 위치에 있죠. 그런 퇴행을 표시하는 것이 그들의 공통된 음성중심주의고..... 그리고 레비나스나 푸코는 이성의 저편에서 출발하는데, 데리다가 볼 때 그런 순수 차이나 광기의 입장을 고수한다는 것 또한 불가능합니다. 우리가 언어를 사용하는 한, 또는 언어를 통해 전달되어야 하는 한 순수 차이나 광기는 로고스에 의해 보충, 번역, 매개되어야 하고, 이는 왜곡, 훼손, 오염되어야 한다는 것과 같죠.

조대호 저는 아주 상식적인 질문을 드려보겠습니다. 선생님께서 처음에 구조주의적 차이를 얘기하시면서 구조주의의 차이의 원리에 따르면 x의 정체성은 그것이 non-x와 맺는 변별적 차이에서 온다는 얘기를 하셨잖아요. 물론 선생님의 입장이 꼭 그렇다는 건 아니고 구조주의에서 그렇게 얘기를 한다는 건데, 저는 그런 식의 이른바 관계론적인 논리에 입각한 말들을 들을 때마다 도대체 그게 현실적으로 생각할 수 있는 사태인가 라는 의문이 들곤 합니다. 앞서 선생님께서 들뢰즈의 능산적 차이를 설명하시면서 그것이 창의 밖과 안 사이의 차이에 의해서 성에가 끼는 것과 같다고 하셨는데, 그건 이미 창 안과 창 밖을 전제로 한 거 아닌가요? 또 하이데거의 존재론적 차이도 존재와 존재자를 이미 전제하고서 그 차이 개념이 형성되는 건데, 과연 구조주의나 구조주의의 주장을 좀 더 확대시킨 관계론적인 논리가 과연 우리가 사유할 수 있는 사태를 전제로 하고 얘기를 하는 것인지? 이것이 한 가지 질문이고, 또 다른 질문은 '유니보시티'에 대해 말씀하셨기에 던지는 질문인데 이 '유니보시티'와 '이퀴보시티'의 문제는 굉장히 오랜 철학적인 전통을 갖고 있는 문제잖아요. 저는 그 개념을 차이 개념 자체에 적용해서 이렇게 한번 질문을 드려보고 싶습니다. 도대체 들뢰즈나 데리다는 차이, 자신들이 사용하는 차이 개념을 유니보칼한 개념으로 보는지, 아니면 이퀴보칼한 개념으로 보는지요? 만일 이퀴보칼한 개념으로 본다면 그런 뜻에서의 차이에 대한 이야기는 모호하고 애매해서 아무런 내적인 통일성도 가질 수 없을 텐데 그에 대해 어떤 이론이 가능할지 이해할 수 없고, 반면 유니보시티의 관점에서 차이를 얘기를 한다면 그들은 차이 개념을 동원해서 서구의 본질주의 실체론을 비판을 한다고 하지만 사실은 그들 자신이 차이 개념에 대해서 본질주의적인 접근을 하고 있는 거 아닙니까? 이런 질문들에 대해서 그 사람들이 할 수 있는 대답은 어떤 것인지 질문을 드리고 싶습니다.

김상환 그렇습니다. 사실 플라톤-기독교적 전통에서는 차이가 동일성을 낳는다는 말은 대단히 추상적으로 들릴 것입니다. 구조주의가 등장해서 이런 차이의 원리를 이용하여 어떻게 목에서 입술에 이르는 공기의 흐름이 분절되어 음소들이 성립하는지를 구체적으로 설명하지 않았더라면, 이런 차이의 원리를 이용해서 어떻게 원시사회의 상징적 질서나 친족체계가 성립하는지 실증적으로 증명하지 않다면 서양인들은 절대로 이런 관계의 존재론을 대세로 받아들일 수 없었을 거예요. 동양에서는 아주 오래전에 이미 불교가 나와서 모든 것이 인연의 산물이고 실체나 본질이라는 것이 허망한 그림자에 불과함을 설파했는데, 유럽에서는 어떤 자기 동일적인 본질이니 실체니 하는 것이 기본이 되고 그것에 맞추어 세상의 질서를 설명해오다가 20세기에 와서야 관점을 바꾸기 시작했습니다. 왜 그렇게 되었냐 하면 언어학자, 인류학자, 정신분석학자 등이 차이의 원리에 입각하여 과거에는 도무지 설명할 수 없던 현상들을 이론적으로 논증하고 눈부신 실증적인 성과를 거두게 되었기 때문입니다. 그러니까 상식의 차원이 아니라 과학의 차원에서 미답의 영역을 개척하여 엄밀하게 설명할 수 있는 틀을 제공하고 나서야 이게 정말이구나 하고 손뼉을 친 것이죠. 이 정도만 하겠습니다. 그 다음 문제는 차이의 개념이 애매모호한 것 아니냐는 질문이었던가요?

조대호 데리다나 들뢰즈가 가지고 있는 차이 개념이 일의적인 정의를 허용하는 거냐 아니면 그것 자체도 다의적인 개념이냐가 제 질문이었습니다.

김상환 다의적이죠. 조금 전 어느 선생님께서 말씀하실 때도 덧붙이고 싶었는데, 이론적인 사유 혹은 과학적인 사유가 추구하는 것은 일반적인 원리고, 다시 말해서 모든 상황에 독립해 있으면서 모든 상황에 개입할 수 있는 어떤 독립적인 모델을 구축하는 것입니다. 어떤 이상적인 차원의 모델을 구축해서 현실의 개별적인 상황을 무차별하게 설명하고, 그러다가 실패하면 다시 모델을 수정, 보완하여 설명하는 것이죠. 플라톤의 이데아론에서부터 칸트의 선험적 초월론을 지나 구조주의에 이르기까지 일관되게 지속되어온 흐름 아닌가요. 모든 개별적이고 특수한 상황을 등거리적으로, 보편적으로 설명할 수 있는 이상적 모델의 차원, 그런 현실 초월적인 2차적 평면을 인식론적으로 현실에 선행하는 차원으로 설정하는 것이죠. 현대 차이의 철학은 이런 흐름, 이런 관점을 거부합니다. 그리고 상황에 공통된 판단을 구하는 것이 아니라 상황마다 독특한 판단, 상황 독립적인 판단이 아니라 상황 유착적인 판단을 구합니다. 그래서 판단은 수행적 판단의 형식을 취하게 됩니다. 아리스토텔레스가 말하는 프로네시스(phronesis)가 그런 것이 아닐까요? 실천적 지혜는 모든 상황에 무차별하게 적용되는 매뉴얼을 만드는 능력이 아니고 그때그때의 상황마다 적합한 중용의 판정을 내리는 지혜가 아닙니까? 하이데거 이후의 철학사는 그런 쪽으로 나가는 것 같고, 특히 데리다와 들뢰즈, 그리고 독일에서는 가다머가 이런 경향의 중요한 사례가 되는 거죠.

조대호 프로네시스가 보편적 원칙에 대한 이해를 배제하는 것은 아닙니다. 그 보편적 원칙으로 개별적 사태를 다 파악할 수 없기 때문에 보편성과 개별성을 매개하는 능력으로서 프로네시스에 대해 말하는 겁니다. 그런데 제가 보기에는 차이를 일의성과 다의성의 이항 관계 속에서 보는 사고 자체가 굉장히 이항 대립적인 사고 같다는 겁니다.

김상환 요즘 현대유럽철학에서 가장 빈번하게 사용되는 단어 중의 하나가 독특성(singularity)이지요. 이 말은 특수하면서 일반적인, 국지적이면서 보편적인, 유일하고 단독적이면서 동시에 이상적인 함축을 갖는다는 뜻을 담고 있습니다. 기존의 특수-일반의 대립 도식이 아니고... 그런 가치, 그런 사태를 추구하는 게 현대철학의 일반적 특징이라고 할 수 있습니다. 데리다든 들뢰즈든 이 점에서는 같죠.

이석구 그와 관련해서 금방 말씀하신 싱귤레러티와 관련해서 떠오르는 질문이 데리다가 1982년도인가 언젠가 인터뷰 제목이 “코리어그라피”라는 글에서 성정체성에 대한 얘기를 한 적이 있습니다. 그 인터뷰의 결론이 성정체성이라는 것은 "infinite plurality", 즉 무한히 복수적인 것, 혹은 "infinite difference" 무한히 다른 것 그런 식으로 번역이 되어 있습니다. 이 인터뷰의 결론이 데리다의 평소 논법과는 좀 다르지 않나 그런 생각이 듭니다. 이를테면 거대범주로서의 여성(The Woman)은 해체되어야 하지만, 여성 개개인의 개별성은 인정이 되어야 한다는 주장으로 여겨지기 때문입니다. 이런 류의 논법이 데리다를 전공하시는 선생님이 봤을 때 사물에 대해서 데리다가 가지고 있는 전형적인 답인지 논평해 주시면 고맙겠습니다.

김상환 데리다는 기존의 통념으로는 예상할 수 없는 사태를 “tout autre est tout autre”라는 말로 표현하기도 합니다. 영어로 한다면 “every other is totally other/totally other is every other” 쯤 되겠네요. 데리다의 후기 저작에 자주 등장하는 이 후렴구는 타자에 대한 관계가 이중적이어야 함을 강조합니다. 먼저 절대적이고 무제약적인 타자, 언어와 논리의 저편에서 우리에게 다가오는 타자가 있는데, 가령 레비나스가 말하는 얼굴이나 푸코가 가리키는 광기 같은 것이 이에 해당하지요. 다른 한편 초월적 타자 이외의 일반적 타자들, 타자의 타자들이 있습니다. 초월적 타자에 대한 관계는 종교적 관계, 신비한 직관 속에 성립하는 관계입니다. 반면 일반적 타자에 대한 관계는 윤리적이거나 정치적인 관계, 합리적 계산과 소통이 필요한 관계입니다. 문제의 반복구는 이 두 유형의 타자가 언제나 동시에 고려되어야 한다는 것입니다. 이것은 기존의 로고스중심주의나 동일성의 사유를 과격하게 비판한 나머지 동일성의 사유를 완전히 무가치한 것으로 만들어버린 듯한 저자들, 가령 바타유, 푸코, 레비나스 등과 같은 저자를 염두에 둔 이야기죠. 이는 타자의 사유 혹은 차이의 사유를 통해 동일성의 사유를 극복하되 여전히 동일성의 논리에 따라 그 논리의 바깥으로 나아가야 한다는 이야기와 같습니다. 직관적으로 파악되는 초월적 타자에만 얽매여 있다면, 그 이외의 타자들에게는 불공정하고 무책임하게 된다는 것, 그 이외의 일반적 타자들도 초월적인 타자 못지않게 우리의 책임과 응답을 기다린다는 점을 데리다는 "tout autre est tout autre"라는 번역하기 힘든 문장에 담은 것입니다. 일반적인 타자의 세계는 상식의 세계, 합리적 의사소통의 세계입니다. 그러므로 데리다의 후렴구는 절대적으로 다른 타자를 존중하되, 그런 존중이 영웅적 순수주의 이상의 현실적적인 의미를 가지기 위해서는 합리적인 논리 안에서 실천되어야 한다는 것을 말합니다. 초월과 세속, 직관과 논리, 불가능과 가능 사이에 타협 지점을 모색하는 것, 그것이 데리다가 말하는 글-쓰기인데, 이는 철학 일반의 과제이기도 할 것입니다. 프로네시스에 대해 언급할 때 지적한 것처럼, 그런 글-쓰기는 모든 상황에 무차별적이고 일률적으로 적용되는 규칙을 따를 수 없습니다. 반대로 매번의 상황마다 다시 시작해야 하는 것이죠. 두 축(초월적 타자에 대한 관계의 축과 일반적 타자와 맺는관계의 축)이 만나는 강도나 각도 혹은 비율이 끊임없이 다시 조율되어야 하는데, 이것은 언어를 초과하는 차원을 문법적인 차원의 안으로 기-입(in-scription)하는 문제로 압축될 수 있습니다. 데리다는 이런 기-입의 사건을 폭력의 경제라고 부르기도 합니다. 두 종류의 타자가 서로 충돌하는 힘을 교환하여 어떤 상호 왜곡과 지연, 타협과 균형에 이르는 과정이니까요. 이런 관점에 비하면 들뢰즈는 훨씬 과격합니다. 두 종류의 타자를 동시에 고려하는 것이 아니라 한쪽 편의 타자, 초월적인 타자에 대한 관계의 가능성을 절대화하니까요. 들뢰즈가 그리는 미래의 시대, 그가 코스모스의 시대라 부르는 미래에는 모든 고정된 형식과 단위가 분자화됩니다. 아리스토텔레스의 질료-형상모델이 완전히 깨지고 모든 것이 입자 상태로 돌아가 인간적 상상력의 사이즈를 넘어서는 무엇이라도 생겨날 수 있는 세계가 됩니다. 가령 남자도 아니고 여자도 아니고, 사람도 아니고 동물도 아니고, 또 기계도 아닌... 생명과 기계를 나눈다든가 하는 그런 종류의 경계가 모두 없어지는 풍경을 존재론적으로 일반화합니다.

사르트르의 타자 이론
-『존재와 무』를 중심으로

박인철(연세대, 불문학)

I. 들어가는 말

나의 경험은 내가 아닌 사물들과 타인들(autres)을 통해 이루어진다. 나는 내가 아닌 사물들과 타인들과 함께 세계로부터 비롯하고, 세계 속에서 존재한다. 하지만 나는 세계가 아니다. 왜냐하면 나는 나를 자아로 정의하는 자기성(ipséité) 속에서 나를 정립하는 반면, 세계를 타자성(altérité) 속에서 정립하기 때문이다. 그런데 내가 나에게 나타나는 방식과 사물들이 나에게 나타나는 방식, 그리고 타인들이 나에게 나타나는 방식은 제각기 다르다. 나는 나에게 직접적으로, 비반성적으로 주어지는 반면, 사물들은 나의 밖에 초월적인 방식으로 주어진다. 그런데 타인들은 사물들처럼 나의 밖에 초월적으로 존재하지만, 그렇다고 해서 사물들과 같은 방식으로 나에게 주어지는 것은 아니다. 타인들은 내가 체험하는 이 세계 속에서 현전하고 있을 뿐 아니라 이미 나에 앞서 존재하면서 나와 함께 세계를 구성하기 때문이다. 후설이 지적한 대로 나와 타인들 간의 상호주관성(intersubjectivité)에 의한 세계의 구성이 없다면 세계의 객관성은 성립될 수 없을지도 모른다. 나와 타인들 간의 상호주관적인 관계를 우리는 반성을 통해서 인식하는 것이 아니라 이미 선술어적으로 이해하고 있는데, 이러한 사실을 리쾨르는 다음과 같이 말한다 : "우리는 이미 다음과 같은 사실들 이해하고 있다. 즉 타인들은 사물들과 다른 방식으로 현전하고 부재한다는 사실, 타인들은 나와 관계하며 그들 자신에게 있어서 경험의 주체라는 사실, 의식 개체들의 수만큼 세계가 존재하는 것이 아니라 단 하나의 유일한 세계가 우리에게 공통으로 존재한다는 사실, 끝으로 동일한 공동체에 속한 구성원들 각각에 대해서 마치 정신적인 술어들로 이루어진 대상들처럼 현존하는 문화적인 대상들에 우리들은 함께 관여한다는 사실을 말이다." 그런데 타인이 나와 함께 세계를 구성한다는 이러한 자명한 사실에도 불구하고 문제는 남는다. "우리는 타인들이 존재한다는 사실을 알고 있거나 알고 있다고 믿는다. 이제 문제는 타인들이 어떻게 존재하는지를 이해하는 것이다."[1]

지각의 차원에서 우리가 사물과 타인의 전체적인 국면들을 동시에 그리고 남김없이 지각하는 것은 원리적으로 불가능한 일이다. 그런데 사물의 경우 우리는 연속적으로 지각된 그 음영들을 종합함으로써 비록 사물과 일치하지 않더라도 이에 대한 전체적인 파악에 어느 정도 도달할 수 있고, 이를 하나의 개념으로 환원할 수 있다. 하지만 타인은 나에게 공간적으로 아무리 가깝게 존재하더라도 나와의 거리를 유지하면서 비밀을 간직하고 있다. 그 이유는 타인은 나에게 대상이기에 앞서 의식 주체이자 나와 다른 자아, 타아(alter ego)이기 때문이다. 타인은 나와 같은 외모, 몸짓과 표현, 행동을 통해 밖으로 드러나지만, 또

---

1 P. Ricoeur, *Du texte à l'action, Essais d'herméneutique II*, Seuil, 1986, p. 290.

하나의 독자적인 의식 주체이기 때문에, 내가 그의 의식 세계를 속속들이 파악할 수 없는 한, 원칙상 나의 경험 바깥에 있고 내가 접근할 수 없는 하나의 세계이다. 여기서 타자(autrui)의 문제가 비롯된다. 그렇다면 타자를 파악하기 위해 어떠한 방식으로 타자에게 접근해야 할 것인가? 인식론적인 관점으로 접근해야 할 것인가? 아니면 존재론적인 관점으로 접근해야 할 것인가? 인식론적인 관점, 예컨대 관념론의 관점을 취하면 타인의 현존은 나의 의식에 반영된 표상에 불과하고 타인에 대한 나의 인식에 근거해서 파악될 수밖에 없기 때문에 유아론(solipsisme)에서 벗어날 수 없다. 이 약점을 메꾸기 위해서 관념론자들은 감정이입이나 동감을 도입하지만 타인의 현존은 단지 추정에 머무를 뿐이다. 반면 실재론의 관점을 취하면 나와 타인을 모두 사유하는 실체로 간주하고, 양자 사이를 신체가 매개한다고 봄으로써 타인의 존재를 당연한 것으로 받아들이다. 하지만 실재론자에게 타인의 몸은 단지 사물에 불과하기 때문에 나와 타인은 서로 상호작용없이 단지 외면적인 관계를 가질 뿐이다. 관념론은 나와 타인의 관계를 서로 영향을 주고받을 수 없는 두 인식 주체로 취급하고, 실재론은 이 관계를 공간적으로 떨어진 두 개의 사물 사이의 관계처럼 취급하지만, 두 관점은 모두 타인의 현존을 대상으로 세우고 이를 단지 표상으로 파악하기 때문에 자아중심의 초월론이라는 점에서는 일치한다. 그런데 이러한 자아중심적인 인식론적인 관점은 나와 다른 자아, 즉 타자를 나의 인식에 근거해서 인식하기 때문에 유아론에서 벗어날 수 없고, 결과적으로 주체로서의 타자의 현존을 구체적이고 생생하게 파악할 수도 없기 때문에, 나와 타자와의 근원적인 관계를 파악할 수도 없다. 결국 인식위주의 관점으로서는 타자의 현존이 제기하는 문제를 해결할 수 없는 것이다.

이처럼 기존의 인식론적인 틀 안에서는 해결할 수 없는 타자 문제를 장 폴 사르트르는 그의 『존재와 무 *L'Être et Le Néant*』에서, 인식위주의 그리고 자아중심적인 초월론을 벗어나서, 후설의 현상학에서 그 근본 구조가 해명된 의식과 하이데거의 존재론적인 관점을 통해 접근함으로써 이 문제의 해결에 있어서 획기적인 기여를 한 바 있다. 타자 문제에 있어서 사르트르의 기본 입장은, 간단히 말해서, 의식의 내재성으로부터 타자의 초월성에 접근해야 한다는 것이다. 전후 일종의 유행처럼 번졌던 실존철학이 철학의 무대에서 사라짐과 동시에 사르트르의 철학도 퇴색한 감이 없지 않지만, 그의 타자 이론은 엠마누엘 레비나스가 지적한 바대로 서양 철학에서 가장 독창적인 업적으로 남는다. 사르트르 이후 나온 타자에 관한 이론은, 그것이 어떤 양상을 띠든, 사르트르의 타자 이론에 대한 입장 표명으로부터 출발한다. 이러한 맥락에서 우리는 본 연구를 통해 사르트르가 제시한 의식을 통한 타자에 대한 존재론적인 접근 방식이 무엇인지, 그리고 이를 통해 자아와 타자의 존재론적 지위 및 나와 타자의 근원적 관계가 무엇인지를 재검토해보고자 한다.

II. 3 H의 타자에 대한 접근 방식에 대한 비판

사르트르는『존재와 무』[2]에서 타자 문제를 다루는 데 있어서 기존의 인식위

---

2 J.-P. Sartre, *L'Être et le Néant, Essais d'ontologie phénoménologique*, Gallimard, collection Tel, 1976. 인용문의 페이지 표시는 본문에 EN. 페이지 수로함. 거의 700 페이지에 이르는 사르트르의『존재와 무』는 전체가 4부로 이루어졌는데, 그 중 타자 문제를 다룬 "대타존재"라고 명명된 제 3부가 200 페이지 넘는 분량을 차지하고 있는 것을 감안한다면 이 문제가 그의 철학에서 차지하고 있는 중요성을 가늠해볼 수 있을 것이다. 그리고 우리는 이 글에서 autre와 autrui라는 용어를 우리말로 각각 '타인', '타자'로 옮기고자 한다. 그런데 '타인'과 '타자'를 구별해서 쓰는 것은 쉬운 일이 아니다. 사르트르가 한 말 – autrui, en effet, c'est l'autre, c'est-à-dire le moi qui n'est pas moi(타자는 사실 타인, 즉 내가 아닌 나다) – 을 참고하면, 타자는 타인이기는 하지만, 이러저러한 다른 사람이나 대상이 아니라 주체, 다른 나를 뜻한다. 즉 타자가 타인보다는 내용상 보다 특수 규정되고 있다. 사르트르는 주로 타인이 나와 강력한 존재 관계를 가질 때 '타자'라는 용어를 쓰고 있다. 따라서 타자라는 용어는 사르트르의 고유한 존재론에서 비롯한다고 볼 수 있다. 예컨대 타자는 "내 손이 미치지 못하지만, 거리가 없이 존재하는", 즉 "파악할 수 없는 주관성"(EN, p. 317)인 반면, 타인의 존재는 단지 나의 의식 밖에 존재하는 나와 다른 인간, 타자와 달리 내가 그것에 작용을 가하고 초월할 수 있는 인간이라고 할 수 있다.

주의 접근 방식으로는 유아론을 벗어날 수 없음을 지적한 다음, 이 문제를 놓고 선배 철학자인 '3 H', 즉 헤겔, 후설, 하이데거와 이론적인 대결을 벌임으로써 자신의 독자적인 길을 제시하고 있다. 그는 이 3 H가 타자 문제를 다루는 데 있어서 새로운 방식을 발견했다고 생각하고 이들의 주장을 검토하는데, 이 세 명의 철학가를 연대순으로 검토하지 않고, "일종의 무시간적인 변증법"에 따라 후설, 헤겔, 하이데거의 순서로 검토한다. 그가 보기에 헤겔은 후설에 비해 중요한 진보를 이룩했고, 하이데거는 두 선배 철학자의 성찰을 바탕으로 나와 타자의 관계를 해명했기 때문이다.

우선 후설의 경우 타인은 의식에 상호모나드적으로 드러난 세계에서 구체적이고 경험적인 현상으로 현전할 뿐만 아니라, 보다 근본적으로는, 세계의 통일성과 객관성의 조건으로서 현전한다. 요컨대 후설에게 타인은 세계의 객관성을 보증해주는 자이다. 왜냐하면 하나의 대상은, 칸트의 선험철학에서처럼, 선험적인 주체의 입법적인 행위에 의해서 구성되는 것이 아니라, 나의 지각 속에 복수의 의식 개체들에 의해 구성된 것으로서 나타나기 때문이다. 따라서 후설에게 객관성은 상호주관성에 근거를 갖는다. 그렇지 않으면 대상은 진정 주관성의 바깥에, 주관성에 대면해서 존재하지 않게 될 것이고, 결과적으로 객관적 진리를 결여하게 될 것이다.[3] 이렇게 해서 후설은 경험이 오직 타인이라는 개념에 비추어서만 해석될 수 있음을 보여주었다. 그러나 사르트르는 이러한 생각은 타인에게서 경험적 현상이 아니라 오직 의미만을 볼 뿐이라고 꼬집는다. 후

3 예컨대 후설은 나의 선험적 자아가 타 자아들을 선험적으로 구성함으로써 선험적인 상호주관성이 확립되고, 이를 통해 모든 의식 개체들에 타당한 객관적 세계가 구성된다고 말한다 : "만약 선험적 자아인 나 자신 속에서 타 자아들이 선험적으로 구성된다면 – 이러한 일은 실제로 일어난다 – , 그리고 그렇게 됨으로써 내 자신 속에서 구성된 상호주관성에 입각해서 모든 사람에게 공통적인 하나의 객관적인 세계가 구성된다면, [나의 선험적 자아와 관련된] 모든 것은 단순히 나의 경험적 자아뿐만 나의 자아 속에서 그 의미와 가치를 획득하는 경험적인 상호주관성과 세계에 대해서도 타당하다."(E. Husserl, *Méditations cartésiennes*, trad. G. Peiffer et E. Lévinas, Vrin, 2008, § 41, pp. 141-142)

설은 어떻게 타인과의 경험적인 만남이 가능한지를 설명하지 않았다는 것이다. 바로 이러한 이유 때문에 사르트르는 칸트와 후설이 다른 점이 없다고 지적한다. 두 사람 모두 현상을 가능하게 하는 순수한 조건에만 관심을 가졌기 때문이다. 후설에 따르면 타인은, 우리가 그의 순수한 내재성에서 접근할 수 없기 때문에, 원칙적으로 우리에게 자신을 거부한다. 따라서 타인은 내가 보는 신체와 관련해서 의식의 부재로서 드러나는 것이지 현전으로서 드러나는 것이 아니다. 그러나 타인에 대한 경험적 인식이 불가능하더라도 인식의 존재론적인 타당성을 보증하기 위해서 우리에게 타인은 의미로서 필요하다. 이에 대해 사르트르의 비판은 단호하다. 후설의 철학에서 타인은 오직 인식의 타당성을 위해 요청된 것이기 때문에 그가 비록 상호주관성, 즉 복수의 주체들을 내세운다고 하더라도 칸트처럼 유아론에서 벗어날 수 없다는 것이다.

후설에 비해 헤겔은 진일보한 견해를 보여준다. 왜냐하면 후설에게 타인의 출현은 객관 세계의 구성을 위해 필요하지만, 헤겔의 경우 타인은 자기의식의 경험을 위해 필요하기 때문이다. 헤겔은 타인에 대한 부정을 통해 내가 나를 형성할 경우에만 나는 자기의식을 확보할 수 있다고 말한다. 타인에 대한 부정은 서로 대립하는 자기의식 개체들 사이의 투쟁으로 나타나는데, 각각의 의식이 원하는 것은 상대방의 자율성과 자유를 파괴함으로써 그를 나에게 예속시키고 나의 우월성을 확립하는 일이다. 이러한 이유로 인간의 삶은 투쟁이면서도 타인은 내가 나의 자아에 도달하기 위해서 필요한 매개자이기도 하다. 즉 헤겔에게 있어서 나는 타인을 통해서만 대자존재이기 때문에 나는 나의 존재에 있어서 타자에 의존하지 않으면 안 된다. 사르트르는 이처럼 헤겔이 나의 존재가 타인에게 의존한다는 사실을 발견한 점을 높이 평가한다. 그러나 헤겔에 의해 중요한 진보가 이루어졌다 하더라도 타인의 문제가 만족스럽게 해결된 것은 아니다. 왜냐하면 헤겔은 여전히 인식의 차원에 머물러 있기 때문이다. 헤겔에 따르면 내가 타인에게서 기대하는 것은 나의 존재의 진리이고, 역으로 타인이 내게 기대하는 것 역시 그 자신의 존재의 진리이다. 그러나 키에르케고르가 지적한 것처럼 개인이 실재적으로 욕망하는 것은 헤겔이 주장한 바와 같은 자기 자신과의 순수한 형식적인 동일성에 대한 보장이 아니라 개인으로서의 그의 실재적인 완성, 그의 구체적인 존재에 대한 인식이다. 게다가 사르트르는 헤겔의 낙관주의, 즉 나와 타인 사이의 인정이 상호적이고 동시적이라는 낙관주의를 비판한다. 왜냐하면 "타인에게 나타나는 나를 대자적으로 존재하는 나로서 파악하는 것이 불가능하고, 마찬가지로 나에게 나타나는 타자로서의 대상에서 출발해서 대자적인 타인이 무엇인지를 파악하는 것이 불가능"(EN, p. 287)하기 때문이다. 헤겔의 경우 타인에게 나타나는 나나 나에게 나타나는 타인이나 모두 대상이기 때문에 이것은 인식의 차원에 관련된 것이다. 반면에 사르트르의 경우 대자적인 나나 대자적인 타인은 나나 타인을 대상으로 정립하지 않는 비정립적 의식과 관련되기 때문에 존재론적인 차원에 속한다. 이 두 개의 차원은 동일한 것이 아니기 때문에 헤겔이 낙관하는 것처럼 나와 타인 사이의 동시적인 상호 인정은 논리적으로 불가능한 일이다. 게다가 사르트르의 관점으로는 각각의 의식이 다른 의식 개체들과 근본적으로 분리되어 있기 때문에 헤겔이 말한 의식 개체들 사이의 투쟁은 의식의 상호성을 실재적으로 인정하지 못하게 만든다. 실제로 사르트르는 의식 개체들 사이의 분리, 그 환원 불가능한 대립을 주장한다. 바로 이러한 이유로 그는 의식 개체들 사이의 투쟁이 진리에 이르는 길임을 내세우는 헤겔의 낙관주의를 받아들이지 않는다. 타자의 문제를 해결하기 위해 전체를 굽어보는 수준에 자신을 위치시킴으로써 헤겔은 개별적인 의식 개체들을 한갓 전체에 대한 계기들로, 즉 그 어떠한 실제적인 자율성도 지니지 않는 계기들로 삼고 말았다. 이것은 헤겔에게 전체가 우선함을 의미한다. 헤겔에게 의식의 복수성은 조화로운 전체의 완성을 위해 극복될 수 있는 것으로 이미 주어져 있다. 하지만 이에 대해서 사르트르는 헤겔이 자기의 유한성을 거부한다는 사실을 강조한다. 즉 "그는 자신의 고유한 의식을 망각하였다. 그는 전체이다. 그리고 이러한 의미에서 그가 의식의 문제를 그토록 쉽게 해결한 것은 이 주제가 그에게는 진정한 문제가 아니었기 때문이다."(EN, p. 289) 그래서 헤겔에 반하여 우리는 데카르트로 돌아가서 "가장 확실한 출발점은 코기토의 내재성"(EN, p. 289)임을 선언해야 한다고 주장한다. 사르트르에게 의식의 복수성은 원칙적으로 극복할 수 없는 성질의 것이고, 또한 의식의 복수성의 스캔들을 멈추게 할 수 있는 가능성도 없다. "존재론이 스스로에게 제시할 수 있는 과업은 이 스캔들을 기술하고 존재 자체의 본성 속에서 그것을 세우는 일이다."(EN, p. 289) 요컨대 사르트르가 헤겔이 각각의 의식이 타인에게서 자신의 존재를 발견한다고 생각한 것은 옳다고 인정한다. 그러나 그는 헤겔이 전체성의 관점을 취하여 상호성을 높은 곳에서 파악함으로써 의식 개체들 사이의 갈등을 해소시키지 못하고, 그가 바라던 바대로 화해에 이르지도 못했음을 비판한다. 따라서 사르트르가 헤겔의 화해라는 이념을 거부하는 것은 당연한 일이라고 할 수 있다.

후설과 헤겔과 달리 사르트르는 하이데거가 인식의 차원이 아니라 존재의 차원에서 나와 타인의 관계를 다루었음에 주목한다. 하이데거는 의식 개체들 사이의 투쟁에 대한 헤겔의 분석으로부터 나와 타인의 관계를 존재론적인 의존관계로 파악하였다. 그런데 하이데거가 현존재라고 부른 것의 존재론적인 성격의 하나는 '공존재'(Mit-Sein), 즉 타인들과 함께 있는 존재이다. 이것은 하이데거가 데카르트의 코기토로부터 출발하지 않는다는 사실을 내포한다. 즉 하이데거에 따르면 우선 고립된 자아가 있고, 이어서 이 고립된 자아가 타자와의 만남을 경험하는 것이 아니라는 것이다. 그렇다고 해서 하이데거가 현존재를 헤겔처럼 높은 곳에서 전체적인 관점으로 바라보았다는 것도 아니다. 공존재의 관점에서 보면 '각존'(être moi)이란 홀로 있다는 것을 의미하지 않는다. 아니 오히려 정확히 말하면 고독은 내가 타인 혹은 타인들의 결핍을 강하게 느끼고 있음을 전제한다. 이것은 결국 내가 타인들과 함께 존재한다는 사실을 증명한다. 사르트르는 이러한 사실을 다음과 같이 설명한다 : "내가 나 자신에 대해 갖고 있는 선존재론적인 이해를 밝힘으로써 나는 타자와-함께-있음을 내 존재의 근본적인 성격으로 파악한다."(EN, p. 290) 하이데거의 말대로 나는 나 자신에 갇혀 있는 존재가 아니라 항상 나를 벗어나서 세계 속에서 타인들과 함께 존재하는, 요컨대 탈존하는 편심적(excentrique)인 존재이다. 후설과 헤겔의 경우 나는 타인에 대한 존재였고, 타인은 나에 대한 존재였다. 그래서 나는 직접적인 대결의 형식을 취하는 상호 인정 속에서 타인에 대해 존재했었다. 이들과 달리 하이데거와 더불어 우리는 공존재와 관계한다. 공존재에서 우리가 발견하는 것은 갈등이나 인정이 아니라 일종의 '존재론적인 유대'(solidarité ontologique)이다. 왜냐하면 타인은 나와의 관계에 있어서 하나의 대상이 아니고 나와 마찬가지로 세계 속에 거주하고 나와 더불어 세계를 형성하기 때문이다. 나와 타인의 관계는 경쟁관계가 아니라 차라리 상호의존적인 관계, 측면적인 관계라고 할 수 있다. 타인에 대한 하이데거의 개념을 하나의 이미지로 표현한다면 "팀"(équipe)이라고 할 수 있다고 사르트르는 말한다. 팀은 갈등 – 이것은 '나'와 '너'라는 의식 개체들의 이원성을 전제한다 — 이 아니라 다른 의식 개체들의 복수성, 즉 '우리'를 매우 적절하게 표현하는 비유라고 할 수 있다. 사르트르는 이러한 공존재의 공통 토대 위에서만이 현존재가 자신이 죽음을 향한 존재라는 것, 그리고 이로부터 자신의 본래성과 유한성이 비롯한다는 사실을 발견할 수 있다는 점을 강조한다. 왜냐하면 이러한 것들은 처음부터 자연적인 사실로 주어지는 것이 아니라 현존재가 받아들어야만 하는 사실이기 때문이다. 예컨대 내가 나의 본래적인 실존이 되는 것은 오직 나의 유한성을 받아들여야 가능해지는 것이다. 하이데거에게 있어서 실존은 항상 특이한 것, 일인칭이라는 사실, 양도할 수 없는 것이라는 사실로부터 출발하기 때문이다. 그 반면 일상생활에서 나는 '그들'(on)이라는 비본래적인 양식의 수준에 머무르면서 나를 타인들 전체에 속하는 자로 간주한다. 사르트르가 내린 결론은 긍정적이다. "이번에야 우리는 우리가 요구했던 것을 얻었다. 즉 타자 존재를 자기 존재 속에 포함하고 있는 그러한 존재 말이다."(EN, p. 292) 하지만 그는 여기서 만족하지 않는다. 왜냐하면 설사 타인들과의 그러한 유대에 대한 실제적인 경험을 우리가 가진다고 하더라도, 만일 공존재 속에서 우리가 타인들과 갖는 관계의 근본적인 유형을 알고 싶다면 이 공존재가 어떠한 것이지를 설명하지 않으면 안 되고, 아울러 이에 앞서 타인이 무엇인지 알고 있어야 하기 때문이다. 사르트르가 보기에 하이데거의 공존재라는 개념은 타인의 타자성에 대한 부정을 초래할 수 있다.[4] 게다가 그는 하이데거의 공존재를 통해서는 타인과의 구체적인 관계가 설명될 수 없다는 사실을 지적한다. 하이데거는 실제적인 공존재의 존재적이고 구체적인 차원에서 나의 이러저러한 친구와 어떤 일이 일어나는지를 설명할 수 없기 때문에 존재론적인 차원, 즉 추상적인 차원에 머물러 있다. 바로 이러한 이유 때문에 하이데거의 해결책은 구체적인 해결책이 아니며, "타자 인식에 관련된 심리적이고 구체적인 문제를 해결하는 데 어떠한 도움도 줄 수 없다"(EN, p. 294)고 사르트르는 비판한다. 사르트르의 관점에서 하이데거는 나와 타인과의 관계에 있어서 선험적인 것, 즉 그 가능성의 조건과 같은 어떤 것을 보기 때문에 그의 존재론적인 관점은 칸트적인 주체에 대한 추상적인 관점과 일치한다. 타자의 문제에 대한 새로운 발상을 가졌음에도 불구하고 하이데거는 결국 관념론에서 벗어나지 못함으로써 현존재를 그의 고립으로부터 벗어나게 할 수 없었다는 것이다. 이러한 하이데거의 공존재에 대한 비판으로부터 사르트르는, 타자 존재는 우연적인 사실이기 때문에 우리는 타자 존재를 철학적으로 규명하려고 해서는 안 된다는 결론을 이끌어낸다. 그는 후설을 겨냥하여 "우리는 타자를 만나는 것이지 타자

4 "나와 타자의 관계에 대한 경험이 '공존재'라는 형태로 이루어질 수 있으려면, 먼저 타자가 무엇인지에 대한 어떤 지식이 있어야 한다. 타인이 무엇인지에 대한 예비적인 인식이 없으면, 공존재는 그것만으로는 '불가능할' 것이다. 나는 '......와 함께 존재한다'고 하자. 그러나 '누구'와 함께라는 말인가? [......] 게다가 만일 타인이 어떤 다른 방법으로 주어져 있지 않다면, '우리'에 대한 경험은 스스로 무너짐으로써, 나의 초월에 에워싸인 세계 속에서 단순한 '도구로서의 대상'들의 파악밖에 낳지 못할 것이다."(EN, p. 479)

를 구성하는 것이 아니다”(EN, p. 295)라고 주장한다.

III. 시선을 통한 타자와의 만남.

사르트르는 앞의 세 철학자들과 달리 타인에 대한 경험은 우선 일종의 만남의 경험임을 내세운다. 따라서 사르트르의 관심은 타인의 존재 여부를 증명하거나, 우리가 타인을 어떻게 인식하는지를 밝히는 데 있는 것이 아니라, 나의 경험에서 타인의 출현이 갖는 의미가 무엇인지를 밝히는 데 있다. 사르트르에게 나와 타인은 고립된 실체를 구성하지 않는다. 의식이 무엇인가에 대한 의식이라는 점에서, 즉 의식과 의식이 지향하는 대상은 서로 분리될 수 없다는 점에서 타인에 대한 나의 관계는 나의 의식을 구성하는 요소로서 고려해야 한다. 나와 타인이 독립된 두 실체라면 양자의 관계는 해결할 수 없는 문제가 되고 말 것이기 때문이다. 그런데 사르트르에게 의식은 비인격적이고 초월적이기 때문에 결코 자아를 필요로 하지 않는다. 자아란 체험된 갖가지 심리 상태들이 반성을 통해 통일된 하나의 초월적인 대상에 불과하기 때문이다.[5] 의식과 자아를 분리함

5 사르트르는 의식의 본성을 지향성으로 간주하였던 후설을 따라 의식은 자기와 다른 것에 대한 의식으로 존재한다는 의미에서 “의식은 무엇인가에 대한 의식이다”(La conscience est conscience de quelque chose)라는 정식으로 표현한다. 그런데 의식은 의식 외적인 대상하고만 관계하는 것이 아니라, 의식 그 자체나 분노와 같은 감정과도 관계한다. 이러한 이유로 사르트르는 의식의 두 가지 존재 양식, 즉 정립적 의식과 비정립적 의식을 구별한다. 사르트르가 말하는 ‘정립적 의식’(conscience positionnelle)은 의식이 의식하는 대상을 지향하고 이를 통해 이 대상을 대상으로 정립하는 의식이다. 내가 한 그루의 나무를 보면 나는 이 나무를 나의 지각하는 의식의 대상으로 정립한다. 그런데 나의 의식은 지향성의 구조를 따라 한 그루의 나무를 지향하지만, 이 나무를 의식하고 있는 나를 대상으로 지향하지는 않는다. 사르트르는 이 두 번째 의식이 첫 번째 의식과 달리 의식이 아닌 대상을 지향하지도 않고 이를 대상으로 정립하지도 않지만, 그럼에도 불구하고 이것을 ‘비정립적 의식’(conscience non positionnelle)이라고 부른다. 무의식적인 의식은 없기 때문이다. 비정립적 의식은 자기에 대한 의식, 말하자면 “의식에 대한 의식”(EN, p. 18)이지만, 의식의 대상인 자기를 대상으로 정립하지는 않는 의식이다. 따라서 사르트르에게 의식은 말하자면 자기 자신을 의식하지 않으면서 동시에 의식이 아닌 대상을 겨냥하는 지향적인 의식이라고 할 수 있다 : “대상에 대한 모든 정립적 의식

으로써 얻는 이점은 유아론의 환영을 내쫓을 수 있다는 데 있다. 나와 타자를 고립된 두 실체로 간주할 때 유아론은 필연적으로 발생하게 된다. 왜냐하면 나와 타자가 근본적으로 분리되어 있기 때문에 두 의식 개체의 만남이 가능하지 않

은 동시에 그 자신에 대한 비정립적 의식이기도 하다."(EN, p. 19) 종합해서 말하면 의식 주체가 어떤 대상을 의식할 때 오직 대상만을 향하는 의식과 그 이면에 자기에 대한 비정립적 의식이 동시에 작용하고 있다는 것이다. 사르트르는 비정립적 의식을 표현하기 위해 '~에 대한'에 해당하는 전치사 de에 괄호를 친다. 따라서 나무에 대한 의식은 나무를 의식하고 있는 나(에 대한) 비정립적 의식을 동반한다. 그런데 후설과 달리 사르트르는 의식의 본질에 있어서 그 지향적인 면 보다는 오히려 그 비정립적인 면을 강조한다. 주목해야 할 점은 사르트르에게 정립적 의식과 비정립적 의식으로 이루어진 의식은 데카르트의 경우와는 달리 반성적 의식이 아니라 '비반성적 의식'(conscience irréfléchie)이라는 사실이다. 주지하다시피 데카르트의 코기토는 오직 '반성'(réflexion), 즉 의식의 자기 자신으로 되돌아옴, 의식에 대한 정립적 의식, 요컨대 의식에 대한 인식을 통해서만 의식의 참된 본성이 드러날 수 있고, 모든 사물의 존재가 정당화될 수 있다는 의미를 함의하고 있다. 그러나 사르트르는 데카르트가 코기토를 사유하는 실체로서 파악함으로써 – 즉 "나는 생각한다"가 외적인 것에 의존함이 없이 그 자체의 근거를 갖고 있다고 파악함으로써 – "실체론자의 오류"에 빠졌다고 공격한다. 사르트르에게 의식은 반성할 때만, 즉 자기 자신을 인식 대상으로 취할 때만 의식인 것은 아니다. 어떤 행위를 하고, 어떤 태도를 취하면서 의식이 이러한 행위나 태도를 인식하지 않아도 의식은 이미 전적으로 의식이다. 즉 의식은 반성 이전에, 의식에 대한 인식 이전에 이미 세계 속에 존재하고 세계와 관계한다. 이처럼 일차적으로 세계와 관계하는 의식인 비반성적 의식이 데카르트의 코기토에 대항하여 사르트르가 내세우는 '반성 이전의 코기토'(cogito pré-réflexif)이다. 반성 이전의 코기토는 비정립적 의식과 마찬가지로 주관과 객관이 대립하는 인식 관계가 아니라, 주관과 객관의 분리 이전의 존재 관계이다. 비반성적 의식은 전적으로 세계에 열려 있고 "세계에의 순수한 개방"이며, 어떠한 깊이도 가지지 않고, 따라서 세계에 완전히 흡수되는 순수하게 투명한 내재성이다. "비반성적 의식은 세계'에 대한'의식"(EN, p. 306)이지 나에 대한 의식이 아니다. 어떤 점에서 비반성적 의식은 실상 나의 의식이 아닌, 즉 자아가 없는 '비인격적'(impersonnel) 의식이라고 할 수 있다. 왜냐하면 그것은 '자기에 대한 일관성'(consistance du soi)이라고 할 수 있는 자아를 가지고 있지 않기 때문이다. 그렇지만 내가 의식의 지향성을 통해 어떤 대상을 정립하거나, 혹은 내가 완수해야 하는 임무들에 전념할 수 있는 것은 의식이 이러한 체험 자체를 의식하지만 이것을 인식의 대상으로 정립하지 않기 때문에 가능한 일이다. 이렇게 해서 비반성적 의식을 통해 우리는 세계에 대해 직접적이고 구체적인 체험을 할 수 있는 것이다. 아울러 사르트르는 1934년에 발표한『자아의 초월성』에서 전통적인 견해에 반대하여 자아가 의식 바깥의 존재임을 역설한 바 있다 : "'자아'는 형식적으로나 질료적으로나 의식 '안'에 존재하지 않는다. 즉 자아는 바깥에, 세계 속에 존재한다. 자아는 타자의 자아와 마찬가지로 세계에 속한 존재이다."(J.-P. Sartre, *La Transcendance de l'ego*, Vrin, 2012, p. 13) 사르트르는 자아를 의식과 구별되는 심리적인 것(le psyché)으로 간주한다. 왜냐하면 의식은 직접적이고 명증적인 자기에의 현전인데 반해, 심리적인 것은 반성적인 작업을 통해서만 파악되고, 지각의 대상들처럼 음영에 의해서만 소여되는 대상들의 총체이기 때문이다. 사르트르의 이러한 주장은 자아를 일체의 의식 활동의 중심으로 간주한 후설 현상학과의 근본적인 단절을 함의한다. 나의 '자아' 그 자체는 타자의 자아와 꼭 마찬가지로 세계에 속한 존재이다. 이러한 점에서 나의 자아나 타자의 자아는 초월적인 존재이다. 하지만 자아의 초월성은 자기가 그것으로 있는 것을 부정하고 그것으로 있지 않은 것을 향해 부단히 초월하는, 즉 스스로를 무화하는 의식 혹은 대자의 초월성과는 전혀 다른 것이다. 자아의 초월성은 과거, 현재, 미래의 시간적인 계기를 뛰어넘는 영속적인 '초월적인 즉자'를 의미한다.

기 때문이다. 그렇다면 해결책은 의식의 내부에서 나와 타자를 연결하는 근원적인 관계를 찾는 데 있을지도 모른다. 따라서 우리가 유아론에서 벗어날 수 있으려면 나와 타자의 관계를 존재론적인 틀 안에서 존재 관계로 접근해야지, 전통적인 철학에서처럼 인식적인 관계로 접근해서는 안 된다는 것이 사르트르의 기본 입장이다. 타자와의 관계를 인식의 관점으로 접근하면 결코 유아론에서 벗어날 수 없다는 것이다. 따라서 타자와의 관계를 존재론적인 관점에서 고려하려면, 타자를 대상으로 환원시켜서는 안 되고 그야말로 하나의 주체로서 접근해야 한다는 것이다. 거듭 말하지만 "우리는 타자를 만나는 것이지 타자를 구성하는 것이 아니다." 그래서 타자에 대한 나의 경험이 실제적으로 대상에 대한 경험이 아니라 다른 주체에 대한 경험이 되기 위해서는 내가 타자에 대해 대상이 됨으로써만 가능할지 모른다. 만일 나의 의식이, 나의 존재가 타자로 말미암아 영향을 받는다면 우리는 타자의 현존을 인정하지 않을 수 없을 것이다. 그렇다면 타자는 내게 어떤 방식으로 나타나며, 그가 나의 존재에 미치는 변화가 어떤 것인지 따져보지 않을 수 없다. 그런데 사르트르가 타자의 출현 방식으로 제시하는 것은 놀랍게도 '시선'(regard)이다. 사르트르가 보기에 다른 주체로서의 타자에 대해 우리가 일상적으로 자주 경험하는 것이 시선의 경험이기 때문에, 이를테면 헤겔이 말한 자기의식들 사이의 투쟁과 타자에 의존해 있는 나의 존재를 시선을 통해 밝혀보자는 것이다. 나는 무엇보다도 타자의 시선의 대상이고, 타자의 시선은 주체인 나를 대상으로 변형시킨다는 점에서 어쩌면 시선은 타자를 주체로 경험할 수 있는 매우 적절한 영역일지도 모른다. 그렇다면 내가 타자의 시선의 대상이 될 때 나의 존재에 무슨 일이 일어날까?

타자의 시선은 나로 하여금 내가 '보이고 있다'(être vu)는, 즉 내가 시선의 대상이 되었다는 의식을 갖게끔 하는데, 사르트르에 따르면 타자의 시선이 나의 존재를 대상으로 변형시키는 이 지점에서 나와 타자의 진정한 만남이 이루어진다는 것이다. 따라서 "타자는 원칙상 나에게 시선을 향하는 자이다."(EN, p.

303) 그래서 타자에 대해 유일하게 가능한 경험은 시선을 통한 타자에 대한 나의 존재 경험이다. 이 경험은 물론 수동적인 경험이다. 왜냐하면 "하나의 시선을 파악한다는 것은 세계 속의 대상인 시선을 파악하는 것이 아니라 내가 '주시된다'(être regardé)는 의식을 갖게 되는 것이기 때문이다."(EN, pp. 304-305) 그런데 타자의 시선은 무엇을 의미하는가? 사르트르는 시선이 우리의 지각장 속에 나타나는 어떤 감각적인 것과 반드시 연관되지는 않는 사실을 지적한다. 그와 반대로 "나를 향한 시선에 대한 파악은 '나'를 바라보는 눈들의 파괴를 배경으로 나타난다."(EN, p. 303) 사르트르는 실상 우리가 시선을 지각할 때 눈을 지각하기를 멈추는 사실을 강조한다. 그래서 우리는 우리를 바라보는 타인의 눈 색깔에 주목하지 않는다. "타인의 시선이 그의 두 눈을 감추기 때문이다."(EN, p. 303) 이 말은 내가 타인의 눈과 그의 시선을 동시에 볼 수 없다는 사실을 의미한다. 왜냐하면 타인의 시선은 주체로서의 타자에 속하지만, 그의 눈은 세계 속의 대상에 속하는 것이라서, 내가 타인을 주체임과 동시에 대상으로 파악하는 것이 불가능한 일이기 때문이다.[6] 이것은 또한, 뒤에 가서 언급하겠지만, 나에게 시선의 근원을 세계 속에 위치시키는 것이 불가능한 일이기도 한 것을 시사한다. 만일 내가 그러한 불가능한 것을 시도하면 내 자신이 시선이 됨으로써 내가 발견하는 것은 더 이상 타인의 시선이 아니라 세계에 속한 대상일 것이다. 게다가 시선은 감각적인 형태와 결합하지 않고서도 주어질 수 있고 타인의 눈과의 어떤 관계도 없이 주어질 수 있음은, 예컨대 발자국 소리나 커튼의 가벼운 움직임, 나뭇가지들을 스치는 소리도 타인의 시선의 역할을 할 수 있는 데서 알 수 있다.

---

6 "요컨대 타자는 우리에게 두 가지 형식을 띠고 존재할 수 있다. 즉 내가 타자를 명증하게 체험하면 나는 그를 인식할 수 없다. 반면 내가 그를 인식하고, 그에게 작용을 미치면, 나는 대상으로서의 그의 존재와 세계 한 복판에 있는 그의 개연적인 현존에만 도달할 수 있다. 이 두 형식에 대한 어떠한 종합도 가능하지 않다."(EN, p. 349)

그런데 나는 타자의 시선을 통하여 단지 '주시된 나의 존재'(mon être-regardé)만을 경험하는 것이 아니다. 타자의 시선은 나의 존재 구조에 변양을 일으키고, 대자와 다른 새로운 존재의 차원을 출현하게 한다.[7] 이 변양과 새로운

---

7 사르트르는 존재의 영역을 존재가 자기와 관계를 갖는 것과 그렇지 않은 것에 따라 – 물론 여기에는 의식의 유무가 수반되긴 하지만 – '즉자'와 '대자'로 구분한다. '즉자'(en-soi)는 자기와 어떤 관계도 없는 존재, '그 자체'(en soi)의 존재, 자기와의 사이에 어떠한 거리도 없는 존재이다. 쉽게 말하면 의식이 결여된 사물이 즉자에 해당한다. 즉자는 A = A라는 동일률로 표현되는 '자체동일성'(identité)을 가진 존재이다. 즉자존재인 사물은 과거, 현재, 미래를 통해 오직 자기 자신이고, 그 외의 다른 것이 아니다. 이에 반해 '대자'(pour-soi)는 세계에 대해 거리를 두고 세계에 현전하는 존재일 뿐 아니라, 자기에 대해서도 거리를 두고 자기에 대향(對向, pour)하는 존재이다. 대자는 의식을 지닌 인간의 존재론적 구조이다. 사르트르는 대자의 출현을 다음과 같이 설명한다 : 즉자로서의 인간실재는 자신의 존재를 정당화하기 위해 자신의 존재에 근거를 주려고 한다. 하지만 즉자가 자신에게 스스로 근거를 줄 수는 없다. 근거를 부여하는 존재와 근거를 부여받는 존재가 달라야 하기 때문이다. 그래서 즉자는 자신을 무화시켜 일종의 '존재 감압'(compression d'être)을 통해 무한한 밀도를 가진 자신으로부터 대자를 파생시킨다. 이를 통해 즉자의 존재 근거를 정당화하기 위한 의식 존재인 대자가 산출된다는 것이다. 이러한 존재론적 행위를 통해 즉자는 자신의 존재 근거를 얻기 위해 대자로 '전락'하게 되는데, 이때 대자가 자기를 향해 현전하기 때문에 대자는 '자기에의 현전'(présence à soi)으로, '자기'는 즉자에서 대자를 제(除)한 부분으로 간주될 수 있다. 대자는 결국 "스스로를 의식으로 근거 짓기 위해 즉자로서의 자기를 상실한 즉자"(EN, p. 120)이다. 그런데 사르트르는 무한한 밀도를 가진 즉자가 존재 감압을 통해 대자를 파생시키기 위해서 스스로를 무화시켜 자기로 전락할 때 '무'(néant)가 발생한다고 말한다. 따라서 의식이자 대자는 즉자로부터 떨어져 나온 것이기 때문에, 무도 의식도 자신의 존재 근거를 존재인 즉자에 두고 있다. 무와 대자, 의식은 모두 즉자에 자신의 존재 근거를 두고 있기 때문에 무, 대자, 의식은 동일한 하나이다 : "무는 바로 의식 혹은 대자이다."(EN, p. 117) 하지만 이 무를 자신 속에 지니고 있으면서 세계에 무를 가져오게 하는 존재는 바로 인간실재(réalité humaine)이다.(EN, p. 117) 여기서 우리는 사르트르가 말하는 '무'를 존재하지 않는 것을 의미하는 것이 아니라, 사물의 방식으로 존재하지 않는 것을 의미한다고 보아야 한다. 대자가 자신 속에 지니고 있는 무의 무화하는 능력 때문에 대자는 "자기 자신과의 관계에 의해 하나의 다른 것이라는 형식 하에서만 존립하고, 부단히 존재의 불안정에 의해 영향을 받는 존재로 현존한다."(EN, p. 116) 대자는 이렇게 자기 자신에 대한 무화를 통해서 자기 자신에 대한 무가 된다. 의식 자체가, 대자 자체가 무인 것이다. 하지만 의식, 혹은 대자가 무이기 때문에 그것은 부단히 변화해야 하고, 이를 통해 시간과 자유가 가능해진다. 대자가 이처럼 "끊임없이 존재의 불안정"을 겪는 것은 대자가 자체동일성을 갖지 못하고 자기 자신의 바깥으로 부단히 도피하는 데에서 비롯하는데, 이것은 곧 의식의 구조가 그러한 성격을 갖고 있기 때문이다. 이러한 의식의 구조를 사르트르는 모순처럼 보이는 다음과 같은 명제를 통해 표현한다 : "의식은 그것으로 있는 것으로 있지 않고, 그것으로 있지 않은 것으로 있다."(La conscience n'est pas ce qu'elle est et elle est ce qu'elle n'est pas). 만일 의식이 "그것으로 있는 것"이라면 의식은 자체동일적인 것이기 때문에 즉자가 되고 말 것이다. 하지만 첫 번째 문장에서 자체동일성을 부정하기(그것으로 있지 않음) 때문에 의식은 즉자가 아니라는 말이 된다. 그래서 의식은 그것으로 있지 않기 위해서, 같은 말이지만 자신이 그것으로 있어야 하는 것으로 있기 위해서 자기를 부정하고 자기가 아닌 것을 향해 초월함으로써 자기가 아닌 것으로 존재해야 할 것이다. 그래서 두 번째 문장에서는 의식이 "그것으로 있지 않은 것"을 자기 자신으로 긍정하고 있다(그것으로 있지 않은 것으로 있음). 다른 말로 옮기면 이 명제의 앞 문장은 '거기에 있음'이라는 의식의 '현사실성'(facticité)에 대한 부정이고, 뒤 문장은 '저편에 있음'이라는 의식의 '초월성'(transcendance)에 대한 긍정이다. 따라서 이 명제는, 의식은 즉자존재가

존재 차원이 무엇인지를 알기 위해 사르트르가 예시한 열쇠 구멍을 들여다보고 있는 내가 타인에 의해 발각되는 장면을 보자 : "내가 질투심에 불타서, 호기심 때문에, 아니면 못된 버릇이 고개를 들어 문에 귀를 대고 열쇠구멍으로 안을 들여다보고 있는 상황을 상상해보자"(EN, p. 305) ; "그런데 복도에서 발걸음 소리가 들려왔다. 누군가가 내게 시선을 보내고 있다. 이것은 무엇을 의미하는가? 그것은 내가 느닷없이 나의 존재에 있어서 충격을 받았다는 것, 본질적인 변양이 나의 구조들 속에 나타난다는 것을 의미한다."(EN, p. 306) 누군가의 발소리가 복도에서 들리기 전에 열쇠구멍 안을 정신없이 들여다보고 있는 나는 비반성적 의식의 차원에 있다. 이것은 나의 행위와 의식이 분리되지 않고 하나라는 것, 나의 지금의 행위를 나는 반성적인 차원에서 인식하지 않는다는 것, 따라서 그러한 행위를 하고 있는 나 자신을 의식하고 있지 않는다는 사실을 의미한다. 즉 "나의 의식은 나의 행위에 밀착되어 있다. 나의 의식은 나의 행위이다."(EN, p. 305) 나의 행위는 내가 목적하고 있는 바와 이를 위해 내가 사용해야 할 도구(문과 열쇠구멍, 경우에 따라 내가 앉아 있는 의자, 조명)들에 의해 조정된다. 그러나 느닷없이 복도에 타인이 나타나고 그가 열쇠구멍을 들여다보고 있는 나를 보았다는 생각이 들 때 나는 수치심을 느낀다. 내 얼굴은 붉어지고 나는 눈을 내리깐다. 이 수치심은 단순한 감정이 아니다. 나는 이 감정을 구체적으로, 그리고 육체적으로 살고 있기 때문이다. 이런 의미에서 수치심은 체화된 의식(conscience incarnée)이다. 그런데 내가 이때 느끼는 수치심은 반성에서 비롯된 것일까? 결코 그렇지 않다. 왜냐하면 "수치심은 어떠한 예비적인 추론을 거치지 않고 나의 머리부터 발끝까지 관통하는 직접적인 전율"(EN, p. 266)이기 때문이다. 즉 수치심은 타인이 내가 목하 이러저러한 추하거나 상스러운 행위를

아니라 초월적인 존재라는 사실을 압축해서 표현하고 있다. 의식이 이러한 구조를 갖기 때문에 의식과 의식의 존재 방식을 취하는 대자는 항상 자신의 바깥에 '탈자적'(ek-statique)으로 현존하는 것이다.

하는 것을 보았기 때문에 나는 마땅히 수치심을 가져야한다고 생각하는 반성을 거쳐서 생기는 것이 아니다. 수치심은 생각할 겨를도 없이 단번에 나를 엄습하기 때문이다. 또한 수치심은 타자가 우리를 어떻게 생각하는지를 우리가 상상하는 데서 비롯하는 것도 아니고, 그가 우리에 대해서 어떻게 생각하리라고 우리가 믿는 것을 타자에게 투입하는 데서 비롯하는 것은 더더욱 아니다. 수치심을 느끼는 것은 추론이나 반성을 거쳐서 이루어진 것이 아니다. 따라서 타인에 의해 수치스러운 행위를 하는 내가 발각되었을 때 내가 나(에 대해) 가지는 의식은 새로운 존재 차원을 요구하는 것 같다. 왜냐하면 수치심을 통해 타인이 나의 의식의 구조에 변양을 가져오기 때문이다. 이 변양은 어떤 것일까?

사르트르는, '수치심'(honte)은 의식의 한 양태로서 수치스러운 자기(에 대한) 비정립적 의식이면서 지향적인 구조를 가진다고 말한다. 비정립적 의식으로서의 수치심은 수치심-의식이다. 나는 수치심으로 존재한다. 또한 수치심이란 어떤 것에 대한 수치스러운 파악인데, 여기서 지향적인 대상인 '어떤 것'은 바로 나이다. 그런데 내가 수치심을 갖는 것은 다른 사람 앞에서이다. 사실 오직 다른 사람 앞에서만 나는 내 자신에 대해 수치심을 갖는다. 나는 나의 행위를 남의 눈을 통해 볼 때만 수치심을 갖기 때문이다. 따라서 수치심이란 "타자 앞에서 느끼는 자기에 대한 수치심"(EN, p. 266)이라고 할 수 있다. 타자는 수치심인 직접적인 의식 속에 나를 반사하는 거울과 같은 것을 밀어 넣음으로써 나와 수치스러운 나를 연결시키는 매개자의 역할을 하는 것이다. 이렇게 해서 나는 타자를 통해 나의 자아를 대상적인 방식으로 판단하는 위치에 서게 된다. 여기서 무엇보다도 수치심 속에서 내가 타자와 함께 존재 관계를 가진다는 사실에 주목해야 하는데, 이것은 내가 주체가 되어 타자를 인식 대상으로 삼는 것이 아니라, 오히려 타자가 주체로 나타나고, 내가 타자에 대해 대상이 됨으로써 대상이 된 내가 타자를 나에 대한 주체로서 경험하고 동시에 이 나를 어떠한 자아로 파악한다는 사실이다 : "타자는 나와 나 자신 사이에 필요불가결한 매개자이다. 나는 내가 '타인에게 나타난 그대로' 나에 대해 수치심을 가진다. 그리고 타자의 출현 자체로 말미암아 나는 하나의 대상에 대해서처럼 나에 대해 판단을 내릴 수 있게 된다. 왜냐하면 나는 타자에게 대상으로 나타나기 때문이다"(EN, p. 266) ; "나는 나의 자아를 그것이 나에 대해 존재하는 한에서가 아니라, 원칙적으로 타자에 대해 존재하는 한에서 파악한다."(EN, p. 307). 타자에 의한 나의 대상화에서 나는 타자가 나를 보고 판단하는 바대로의 나이다. 그리고 나는 나 자신이 타자가 보는 바대로의 나임을 인정한다. 수치심은 "내가 타자가 주시하고 판단한 바로 그 대상임을 인정하는 것이다."(EN, p. 307) 게다가 수치심에 젖을 때 나는 내 자신에 대해 있는 바의 나와 타자에 대해 있는 바의 나를 비교할 수 없다. 주체로서의 나와 대상으로서의 나를 비교하는 것은 불가능하기 때문이다. 사르트르에게 반성을 통해 파악된 자아는 현재, 과거, 미래를 관통하는 초월적인 즉자이다.[8] 이와 달리 지금 나의 행위의 증인으로서 존재하는 타자에 대해 대상으로 있는 나의 자아는 타자에 의해 그 행위 속에 영구히 갇혀버린 나, 타자의 시선으로 말미암아 지금 이 순간에 의식된 나, 나에게서 탈출한 나, 자기 밖에 근거를 갖고 있는 나, 나에게 시선을 던지는 "타자에게 지시된 그대로"(EN, p. 307) 나에게 존재하는 나이다. 요컨대 나는 타자에게 나타난 그대로의 나인 것이다 : "나는 타인에게 유출되는 세계의 한 복판에서 타인에 대한 나의 자아이다."(EN, p. 307) 여기서 한 가지 짚고 넘어가야 할 사실은 내가 타자를 통해서 파악된 나의 자아는 비반성적 의식과 관계한다는 점이다. 즉 여기서 문제가 되는 자아는 나의 반성의 대상으로서의 자아가 아니라, 나의 반성을 거치지 않고 "타자에 대한 대상으로서"(EN, p. 306) 직접적으로 출현한 자아이다. 사르트르의 의식 이론에서 비반성적 의식 안에는 자아가 거주할 수 없고 – 비정립적인 의식에서는 비정립적인 '자기'가 관계한다 – , 자아는 대상이라는 자격으로 반성적 의식에

---

8 이에 대해선 앞의 주 5를 참고.

대해서만 주어진다. 하지만 수치심의 경우 내가 타자를 통해서 파악한 나의 자아는 비반성적 의식 안에 있다. 여기서 내가 나의 자아를 타자를 통해서 파악한다는 것은 내가 나의 근거를 더 이상 내가 아니라 나의 밖에, 즉 타자에 가진다는 사실을 의미하고, 이러한 파악이 비반성적 의식 속에서 이루어진다는 것은 이 체험이 직접적이라는 사실을 의미한다. 내가 비반성적으로 파악한, 타자가 본 그대로의 나는 곧 나의 자아이자 나의 '인격'(personne)이다. 나의 인격은 나의 비반성적 의식이 대상으로 파악한 것이 아니라, 타자에 대한 대상으로서 나의 의식에 현전하는 인격이다. 이 말은 다음을 의미한다. 즉 "내가 나를 벗어나는 한에서, 내가 나 자신의 무의 근거로 있는 한에서가 아니라, 내 밖에 나의 근거를 갖는 한에서 나는 단번에 나에 대한 의식을 갖는다는 것이다. 나는 나에 대해서 오직 타자에의 순수한 회송으로만 존재한다."(EN, pp. 306-307)

이렇게 해서 어떠한 것으로도 결정적으로 존재하지 않는 초월과 자유로서의 대자적인 나는 이제부터 그 누군가로 존재한다. 즉 비인격적인 대자로서가 아니라 어떤 인격을 갖춘 자, 즉 즉자로 존재하는 것이다. 그리고 이렇게 규정된 있는 그대로의 나는 타자가 나에 대해 갖는 지각에 의존하기 때문에 원칙적으로 나에게서 벗어난 존재이다. 따라서 타자의 현존은 나에게는 세계 한 복판에서 내가 응고될 수 있는 가능성, 내가 대상화의 항구적인 위험에 처할 수 있는 가능성에 다름 아니다. 이러한 위험이 나에게 있는 그대로 나타난다면 그것은 내가 어떤 타자에 의해 보이고 있음을 내가 의식하고 있다는 것을 증명한다. 이러한 견지에서 사르트르가 말하는 수치심은 통상적으로 생각하는 것처럼 우리가 저지른 과오에 대해 가지는 도덕적인 감정, 즉 우리를 판단할 수 있는 사람에게 대면하여 일어나는 감정이 아니다. 그가 말하는 수치심은 "'외부'에 나의 존재를 가지고 있고, 이 존재는 다른 하나의 존재에 구속되어, 여기에 대해서 아무런 방어도 하지 못한 채, 하나의 순수한 주체로부터 발원하는 절대적인 빛에 의해 비춰지고 있다고 하는 데서 비롯하는 근원적인 감정이다"(EN, p. 336) ; 순수한 수치심은 "내가 '하나'의 대상이라는 감정, 즉 내가 타자에게 그것으로 있는 강등되고 의존적이고 응고된 이 존재 속에서 '내 모습을 알아볼 때'의 감정이다. 수치심은 근원적인 전락의 감정인데, 이 감정은 내가 이러저러한 과오를 저지른 데서 비롯하는 것이 아니라, 단순히 내가 세계 속에, 사물들의 한 복판에 '떨어졌고', 내가 그것인 바로 존재하기 위해서 타자의 매개를 필요하다는 데서 비롯한다."(EN, p. 336)

수치심을 통해 나는 나의 존재 자체가 외적인 것이고, 나는 순수한 내면성이 아니며, 따라서 나의 존재의 한 부분이 전적으로 타자의 시선에 노출되어 있다는 사실을 의식한다. 이렇게 해서 수치심은 우리의 구체적인 경험 속에서 대자존재와 다른 인간실재의 새로운 구조를 드러내는 데, 이것이 바로 '대타존재'(être-pour-autrui)이다. 대타존재는 자기와 관계하는 대자존재와 달리 타자와 관계하는 존재이다. 사르트르가 타자의 현존에 접근하는 통로로 내세우는 것이 바로 이 대타존재이다. 왜냐하면 타자는 나의 대타존재를 통해 나의 의식 안에 주체로서 직접적으로 주어지기 때문이다. 대자가 인간실재의 주체적인 면을 가리킨다면, 대타는 그것의 대상적인 면, '대상으로서의 존재'(être-objet)를 가리킨다. 여기서 대상으로서의 존재는 나에 대해 대상인 존재, 즉 '대아존재'(être-pour-moi)가 아니라, 타자에 대해 대상인 존재이다. 대자가 '자기에의 현전'(présence à soi)이라면, 대타는 '타자에의 현전'(présence à autrui)이라고 할 수 있다. 대타존재는 타자에 대해서 '나-밖의-존재'(être-hors-de-moi), '나의 바깥 존재'(mon être-dehors), 내가 타자에게 그것으로 존재하는 '대상 존재'(objectité)이다. 예컨대 나의 신체가 타인에게 대상적으로 나타날 때, 즉 "타인에 의해 활용되고 인식되는"(EN, p. 401) 신체로 나타날 때, 나의 신체는 대타존재이다. 수치심에서 "나는 타자에게 나타난 그대로 나에 대해 수치심을 가진다"고 했을 때 "타자에게 나타난 그대로의 나"가 대타존재이다. 따라서 '나'에 대한 성질 규정은 내가 대아존재인가 아니면 대타존재인가에 따라 다를 수밖에 없다. 이를 테면 나를 '악독한'(méchant)자로 파악하는 것은 대아존재와는 관련이 없다. 왜냐하면 대아존재는 대자적인 차원에서 내가 나 자신으로 있는 것인데, 이 나는 그것으로 있는 것으로 있지 않고, 그것으로 있지 않은 것으로 있다는 점에서 원칙적으로 여기에 어떤 일정한 성질을 부여할 수 없는 존재이기 때문이다. 즉 내가 나 자신을 악독한 자로 성질 규정하는 것은 나를 즉자로 특징짓는 것과 다름없는데, 이것은 대자로서의 나를 포기하는 일이다. 게다가 내가 악독한 자로 있어야 한다면, 나는 그런 자로 '있어야 하는'(avoir à être) 방식으로 악독한 자로 있지 않으면 안 될 것이다. 그래서 내가 나 자신으로 있다면 나는 나에게도 악독한 짓을 해야 할 터인데, 이러한 일이 현실적으로 가능한 일인지는 의심스럽다. 나는 적어도 나 자신에게는 선한 짓을 하기를 원하기 때문이다. 나는 나 자신에 대해 무로 존재하기 때문에 나는 나에게서 '있는 그대로의 나'를 결코 파악할 수 없다. 그러나 타자가 내게 어떠한 성질 – 악독하다든가, 이기적이라든가, 질투심이 강하다 등등 – 을 부여하면 상황이 바뀐다. 나는 이러한 성질을 자발적으로 인정할 수는 없지만 그럼에도 불구하고 그것을 거부하지 않고 '나'로 받아들인다. "그것도 맹목적으로 나를 받아들인다. 그 이유는, 나는 내가 무엇을 받아들이고 있는지 '인식하고 있지 않기' 때문이다. 나는 단순히 그러한 사람으로 있다."(EN, p. 311) 대아적인 나는 무이기 때문에 이 나를 무엇으로 규정할 수 없는 점에서 실상 현실적으로 나에게 주어진 나, 즉 나의 인격은 대상으로서의 나, 대타적인 나라고 할 수 있다. 아울러 나에게 낯선 이 '나' 또한 나이지만 대아적인 나와는 전혀 새로운 존재 양식을 가진 나이다. 왜냐하면 대타적인 나는 이 '나'로 있지만, 나와 이 '나' 사이를 갈라놓는 무는 나의 무가 아니라 타자로부터 비롯한 무인터라, 나는 이 '나'를 초월할 수가 없기 때문이다. 반대로 대아존재로서의 '나'와 나 사이를 분리시키는 무는 나의 무이기 때문에 나는 이 '나'를 초월함으로써 이 '나'를 부정할 수 있다. 그렇기 때문에 대타존재로서의 '나'는 "나의 모든 '탈자들'을 초월하는 최후의 탈자에 의해 존재하는 나이다.”(EN, p. 321) 최후의 탈자에게는 더 이상의 초월이 가능하지 않기 때문에 대타존재로서의 ‘나’는 즉자일 수밖에 없다. 그렇기 때문에 사르트르는 나의 대타존재를 “절대적 공허[타자의 무]를 통해 대상성을 향하는 전락”(EN, p. 321)이라고 규정한다. 이렇게 해서 도달한 것이 대타존재인 ‘대상으로서의 나의 자아’(mon moi-objet)인데, 이에 대해 사르트르는 다음과 같이 말한다 : “나의 ‘대상으로서의 나의 자아’는 인식도 인식의 통일성도 아니다. 오히려 그것은 거북함이고, 대자가 자신의 탈자적인 통일성으로부터 떨어져 나옴의 체험이며, 내가 도달할 수 없으면서 나인 한계이다.”(EN, p. 322) 나의 대타존재와 관련된 이 거북함은 항구적이다. 왜냐하면 타자가 나의 자아를 자기의 시선 아래 잡아두는 한, 또 내가 나 자신에 대해서 생각할 때 타자가 나의 비반성적 의식 안에 현전하는 한, 나는 그에 대한 나의 예속성으로부터 벗어날 수 없기 때문이다. 그런데 타자에 대해 내가 대상 존재로 존재한다는 것이 나로서는 불편한 일이지만, 철학자에게는 타자를 주체로 체험할 수 있는 계기가 된다는 점에서, 유아론의 암초에서 벗어날 수 있는 타당한 근거가 될 수 있다.

이렇게 해서 우리는 수치심의 분석을 통해 반성에 의해 파악된 자아, 즉 대자로부터 파생된 자아와도 다르고, 대자적인 대아존재와도 다른 자아인 대타존재가 대자존재와 더불어 인간실재를 구성한다는 사실을 알아보았다. 대타존재는 글자 그대로 타자를 향해 있는 존재, 타자에 대해 대상으로 있는 존재이다. 대타존재를 통해 타자가 나의 의식 안으로 들어오기 때문에 대타존재와 타자는 떼려야 뗄 수 없는 상관관계를 이룬다. 그래서 타자는 무엇보다도 내가 누군가에 대해서 대상으로 있을 때의 그 누군가의 존재, 다시 말하면 내가 누군가에 의해서 나의 대상성을 얻을 때의 그 누군가의 존재가 된다. 내가 나의 어떤 특징을 대상적으로 생각하는 것만으로도 타자라는 존재가 전제되고 있다고 할 수 있다. 따라서 타자의 현존은 매개자 없이 직접 파악되는 것이다. 타자가 구체적이고 명증적인 현전으로서 나에게 주어지기 때문에 타자의 현존은 나로부터 이끌어낼 수 있는 것도 아니고, 후설의 판단중지의 대상이 될 수 있는 것도 아니며, 현상학적 환원을 통해 구성될 수 있는 것도 아니다. 여기서 유아론으로부터 벗어나는 사르트르의 결정적인 언명이 나온다 : "타자는 모름지기 먼저 구성되고, 그런 다음에 나를 만나는 존재로 나에게 나타나는 것이 아니라, 오히려 나와의 근원적인 관계 속에 용출되는 존재로, 또 내 자신의 의식과 마찬가지로 의심할 여지가 없고, '사실적 필연성'을 가진 존재로 나에게 나타나는 것이다."(EN, p. 322) 이처럼 사르트르가 타자의 현존을 파악하는 방식은 의식 바깥에 있는 타자에 대한 대상적인 접근을 통해 이루어지는 것이 아니라 나의 의식 속에 "주체로서 직접적으로 나에게 주어진 타자"(EN, p. 299)를 통해 이루어지고 있다. 데카르트의 코기토 속에 나의 존재가 포함되어 있는 것과 마찬가지로, 사르트르의 코기토 속에는 나와 더불어 타자의 존재가 포함되어 있다고 할 수 있다. 이것은 우리의 의식 안에 타자의 초월성을 내면화(intériorisation)함으로써 가능한 것이며, 이러한 내면화를 통해 우리는 타자에게 접근할 수 있다는 것이다. 사르트르는 헤겔의 타자 이론을 논의하는 자리에서 이미 이러한 사실을 언급한 바 있다 : "각자는 자신의 고유한 내재성으로부터 출발하여 이 내재성의 존재 자체를 조건 짓는 초월성으로서의 타자의 존재를 재발견할 수 있어야 한다."(EN, p. 289) 이렇게 발견된 타자는 나의 존재 구성을 위해서 필요불가결한 존재일 수밖에 없다 : "나의 존재의 모든 구조들을 완전히 파악하기 위해 나는 타자를 필요로 한다."(EN, p. 267) 이렇게 해서 사르트르는 후설이 『데카르트적 성찰』제 5부에서 취한 방식, 즉 나의 자아로부터 타인의 자아로 이행할 수 있는 통로를 찾는 것과는 다른 방식, 즉 나의 의식 안에서 발견한 타자로부터 타자의 현존에 접근하고, 여기서 나의 자아를 파악하는 방식을 취하는 것이다.[9]

---

9 후설은 『데카르트적 성찰』제 5부에서 직접 제시된 타인의 신체와 연상이나 나의 감정이입을 통해서 유비적으로 통각된 타인의 심리적인 것을 통합('짝짓기'(accouplement))함으로써 타자를 구성하는 것이 어떻게 가능한지를 보여주고 있다.

그런데 우리는 아직 타자의 존재론적 지위가 어떠한 것인지 아직 충분히 규명하지 않았다. 이제 사르트르를 좇아 타자로 말미암아 나의 존재와 나의 세계에 구체적으로 어떠한 변형이 일어나는지 검토해봄으로써 타자의 존재론적인 지위가 무엇인지 확인해보자. 나와 타자의 존재 관계에서 확립되는 것은 무엇보다도 존재론적 지위에서의 비대칭적인 관계이다. 왜 그럴까? 수치심에서 주시된 자로서의 나는 "나 자신 밖으로 유출"되어 나의 자아가 된다. 이 자아는 타자로 말미암아 나의 모든 탈자들을 초월한 탈자, 더 이상 초월될 수 없는 최후의 탈자 – 수치스러운 자, 악독한 자 등등 – 가 된, 나로부터 유출되고 소외된 자아이다. 나는 이 자아와 결코 뛰어넘을 수 없는 거리를 두고 떨어져 있다. 그 이유를 사르트르는 "타자의 시선이 이 세계에서 나의 존재 저편에, '이 세계'이면서 동시에 이 세계의 저편에 있는 하나의 세계 한 복판에 나를 존재하게끔 하기 때문이다"(EN, p. 307)라고 말하고 있다. 그래서 이 자아는 나이긴 하지만 타자의 주체성에 의해, 타자의 자유에 의해 나와 완전히 분리된 대상이고, 주체로서의 나의 한계를 넘어서는 곳에 존재하기 때문에 내 직관이 미치지 못하는 '나의 드러나지 않는 존재'(mon être-non-révélé)이다. 그렇기 때문에 나는 이 자아를 그저 받아들일 뿐이지 결코 거기에 어떠한 존재 변경도 가할 수 없다. 따라서 타자로 말미암아 내가 그것으로 있는 이 존재는 "일종의 불확정성, 일종의 예측불가능성"(EN, p. 308)에서 벗어날 수 없다. 나는 나의 자아가 타자에 의해 어떻게 규정되었는지, 어떻게 규정될지 알 수 없기 때문이다. 그런데 이것은 내가 타자를 인식할 수 없는 사정에서 비롯하지만, 무엇보다도 타자가 자유롭다는 데서도 비롯한다. 역으로 말하면 타자의 자유는 나의 불확정성과 예측불가능성을 통해 내게 드러난다고 할 수 있다 : "따라서 이 존재는 나의 가능적 존재가 아니다. 이 존재는 항상 나의 자유 속에서 문제가 되는 그러한 존재가 아니다. 이와 반대로 이 존재는 나의 자유의 한계이다 [......] 이 존재는 마치 내가 짊어져야 하는 짐처럼 주어지지만 나는 이 짐을 깨닫기 위해서 그것을 향해 몸을 향할 수도 없고, 심지어 그것의 무게를 느낄 수조차 없다 [......] 마치 나는, 하나의 근본적인 무에 의해 나로부터 분리된 하나의 존재 차원을 갖고 있는 것 같다. 그리고 이 무가 타자의 자유이다."(EN, p. 308) 내가 설사 대자로서 자유를 가지고 나의 미래 가능적인 존재를 스스로 선택할 수 있고 기투할 수 있더라도[10], 요컨대 나의 초월은 나에게 본성을 부여하는 타자에 의해 부정된다 : "하나의 '타인'이 존재하면 그가 누구이든, 그가 어디에 있든, 그가 나와 어떤 관계를 갖든, 또 그의 존재의 단순한 출현 외에 그가 내게 어떤 영향도 미치지 않는다 하더라도, 나는 하나의 외부를 갖고, 하나의 '본성'(nature)을 가지게 된다"(EN, p. 309) ; "나는 타자의 시선을 내 행위의 중심에서 나의 고유한 가능성들을 고착시키고 소외시키는 것으로서 파악한다."(EN, p. 309) 타자의 시선 앞에서 나의 초월은 '초월된 초월'(transcendance transcendée)이 되고 만다. 예컨대 타자의 시선에 의해 포착된, 허리를 굽히고 열쇠구멍을 들여다보고 있는 나는 단지 그렇게 열쇠구멍을 들여다보고 있는 자이지, 열쇠구멍을 도구로 삼아 그 행위를 통해 어떤 가능성(방에 있는 사람이 무슨 짓을 하고 있는지 염탐하는 것과 같은)을 향해 초월하고자 하는 내가 아니다. 내가 그렇게 있는 그대로 있기 위해서는 타자가 나를 주시하는 것만으로도 충분하다. 이렇게 자기의 가능성들이 응고되고 부정된, 즉 초월성을 상실한 대자는 즉자일 수밖에 없다 : "수치심은 내가 이 존재임을 나에게 드러낸다. 이 존재는 '그랬다'거나 '그래야 한다'거나 하는 양상에 의한 것이 아니다. 이 존재는 즉자이다."(EN, pp. 308-309) 내가 대자인 한 나는 그것으

10 대자는 항상 자기 자신을 벗어나서 현존하는 것을 근본구조로 갖는데, 이처럼 대자가 스스로를 시간화하여 현재를 벗어나서 자기가 아닌 것, 즉 미래를 향해 자신을 던짐으로써 미래의 가능적인 존재를 실현하고자 하는 것을 '기투'(projet)라고 한다. 현재의 상황을 무화하고 미래를 향해 항구적으로 나를 던진다는 의미에서 기투는 자유의 다른 이름이라고 할 수 있다. 사르트르에게 자유는 대자의 특징이다. 대자는 자기가 아닌 즉자를 역시 자기가 아닌 미래에 입각해서 부단히 무화함으로써 자기 자신인 무를 통해 과거와 미래로부터 분리된다. 따라서 더 이상 존재하지 않는 과거도 결코 존재하지 않을 미래도 대자에게 영향을 끼칠 수 없기 때문에 대자는 절대적으로 자유이다. 인간실재는 그 자신의 무가 되어야만 하는 바로 그 이유에서 자유이다.

로 있는 것으로 있지 않고, 그것으로 있지 않은 것으로 있지만, 이제 나는 본성을 부여받은 자로서 '누군가'로 있다. 이렇게 해서 무화에 의해 탈자적으로 존재하는 "대자 위에 즉자가 새롭게 형성된다."(EN, p. 308). 타자가 현존하는 한, 그리고 내가 그의 시선의 대상이 되는 한, 나는 즉자로 추락하는 사태를 피할 수 없을 것이다. 그렇기 때문에 "나의 근원적인 추락, 그것은 바로 타자의 현존이다."(EN, p. 309) 결국 나와 타자와의 존재 관계에서 문제되는 것은 자유이다 : "문제가 되는 것은 타자의 자유에 의해, 그리고 타자의 자유 속에 새겨진 있는 그대로의 나의 존재이다. [......] 타자는 자기가 자신의 존재여야 하는 한 그에-대한-나의 존재(mon être-pour-lui)를 존재하게끔 해야 한다."(EN, p. 308) 사르트르에게 주체성이 자유의 유무에 의해 결정된다는 점에서 타자가 나를 대상화할 수 있는 것은 그가 자유를 갖고 있기 때문이고, 그가 주체이기 때문이다. 타자가 나를 대상화함과 동시에 나의 자유는 박탈된다. 타자가 주체이자 자유라면, 나는 대상이자 노예이다. 여기서 우리는 사르트르가 규명한 인간들 사이의 존재관계를 지배하는 핵심적인 사항을 보게 되는데, 그것은 자기가 주체의 위치를 차지하기 위해서 서로가 상대방을 대상화하는 투쟁이다. 여기서 나와 타자 사이의 비대칭적인 관계가 비롯한다.

그런데 타자의 출현이 단지 나의 존재만을 변경하는 것은 아니다. 타자는 나와 세계와의 관계도 변경한다. 대자에게 의식과 세계는 상관적이고 세계는 나의 의식의 상관항이며, 나의 가능성들의 왕국이다. 하지만 타자의 출현은 나와 세계의 이러한 관계를 파괴한다 : "타자의 시선 아래 내가 맺는 대상과의 관계 혹은 대상의 잠재성은 해체된다."(EN, p. 310) 세계가 이제는 내가 아니라 타인의 가능성들의 왕국이 되고 나의 자유를 벗어나기 때문이다. 예컨대 어둠 속에서 누군가가 나타나기 전 열쇠구멍을 들여다보는 나에게 "복도 속의 어두컴컴한 구석은, 그 어둠이 가지는 단순한 잠재적인 성질로서, 어둠에의 유혹으로서, 내가 그 속에 몸을 감출 수 있는 가능성을 나에게 지시하고 있었다."(EN, p.

309) 내가 어둠을 나의 목적을 위한 도구로서 사용할 수 있는 가능성은 나의 비정립적 의식의 방식으로 내게 있다. 하지만 복도에 누군가가 나타나서 어두운 구석에 있는 나를 확인하기 위해 손전등으로 어둠을 비춘다면 나의 가능성은 부정되고 이 사람의 가능성, 즉 나를 확인해보고자 하는 목적을 향해 초월된다 : "구석에 내 몸을 감춘다는 나의 가능성은 타자가 나를 뚫어지게 보고, 내가 누군지 헤아려보고, 나를 파악한다고 하는 그 자신의 가능성을 향해 초월할 수 있는 것으로 된다."(EN, p. 310) 사르트르가 정의한바 대로 '도구성'(ustensilité)이 "......을 향해 초월될 수 있음"(EN, p. 310)이라 한다면, 내가 어둠 속에 나의 몸을 감추려는 나의 가능성 자체는 타자의 초월에 의해 도구가 되고, 타자는 내가 조직하고 있는 이 세계로부터 나를 소외시킴으로써 그것을 자기의 세계로 전유(專有)한다. 나의 도구 연관과 더불어 내가 나를 중심으로 조직한 세계는 이제 타자의 출현으로 말미암아 나로부터 탈출하고, 나는 '세계 한 복판에서'(au milieu du monde) 하나의 사물이 되고 마는 것이다. 반면 나의 대타존재의 상관항인 타자는 자유와 무한한 가능성과 초월성을 확보하고 있는 존재, 나의 가치를 평가하는 존재, 내가 속해 있는 세계를 초월해 있는 존재, 나의 가능성을 부정하고 이를 자신의 가능성의 실현을 위해 도구로 삼는 존재이다. 여기서도 역시 자유가 문제가 되는데, 나의 가능성들이 소외되고 초월되는 것은 오직 타자의 자유에 의해 그렇게 되기 때문이다. 따라서 타자는 나의 자유에 대한 한계로 작용한다 : "타자의 현존으로 말미암아 나는 하나의 외부를 갖는 상황 속에 현존한다. 이 상황은 외부에 있기 때문에 내가 거기서 결코 제거할 수 없고, 직접적으로 작용을 가할 수도 없는 소외된 차원을 가진다. 나의 자유에 이러한 한계가 정해지는 것은 단지 순전히 타자의 현존에 의해, 즉 나의 초월이 하나의 다른 초월을 위해 현존한다는 사실에 의해서다."(EN, 571) 사르트르는 한계 지어진 자유를 가질 뿐인 대상으로서의 나와 절대적 자유를 확보한 주체로서의 타자 사이의 극복할 수 없는 비대칭적인 관계로부터 나를 노예로 규정한다 : "'주

시된다'는 것은 자신이 자기가 모르는, 인식될 수 없는 평가, 특히 가치평가의 대상이 됨을 파악하는 것이다. 그러나 바로 그와 동시에 수치심 또는 자부심 때문에 나는 그런 평가가 정당하다는 것을 인정한다. [......] 판단은 자유로운 존재의 초월적인 행위이다. 그러므로 '보이고 있다'는 것은 나의 자유가 아닌 자유에 대해 무방비 상태에 있는 존재로 나를 구성한다. 우리가 타자에게 나타나는 한 우리가 자신을 '노예'로 간주할 수 있는 것은 바로 그러한 의미에서 이다. [......] 나의 자유가 아닌 자유이자 나의 존재의 조건 자체인 자유의 중심에서 내가 나의 존재에 있어서 의존적이기 때문에 나는 노예이다. 나에 대한 성질 규정을 하기 위해 오는 가치의 대상으로 내가 있으면서, 내 쪽에서는 그 성질 규정에 아무런 작용도 할 수 없고, 그것을 인식할 수도 없기 때문에 나는 노예상태에 있다. 아울러 나의 가능성이 아닌 가능성, 나로서는 나의 존재 저편에 있는 그것의 순수한 현전을 예감밖에 하지 못하는 가능성, 내가 알지 못하는 목적을 위한 수단으로 나를 구성하기 위해 나의 초월을 부정하는 가능성의 도구로 내가 존재하는 한, 나는 '위험에 처해' 있다. 그리고 이 위험은 우연적인 사건이 아니라, 나의 대타존재가 지닌 항구적인 구조이다."(NE, pp. 313-314) 비교적 긴 이 인용문에서 문제가 되고 있는 나와 타자의 관계는 헤겔이 말한 주인과 노예의 관계가 아니라 주체와 노예의 관계라는 사실에 주목할 필요가 있다. 헤겔은, 자기의식은 변증법적인 대결관계에 있는 두 주체, 즉 주인과 노예 속에서 구체화될 경우에만 진정한 자기의식이 될 수 있다고 주장한 바 있다. 주인은 노예를 지배하고 노예가 그를 인정할 수 있도록 하기 위해서 자신의 목숨을 걸고 동시에 노예의 죽음을 추구하는 자기의식이다. 이것은 주인이 노예를 자기와는 반대로 목숨에 연연하기만 한 타자로 추락시켜 그가 자기를 주인으로 인정하도록 만듦으로써 자신의 대자성을 획득하기 위한 것이다. 이런 의미에서 "노예는 주인의 진리이다." 이와 반대로 노예는 자신의 목숨을 위험에 빠뜨리기 보다는 주인에게 복종하는 자기의식이다. 주인은 그를 주인으로 인정하는 노예를 매개로 자기의식의 본질 자체가 된다. 노예는 노예대로 자기의식이 되기 위해서 노동을 하는데, 이를 통해 노예는 그의 의식이 추구하였던 자기를 재획득한다. 그래서 결국 노예는 그가 다루는 물질과의 관계에서 자율성을 얻는 반면, 주인은 자신의 욕망의 충족을 위해서 여전히 노예에 의존하게 된다. 주인과 노예의 관계가 역전되는 것이다. 사르트르는 헤겔의 주인과 노예의 변증법에서 볼 수 있는 의식 개체들 사이의 이러한 투쟁은 각자가 자신의 확실성을 진리로 바꾸려는 데서 비롯하는데, 헤겔에게 "이 진리는 내 의식이 타자에 대한 대상이 되고 동시에 타자가 내 의식의 대상이 되는 한에서만 도달될 수 있다"(EN, p. 283)고 지적한다. 사르트르는 내가 대상이라는 의식이 타자의 현존에 의해서만 산출될 수 있다는 헤겔의 주장에 대해서는 동의한다. 그러나 타자의 의식 및 자유가 내게 주어진다는 것에는 반대하는데, 이것은 사르트르로서는 당연한 일이다. 그것은 주체로서의 타자가 헤겔의 타자처럼 내 의식의 대상으로 파악될 수 없기 때문이다 : "'타'(autre) 의식과 '타' 자유는 결코 나에게 '주어지지' 않는다. 만일 그렇게 된다면, 그것들은 인식될 것이고, 따라서 대상이 될 테고, 아울러 내가 대상임을 그칠 것이기 때문이다."(EN, p. 318). 타자는 매개 없이 의식에 직접 주어질 뿐이다. 헤겔의 경우 주인과 노예는 대칭적인 관계에 있기 때문에 각자가 자신의 진리에 도달할 수 있다. 그래서 주인은 노예를 매개로 자신의 진리를 확보한다. 하지만 사르트르의 경우 타자가 나인 노예를 통해서 진리를 확보하는 것이 아니다. 타자는 나에 대해서 역전될 수 없는 절대적인 초월자의 위치에 있다. 게다가 나는 타자에 대해서 타자로 있을 수 있다. 나 역시 나의 시선을 통하여 타자를 대상으로 파악할 수 있는 것이다. 시선의 상호성 때문에 주시하는 자로서의 타자는 주체로서 주시된 나를 대상으로 삼을 수 있고, 역으로 주시하는 내가 주체가 되어 주시되는 타자를 대상으로 삼을 수 있다. 이런 의미에서 "투쟁(conflit)은 대타존재의 근원적인 의미이다."(EN, p. 413) 따라서 헤겔과 달리 사르트르의 경우 나와 타자와의 투쟁은 결코 완결될 수 없는 것이다. 나와 타자의 대립은 결코 극복될 수 없는 성질의 것이다.

타자의 존재론적 지위를 더 알아보기 위해서 이번에는 타자가 나에게 어떻게 나타나는지 검토해보자. 우리는 앞에서 타인의 시선과 눈을 동시에 파악할 수 없다는 사실을 지적한바 있다. 타인의 눈을 지각하면 눈은 나에 대해 대상이 됨으로써 시선이 사라진다. 반면 타인의 시선을 바라보면 타인의 눈은 파괴될 테지만, 시선 역시 대상이 되어 시선의 주체 역시 사라지고 말 것이다. “타자는 내가 그 쪽을 향해 나의 주의를 돌리지 않는 존재이다.”(EN, p. 315) 그렇기 때문에 타자의 시선은 코기토의 차원에서, 즉 의식 안에서 파악되는 것이지 결코 타자에 대한 나의 존재의 지평 위에서 지향의 대상으로 파악되는 것이 아니다. 이와 달리 타자의 시선이 파악되는 것은 나의 주관적인 반응을 통해서다. 즉 내 존재가 위험에 처해 있다는 두려움, 타인에 대해 내가 그렇게 나타난다는 데서 비롯하는 수치심, 나의 가능성이 소외된 데서 비롯한 노예상태를 통해서 타자의 시선은 파악된다. 사르트르가 “타자는 아무런 매개자 없이 나의 것이 아닌 초월성으로서 나에게 나타난다”라고 했을 때 “아무런 매개자 없이”라는 말은 타자가 나의 의식 내재적인 존재로 나에게 직접적으로 주어진다는 것을 의미한다. “우선 타자를 찾을 때 우리는 세계 속에서 찾아서는 안 되고, 의식 쪽에서 찾아야 한다”(EN, p. 319)라든가 “타자, 그것은 나 자신이다”(EN, p. 317)라는 말 역시 같은 의미이다. 실상 우리는 타인이 물리적으로 내 앞에 현전하지 않더라도 수치심을 경험하는 경우가 종종 있다. 이것은 타자가 나의 세계에 속하지 않는다는 사실, 나와 타자가 세계내부적인 관계를 갖지 않는다는 사실을 의미한다. 또한 수치심은 타자를 드러내 보이지만, 이것은 의식이 의식의 대상을 드러내는 것과 같은 방식으로 수치심이 타자를 드러낸다는 말이 아니다. 사르트르는 타자의 드러남이 “의식의 하나의 계기가 또 하나의 계기를, 그 동기화로서 측면적으로 포함하는 방식”(EN, p. 319)에 의해 이루어진다고 지적한다. 이 말은 나의 수치심(에 대한) 의식은 타자(에 대한) 의식을 필연적으로 요구한다는 것을 의미한다. 그렇기 때문에 수치심(에 대한) 의식은 비반성적 의식이라 할지라도 이 의식에, 파악할 수 없는 타자의 현존으로서의 타자(에 대한) 의식이 들러붙어 떨어지지 않는 것이다 : "내가 수치심에 완전히 사로잡히면, 타자는 이 수치심을 지탱하고 도처에서 수치심을 둘러싸는 무한하고 보이지 않는 현전이다."(EN, p. 315). 그런데 나의 타자에의 현전은 상호적이지 않다 : "내 자신이 타자에게 현전하는 데에는 세계의 모든 두께가 부족하다. 파악할 수도 없는 초월성, 이 초월성은 내가 나의 드러내 보이지 않는 존재인 한에서 매개 없이 내 위에 놓여 있다. 그리고 내가 타자의 시선에 의해, 거리와 도구들을 갖춘 완전한 세계 속에 침잠해 있는 한, 이 초월성은 존재의 무한에 의해 나와 분리되어 있다."(EN, p. 316) "세계의 모든 두께가 부족"할 만큼 "존재의 무한에 의해" 무한한 거리를 두고 떨어져 있는 타자의 현전은 '초세계적인 현전'(présence transmondaine)이다 : "내가 '시선을 받고 있는 자'로서 나를 느끼고 있는 한에서, 나에 대해 타자의 초세계적인 현전이 실현된다."(EN, p. 316) 그렇기 때문에 타자는 나의 의식 내재적인 존재이지만, 동시에 나에게 초월적인 존재이기도 한 것이다. 타자가 내게 초월적인 존재라는 것은 타자가 나의 존재 너머에 무한한 거리를 두고 존재하기 때문이다. 대상화할 수 없기 때문에 인식할 수 없고, 나로부터 무한한 거리를 두고 떨어져 있기 때문에 파악 불가능한 타자는 그야말로 우리가 규정할 수 없는 "순수한 주체"일 수밖에 없다 : "타자는 나의 영역의 존재로서 주어지는 것이 아니라 순수한 주체로서 주어진다. 그래서 본래 내가 대상으로서 '인식'할 수 없는, 즉 대상으로 정립할 수 없는 이 순수한 주체는, 내가 나를 대상으로 파악하고자 할 때, 항상 나의 손이 미치지 않는 그리고 거리를 두지 않고 '저기에'(là) 있다."(EN, p. 317) 그 현존을 인식적으로 파악할 수 없지만 부정할 수 없는 타자로 말미암아 세계는 더 이상 '나의' 세계가 아니라 '이' 세계가 된다. 이 세계는 내가 아니라 타인들에 의해 조직되는 세계이다. 내가 무엇을 하든 이 세계는 결코 나의 세계일 수 없으며, 나로부터 벗어난다는 것을 실감하는 데서 나의 "거북함'(malaise)"(EN, p. 322)이 비롯한다.

주시된 존재로서의 나에 대한 타자의 초월성은 타자의 '편재성'(omniprésence)과도 연관된다. 앞에서 우리는 타인이 물리적으로 나에게 현전하지 않더라도 수치심을 느끼는 경우가 종종 있다고 하였다. 다시 열쇠구멍을 들여다보고 있는 나로 되돌아가자 : "나는 지금 열쇠구멍 위에 몸을 구부리고 있다. 갑자기 발소리가 들린다. 수치심으로 내 등줄기가 오싹해진다. 누군가가 나를 본 것이다. 나는 몸을 일으켜서 복도를 훑어보고 아무도 없다는 것을 확인한다. 나의 경계심은 착각이었다. 나는 안도의 한숨을 내쉰다."(EN, p. 324) 나는 복도에 누군가가 있었다고 생각했지만 착각이었다는 것을 안다. 하지만 착각이었다는 것을 알았음에도 불구하고 이제 열쇠구멍을 들여다보는 일은 수월하지 않게 된다. 나는 나의 시도를 중단하거나 아니면 계속 이것을 시도하더라도 가슴을 두근거리며 주위에서 나는 소리에 나의 온 신경을 집중시킬 것이다. "나의 착각이었다는 것을 안 순간, 타자는 사라져 버리기는커녕, 이제는 곳곳에, 내 위에, 내 아래에, 옆방에 존재한다. 나는 여전히 나의 대타존재를 깊이 느낀다."(EN, p. 324) 나는 대상으로서의 타자의 경험적인 현전에 대해서는 착각을 할 수 있다. 하지만 그렇다고 해서 수치심에 대한 경험에서 주체로서의 타자가 사라지는 것은 결코 아니다. 사라진 것은 타자와 나의 세계 안에 있는 대상으로서의 타자의 우연한 결합, 즉 타자의 현사실성, 타자가 '거기에 존재함'(être-là)이지 타자의 현전 자체가 아니다. 이것은 주체로서의 타자의 근원적인 현전이 초월적인 현전이고, 세계 저편에 있는 초세계적인 현전이라는 사실을 알면 금방 이해가 간다. 그만큼 시선의 근원을, 마찬가지 말이지만, 타자의 근원적인 현전을 세계 속에 위치시키는 것이 불가능한 일이라는 것이다. 시선을 받고 있는 나와 시선을 향하고 있는 타자와의 경험적인 만남 뿐 아니라 타자의 부재도 타자의 근원적인 현전이라는 바탕 위에서 가능한 것이고, 이 근원적인 현전은 내가 주시되고 있다고 느끼는 곳, 나를 대상으로 만드는 곳에는 어디든 존재한다. 그렇기 때문에 나는 심지어 타자가 부재함에도 불구하고 나의 거북함을 통해 내가 주시되고 있음을, 타자가 현전함을 느끼는 것이다.[11] 또한 내가 나 자신에 대해 형성하는 최소한의 생각에서도 나는 타자를 사실적인 필연성과 더불어 파악한다. 즉 "대타존재는 나의 인간실재의 항구적인 사실이다."(EN, p. 326) 이것이 타자의 근원적인 편재성이다. 내가 어디에 있든 타자의 시선은 나를 마치 귀신처럼 따라다니는 것이다 : "그것으로 인해 내가 대상이 되는 것으로서의 타자는 도처에 나에게 현전한다."(EN, p. 327) 우리는 이 편재성을 살아 있는 모든 사람들에게서 체험한다. 이 사람들은 "수 이전의 구체적인 실재"(réalité prénumérique et concrète)(EN, p. 329)이다. 이들은 통일성도 아니고 복수성도 아니다. 통일성과 복수성은 대상에 적용되는 개념이기 때문이다. 사르트르는 하이데거가 현존재의 비본래적인 상태를 지칭하기 위해 사용했던 '그들'(das Man, on)이라는 용어로 이 편재하는 타자를 지칭하면서 이렇게 말한다 : "영구히, 내가 어디에 있건 간에, '그들'은 나를 주시한다. '그들'은 결코 대상으로 파악되지 않는다. 대상으로 파악되자마자 그들은 즉시 분해된다."(EN, p. 329) 이렇게 해서 타자의 시선을 통해 내가 체험하는 것은 그의 파악할 수 없는 주관성과 그의 무한한 자유와 편재성이다. 여기서 우리는 왜 사르트르가 카프카를 언급하면서 "신은 한계에까지 몰고 간 타자의 개념에 지나지 않는다"(EN, p. 312)고 말했는지 이해할 수 있을 것이다. 우리의 손이 미치지 못하는 초월성, 파악할 수 없고 규정할 수 없는 주관성, 무한한 자유를 확보하고 있는 이 존재는 신일 수밖

11 '현재 거기에 없음'을 의미하는 부재(absence)는 인간실재가 자기의 현전에 의해 규정했던 장소와 위치와의 관계에 있어서의 존재 방식으로 정의된다. 하지만 한 인간의 부재는 단순히 그가 하나의 위치와 관련해서 거기에 없음으로 결정되는 것이 아니라, 그의 없음이 그와 관계를 맺고 있는 다른 사람들에 의해서 규정될 때 결정된다고 사르트르는 말한다 : "부재는 인간실재들 사이의 유대관계이지, 인간실재와 세계와의 유대관계가 아니다."(EN, p. 325) 따라서 부재는 인간실재들 사이의 근본적인 현전의 바탕 위에서 성립하는 현전의 한 양식이다. 예컨대 서로 사랑하는 두 사람 사이를 갈라놓는 공간적인 거리는 그들이 서로에 대해서 현전하고, 감정을 통해 하나로 결합된 이들이 절대적으로 근접하고 있다는 근본적인 사실에 어떠한 변화도 일으키지 못한다.

에 없다. 대자가 자신의 존재 욕망으로 말미암아 도달하고자 하는 것이 신적 존재라면, 나의 맞은편에 버티고 있는 타자 역시 신적 존재인 것이다.

VI. 나와 타인들과의 구체적인 관계 – 사랑과 증오

대자의 존재 방식은 근원적인 존재 욕망에 의해 자신의 현사실성으로부터 벗어나서 자신의 근거인 즉자를 향해 부단히 초월하는 기투에 있다. 이 기투는 자기로부터의 도피임과 동시에 자기의 추구이다. 이 추구적인 도피는 결코 도착점에 이르지 못할 운명을 안고 부단히 '다른 곳'을 향한 자기로부터의 탈출이다.[12] 그런데 타자의 현전은 대자의 추구적인 도피를 즉자로 응고시켜버려 더

12 대자는 자기를 무화함으로써 그의 과거인 즉자를 산출하고, 미래에 입각해서 가능적인 존재가 되기 위해, 다시 말하면 그가 그것으로 있기를 원하는 자기에 도달하기 위하여 부단히 과거를 무화한다. 이러한 의미에서 대자는 자기로부터의 도피이자 자기의 추구, 혹은 '추구되는 도피'(fuite poursuivie)인 동시에 '추구하는 추구'(poursuite poursuivante)"이다. 이렇게 해서 대자가 궁극적으로 도달하고자 하는 것은 자기와의 일치를 통해 즉자가 되는 것이다 : "대자는 즉자를 요구한다. 그것은 정확히 말해서 탈총체화된 총체성(totalité détotalisée), 대자로 무화된 즉자이다. 다른 말로 하면 대자는 즉자로서 존재하고자 기투하는데, 이 존재는 그것으로 있는 존재이다. 그것으로 있지 않은 것으로 있고, 그것으로 있는 것으로 있지 않은 존재로서 대자는 그것으로 있는 존재가 되고자 자신을 기투하는 것이다. 의식으로서의 대자가 즉자의 불침투성과 무한한 밀도를 갖기를 원하는 것이다. 즉자의 무화와 아울러 우연성과 현사실성으로부터의 항구적인 도피로서의 대자는 자기 자신의 근거로 존재하기를 원한다."(EN, p. 611) 그러나 대자는 단지 즉자가 되는 것을 원하는 것이 아니라 대자로서의 그의 성격을 그대로 보존한 상태에서 이 총체성을 원한다. 이런 의미에서 사르트르가 '탈총체화된 총체성'이라고 부른 이 총체성은 말하자면 개방적인 총체성이라고 할 수 있다. 인간실재가, 사르트르가 '자기성의 회로'(circuit de l'ipséité)라고 부른 것을 통해 부단히 탈총체화된 총체성을 추구하는 것은 자기가 자기 자신의 근거가 되고, 자신의 전 존재를 장악하기 위해서다. 이처럼 자기 자신의 근거가 된 존재가 '즉자대자'(en-soi-pour-soi)이다. 사르트르는 이처럼 인간실재가 대자와 즉자의 통일을 이루고자 하는 것을 '존재 욕망'(désir d'être)이라고 부른다. 그런데 자신의 존재 근거를 자기 자신으로부터 지니고 있는 존재, 즉 즉자대자는 이것이 결여되고 있는 대자에게는 하나의 이상이다. 이러한 이상은 하나의 이름을 지니고 있는데, 그것은 곧 신이다. 결국 인간은 신이 되고자 하는 존재이다 : "인간으로 존재하는 것, 그것은 신으로 존재하는 것을 지향하는 것이다. 혹은 이렇게 말해도 좋다면, 인간은 근본적으로 신이고자 하는 욕망이다."(EN, 612) 그런데 대자는 과연 즉자대자가 될 수 있을까? 우선, 자신의 자기가 결핍된 대자는 그것으로 있는 것으로 있지 않고, 그것으로 있지 않은 것으로 있기 때문에 원칙적으로 자기로 존재할 수가 없다. 이것은 대자가 본래 탈자적인 존재이기 때문에 어쩔 수 없는 존재적인 운명이다. 설사 대자가 이러한 기투에 성공한다 할지라도 자신과 즉자 사이를 갈라놓는 무를 넘어서자 말자 즉자에 흡수되어 소실되

이상의 도피를 불가능하게 만든다.[13] 왜냐하면 타자의 초월은 대자의 초월을 초월하여 이것을 초월된 초월로 만들어버림으로써 이 도피를 전체화하고 여기에 한계를 부여하기 때문이다. 이렇게 해서 "타자에 대해 나는 돌이킬 수 없을 정도로 그것으로 있는 나이고, 나의 자유까지도 나의 존재에 주어진 성격이다."(EN, p. 411) 하지만 나는 죽을 때까지 나의 존재의 핵심에 타격을 받은 상태를 감수하며 살 수는 없는 노릇이다. 타자의 현존은 내가 그것으로 있는 존재를 나에게 드러내 보이지만, 나는 이 존재를 내 것으로 삼을 수도 없고, 심지어 그것이 무엇인지도 모른다. 그렇기 때문에 만일 나의 존재 회복을 원한다면, 나는 나의 대타인 대상 존재로 돌아와서 이 대상 존재에 대한 모종의 태도를 취하지 않으면 안 될 것이다. 나와 타인과의 구체적인 관계는 바로 내가 나의 대상 존재에 대해 어떠한 태도를 취하느냐에 따라 결정된다. 사르트르는 두 가지 태도를 제시한

기 때문에, 대자가 궁극적으로 그것이어야 하는 즉자와의 결합은 원칙적으로 불가능하다. 이러한 점에서 사르트르는 인간실재를 '불행한 의식'(conscience malheureuse)으로 규정한다 : "인간실재는 그 존재에 있어서 고통스러운 존재이다. 왜냐하면 인간실재는 대자로서 자신을 상실하지 않고서는 즉자에 도달할 수 없는 바로 그러한 이유로, 자신이 그것으로 존재할 수 없으면서 그것으로 있는 총체성에 마치 영원히 사로잡혀 있는 존재로 현출하기 때문이다. 따라서 인간실재는, 불행한 상태를 뛰어넘을 수 있는 가능성이 없다는 점에서, 본래 불행한 의식이다."(EN, p. 129) 또한 대자가 즉자에 도달하기 위해 거쳐야 하는 자기성의 회로 안에서 그것이 넘어야 하는 '세계'가, 대자가 새로운 가능적인 존재에 도달할 때마다, 항상 새롭게 열리기 때문에, 대자는 새로운 미래의 가능적인 존재를 향해 다시 기투를 해야 하고, 계속 이러한 순환을 반복할 수밖에 없을 것이기 때문에 대자가 즉자에 도달하는 것은 불가능하다. 마치 시지포스의 고역과 같은 이러한 종합의 시도를 사르트르는 "불가능한 종합"이라고 천명한다 : "대자에 들러붙어 있어 이 영구적으로 부재하는 존재, 그것은 그 자체 즉자 속에 고착되어 있다. 그것은 대자와 즉자의 불가능한 종합이다."(EN, p. 128) 하지만 대자에게 존재 욕망은 필연적인 것이기 때문에 대자는 종합이 불가능한 것인 줄 알면서 이 '무용한 수난'(passions inutiles)을 반복할 수 밖에 없다.

13 "대자는 단지 자신이 그것으로 있는 즉자에 대한 무화로서, 또 자신이 그것으로 있지 않은 즉자에 대한 내적 부정으로서 나타나는 존재가 아니다. 이 무화적 도피는 타인이 나타나자마자 즉자에 의해 완전히 되잡혀져 즉자 속에 응고된다. 대자만이 홀로 세계에 대해 초월적이다. 대자는 무이지만, 이 무에 의해 '아무 것도 아닌 것'(rien)이지만, 이 '아무것도 아닌 것'에 의해 모든 사물이 '거기에 존재하게' 된다. 그런데 타인이 나타남으로써 타인은 이 대자에게, 모든 사물 가운데 하나의 사물로서의 '세계-한복판에-있어서의-즉자-존재'를 부여한다. 타인의 시선에 의한 즉자의 이 석화는 메두사 신화의 깊은 의미이다."(EN, p. 481) 그런데 설사 타인이 출현함으로써 대자가 즉자로 응고되었다 하더라도, 이 즉자는 대자의 바깥 존재인 대타존재에 해당되는 것이지, 대자 자체가 즉자로 된 것은 아니다. 대자는 본질적으로 결코 즉자와 일치할 수 없는 존재이다.

다. 하나는, 타인으로부터 그의 자유를 탈취하여 타인과 그의 자유를 내 것으로 삼는 기투이고, 다른 하나는 내가 타인에게 대상 존재를 부여함으로써 타인을 대상화하는 기투이다. 전자에 속하는 태도는 사랑, 언어, 마조히즘이고, 후자에 속하는 태도는 무관심, 성적 욕망, 증오, 사디즘이다. 두 기투는 서로 상반된 것이다. 한 쪽의 시도는 다른 쪽의 죽음이다. 한 사람에 대해서 사랑과 증오를 동시에 가질 수는 없는 일이고, 한 사람에 대해서 사디스트의 태도와 마조히스트의 태도를 동시에 취할 수도 없는 일이기 때문이다. 하지만 한 쪽에서의 실패는 다른 쪽의 시도로 이행될 수 있다. 우리는 이 순환에서 영원히 벗어날 수 없다. 이제 각각의 태도에서 사랑과 증오를 선택해서 이를 통한 대자의 존재 회복이 가능한지 살펴보자.

1) 사랑

사르트르에게 "투쟁(conflit)은 대타존재의 근원적인 의미"이고, "의식 개체들 사이의 관계의 본질은 공존재가 아니라 투쟁이다."(EN, p. 481) 앞에서 다룬 시선의 분석을 고려하면 우리는 투쟁의 쟁점이 무엇인지 짐작할 수 있을 것이다. 그것은 '소유'(possession)이다 : "나는 타자에 의해 소유 당한다. 타자의 시선은 나의 신체를 벌거벗은 상태로 빚어내고, 그것을 태어나게 하고, 그것을 조각하듯 다듬고, 그것을 있는 그대로 만들어내고, 나에게는 결코 보이지 않을 모습 그대로 그것을 본다. 타자는 비밀을, 내가 무엇으로 있는지에 대한 비밀을 손에 넣고 있다."(EN, p. 413) 우리는 사랑을 통하여 투쟁 관계로부터 결정적으로 벗어날 수 있는 두 의식 개체의 합일과 융합을 기대할 법하지만 존재론적인 관점에서 사르트르의 대답은 부정적이다. 그 이유를 알아보자.

사르트르는 존재론적인 관점에서 연애관계의 본질을 다음과 같이 요약한다 : "연인들 각자는 상대방이 자기를 사랑해주기를 원한다. 하지만 이들은 사랑한다는 것은 사랑받고 싶어 하는 것임을, 또 상대방이 자기를 사랑해주기를 원함으로써 그가 원하는 것은 단지 상대방이 스스로 원해서 그를 사랑하는 것임을 깨닫지 못한다. 그러므로 연애관계는, 사랑이라고 하는 '가치'의 이상적인 목표 아래서, 다시 말해, 각자가 자기의 타자성을 유지하면서도 한쪽이 다른 쪽에 근거를 부여하는 두 의식 개체의 융합이라는 이상적인 목표 아래서 벌이는, 의식의 순수한 자기 반조와 유사한 무한회송의 체계이다."(EN, p. 425) 사랑하는 사람은 상대방으로부터 사랑을 받기 위해서 전략적으로 자기가 사랑하는 사람에 대해서 기꺼이 대상이 되는 데 동의한다. 그러나 그의 동의는 상대방이 이 대상 속에서 그의 자유가 상실되는 것을 목표로 삼고 있다. 타자에게서 그의 자유가 상실되어야만 나의 대타존재가 – 타자의 시선의 대상으로서의 나의 대타존재가 그랬던 것처럼 더 이상 나의 초월의 한계가 아니라 – 타자의 초월의 한계로 작용하기 때문이다 : "타자의 초월은 이 대상을 향해 다른 모든 대상을 초월하지만, 결코 이 대상 자체를 초월할 수는 없다."(EN, p. 417) 이제 내가 사랑하는 상대방은 초월된 초월로서의 이 한계를 일종의 자유로운 구속으로서 자유롭게 동의해야 할 것이다. 이 동의는 사랑하는 사람이 상대방에게서 원하는 바대로 상대방에 대해서 나를 이 세상의 모든 것이자 절대적 목적, 절대적 가치, 세계의 중심과 같은 절대적인 존재로 만들 것이다. 예컨대, "만일 타인이 나를 사랑한다면, 나는 '초월될 수 없는 것'이 되는데, 이것은 내가 절대적인 목적이 되어야 한다는 사실을 의미한다. 이러한 의미에서 나는 '도구싱'으로부터 구제된다."(EN, p. 418) 사랑하는 사람에게 절대적인 가치가 됨으로써 나는 우연적인 존재로부터 필연적인 존재로 드높여진다. 세계 속에 상실된 한갓 경험적인 존재인 나는 이러한 현사실성에서부터 벗어나 세계가 나로부터 개시되는 세계의 중심이 된다. 이렇게 해서 사랑은 진정 존재론적인 구원의 형상을 취한 구세주이다 : "사랑하기 전에 우리는 우리의 실존이었던 정당화되지 않고 정당화될 수 없는 이 결절(結節)에 대해 불안해했었다. 이제 우리는 자신을 더 이상 '여분'의 존재로 느끼지 않고, 우리의 실존의 구석구석까지 [타자의] 절대적인 자유에 의해 회복되고 요구되고 있음을 느낀다. 이 절대적인 자유에 조건을 부여하는 것은 우리의 실존인데, 우리는 우리 자신의 자유를 갖고 있으면서도 [타자의] 이 절대적인 자유를 갖기를 원한다. 바로 여기에 사랑의 기쁨의 근거가 있다. 왜냐하면 이때 우리는 존재한다고, 즉 우리의 존재가 정당화됨을 느끼기 때문이다."(EN, p. 420)

사랑을 통해 타인으로 하여금 나를 절대적 목적, 절대적 가치, 궁극적인 초월의 대상으로 만드는 이러한 시도는 성공할 수 있을까? 사랑은, 사르트르에 따르면, 타자의 자유를 나의 자유에 종속시키기 위하여 타자의 자유를 탈취하려는 대자의 전형적인 시도이다. 타자의 자유는 나의 존재의 근거이지만, 타자가 나의 존재에 대해 책임을 지지 않기 때문에 나는 그의 자유 속에서 어떠한 안전도 보장 받음 없이 항상 위험에 처해 있다. 따라서 사랑의 목표는 타인의 육체를 소유하는 데 있는 것이 아니라, 타인의 의식, 그의 자유를 소유하는 데 있다: "사랑하는 사람은 우리가 하나의 물건을 소유하듯 사랑받는 사람을 소유하는 것을 욕망하는 것이 아니다. 그는 특별한 유형의 전유를 요구한다. 그는 자유 그 자체를 소유하기를 원한다."(EN, p. 416) 사랑하는 사람이 상대방에게서 원하는 것은 열정적인 사랑도 아니고 자동인형의 틀에 박힌 기계적인 사랑도 아니다. 그가 원하는 것은 상대방이 자유를 확보하고 있으면서 동시에 이 자유를 가지고 자신의 자유의 굴종을 승인하는 것이다 : "사랑은 타인의 자유의 폐지를 요구하는 것이 아니라, 오히려 자유로서의 자유의 굴종, 즉 자유 그 자체에 의한 자유의 굴종을 요구한다."(EN, p. 454) 이러한 시도는 성공할 수 있을까? 왜냐하면 본래 접근할 수 없고 초월적인 타인의 자유에 작용을 가하는 것 자체가 내적인 모순 같기 때문이다. 그런데 사실 타인의 자유 그 자체를 소유하려는 데 사랑의 내적인 모순이 존재한다. 왜냐하면 사랑하는 사람은 상대방이 자기를 자유로운 결정에 따라 사랑해주기를 원하지만, 상대방의 자유 그 자체 속에 위험이 도사리고 있는 터라 – 상대방은 자신의 자유로운 결정에 의해 그를 사랑하지 않을 수도 있기 때문에 – 이 자유가 더 이상 자유롭지 않기를, 즉 상대방이 자신의 자유를 포기하는 것을 요구하기 때문이다. 하지만 이러한 '소외된 자유'(liberté aliénée)는 사랑하는 사람이 그가 사랑하는 사람으로부터 탈취하고자 하는 자유가 아닐 것이다. 아울러 문제는 상대방도 연애 게임에 참여하면 똑같은 것을 요구한다는 점에 있다. 각자가 자기의 자유를 인정받기 위해 상대방의 자유를 원하면서 동시에 원하지 않는 이 모순적인 상황은 근본적으로 해결될 수 없는 성질의 것이다.

상대방으로부터 자유를 탈취하는 것이 불가능한 나머지 이번에는 사랑하는 사람이 스스로 자유를 포기하는 상황도 생각해볼 수 있다. 그래서 사랑하는 사람은 상대방으로부터 사랑을 받기 위해 자신을 순수한 자기성으로 제기하는 일을 부단히 거부한다. 왜냐하면 자기를 자기 자신으로 긍정하면 상대방은 주체성을 상실함으로써 대상으로서의 타자가 될 수 있기 때문이다. 따라서 사랑하는 사람은 자신의 자기성을 거부함으로써 "자기의 자유를 타인에게 의존하는 자유로 구성한다."(EN, p. 425) 하지만 이렇게 되면 타인은 여전히 자신의 절대적인 자유를 갖고 대자의 존재 근거가 되고, 그가 절대적인 자유를 소유하는 한 그로부터 사랑을 받으려고 하는 사람을 사랑할 가능성은 거의 전무하게 된다. 그래서 이와 반대로 이번에는 상대방으로부터 사랑을 받기 위해서 사랑하는 사람은 '유혹'(séduction)이라는 수단을 동원할 수 있을 것이다. 유혹은 사랑하는 사람이 상대방이 자신을 매력 있는 존재로 여기게끔 하는 시도이다. 유혹이 필요한 것은 상대방이 자기에게 구애하는 사람을 여러 타인들 가운데 하나의 대상으로 간주하고, 또 그 자신 자기의 초월과 자유에 한계를 두는 것을 원하지 않기 때문이다. 그러나 설사 사랑하는 사람이 상대방을 유혹하는 데 성공하더라도 이것이 반드시 사랑으로 이행하지 않는 데 유혹의 딜레마가 있다. 사랑과 유혹은 대자가 자신의 대타존재를 이용하여 타자를 나의 것으로 만들려는 시도라는 점에서 구조적으로 동일하다 : "유혹한다는 것은 타자에 대한 나의 대상 존재를 전적으로, 그리고 감수해야 할 위험으로 받아들이는 일이고, 그의 시선 아래 나를 놓고 그의 시선의 대상이 되는 일이며, 새로운 출발을 위해 '보이게 되는' 위험을 감수하는 일이고, 나의 대상 존재 속에서 그리고 나의 대상 존재를 통해서 타인을 전유하는 것이다."(EN, p. 421) 유혹의 목적은 타자로 하여금 나를 매력적인 대상으로 여기게끔 함으로써 "타자에게서 자신의 무성(無性, néantité)에 대한 의식을 갖게끔 하는"(EN, p. 421) 데 있다. 타자가 나를 보고 자기가 아무 것도 아닌 존재임을 인정하게 만들기 위해서 나는 나를 '하나의 충만한 존재'로 구성해야 한다. 그래서 나는 나를 초월할 수 없는 무한한 존재의 깊이로 구성하거나, 아니면 무한히 다양한 능력(금전, 권력, 연고 등)을 가진, 타인과 세계를 중개할 수 있는 자로 구성한다. 그러나 이러한 기도는 상대방이 나의 가치를 인정하지 않거나, 자신을 무로 인정하지 않으면 성공할 수 없는 것이다. 게다가 내가 전유하고자 하는 타자는 주체로서의 타자가 되어야 하지, 매혹당한 대상으로서의 타자가 되어서는 안 될 것이다. 나는 주체로부터 사랑을 받을 수 있지 매혹당한 대상으로부터 사랑을 받을 수는 없는 일이다. 따라서 나의 유혹 역시 모순적인 시도이다. 왜냐하면 나는 나에게 사랑을 증언해줄 수 있는 하나의 자유로운 존재로부터 사랑받기를 원하면서도 동시에 유혹당하고 매혹당한 존재, 즉 자신의 자유로부터 소외되고, 사로잡히고 소유당한 사물의 지위로 강등된 존재로부터 사랑받기를 원하기 때문이다. 이 때문에 상대방을 유혹하고자 하는 나의 기투의 성공은 동시에 실패이기도 하다. 앞의 타인은 자유로운 주체이지만, 뒤의 타인은 소외된 대상이고, 이러한 분열된 타인으로부터 받는 사랑은 내가 본래 의도한 사랑이 아니기 때문이다. 설사 유혹이 성공하여 타인이 나를 사랑하게 된다 하더라도 나는 곧 실망하고 마는데, 그 이유는 타인이 나를 사랑하자마자 그는 주체로서의 지위를 상실하고 대상 존재로 추락하고 말기 때문이다. 나는 주체인 타자로부터 자유를 탈취해야 하는데, 대상이 된 타자로부터 내가 탈취할 수 있는 것은 아무 것도 없다. 사랑을 통해 상대방으로부터 그의 자유를 탈취하고 이 자유를 전유하고자 하는 나의 기투는 결국 실패할 수밖에 없는 것으로 예정되어 있다 : "나는 타인이 나를 사랑해주기를 요구한다. 나는 나의 기도를 이루기 위해 모든 수단을 동원한다. 그러나 만일 타인이 나를 사랑한다면, 그는 그의 사랑 자체에 의해 근본적으로 나를 실망시킨다. 왜냐하면 내가 그에게 요구했던 것은 그가 나의 면전에서 순수한 주체성으로서 자기를 유지하면서, 나의 존재에 특권적인 대상으로서의 근거를 부여하는 것이기 때문이다. 그런데 그가 나를 사랑하자마자 그는 나를 주체로 체험하고, 나의 주체성의 면전에서 그 자신의 대상성 속에 빨려 들어간다."(EN, pp. 425-426) 이렇게 해서 사랑을 통해 타자의 자유에 종속된 나의 존재를 해방시키고 나의 자유를 되찾음으로써 나의 존재를 회복하려는 시도는 실패로 귀결되고 만다. "대타존재의 근본 양식으로서의 사랑은 대타존재 속에 그 자신의 파괴의 뿌리를 갖고 있다."(EN, p. 426) 서로 연애관계에 있는 두 의식 개체는 대자로서 각자가 그 자신인 무에 의해 분리되어 있고, 이 무는 극복될 수 없는 것이기 때문에 양자가 합일하는 것은 원칙적으로 불가능한 것이다.

2) 증오

나의 대타존재를 통해 타자의 자유와 존재를 전유하고자 하는 시도의 실패는 타자에게 대상 존재를 부여함으로써 타자를 대상화하는 시도를 위한 기회가 될 수 있다. 즉 나는 타인을 향해 돌아서서 타인에게 시선을 향하기로 결심한다. 그렇게 함으로써 나는 자유 위에 나를 세워두고 타인의 자유에 맞설 수 있을 것이다. 하지만 이러한 시도가 결국 실패로 귀결될 수밖에 없다는 것은 충분히 예상된다. "시선은 마주 대할 수 없다. 내가 나의 시선을 다른 시선에 향하자마자 그 시선은 사라지고, 나에게 보이는 것은 두 눈뿐이다."(EN, p. 429) 내가 타인을 나의 시선의 대상으로 삼음으로써 타인은 이제 하나의 대상 존재가 되어버리고, 내가 나의 대타존재의 근거인 타자에게 했던 것과 마찬가지로, 타인은 나의 자유를 인정하는 존재가 된다. 이렇게 해서 나의 시도는 성공한 것처럼 보이지만, 내 손에 들어온 것은 나의 자유를 인정할 수 없는 대상으로서의 타자이기 때문에 나는 완전히 실패한 것이다. 이 실망이 동인이 되어 대자는 이와 다른 전략을 취할 수 있는데, 그것은 대상으로서의 타자를 포기하지 않고, 오히려 "[대상으로서의 타자를] 통해 타자의 자유를 추구하고, 타자의 신체를 전적으로 전유함으로써 타자의 자유를 전유할 수 있을 특권적인 행위를 찾아내려는 시도"(EN, p. 430)이다. 이 시도는 무관심, 성적 욕망, 증오, 사디즘으로 나타난다.

사랑이 사랑하는 사람들이 각자의 주체성을 유지하면서 각자의 자유로운 선택을 통해 존재의 동화, 합일에 도달하는 것을 목표로 삼는다면, '증오'(haine)는 사랑과는 반대로, 타인의 죽음을 추구하는 기투이다. 증오는 타인들과의 갖가지 관계에서 계속 실패를 맛본 대자가 빠질 수 있는 정념이다. 증오 속에는 특히 타인들에 의해 소외된 나의 존재 차원에 대한 나의 굴욕에 대한 이해가 포함되어 있다. 그래서 증오에 사로잡힌 사람은 타인과의 합일을 위한 일체의 시도도 포기하고, 타인을 도구로 이용하는 것도 단념한다. 그는 오히려 타인의 전적인 제거를 기도함으로써 타인이 존재하지 않는 세계를 욕망한다. 타인의 비천함과 굴욕을 즐기는 사디즘과 반대로 증오는 증오의 대상을 비굴하게 만들지는 않는다. 또한 증오는 타인의 이러저러한 특징, 이러저러한 결점, 이러저러한 용모, 이러저러한 특별한 행위 때문에 생기는 것이 아니다. 증오심이 향하는 것은 타인의 존재 전체이기 때문이다. 사실 증오는 타인의 자유, 즉 나에 대한 타인의 지배력에서 비롯한다. 즉 증오는 타인의 초월성에 대한 증오이다. 타인의 초월성은 항상 나의 초월성을 초월하려고 위협하기 때문이다. 결국 나를 위협하는 것도 타인의 자유이고, 내가 증오하는 것도 타인의 자유이다. 사르트르는 여기서 '증오하다'(haïr)와 '혐오하다'(détester)의 미묘한 차이를 지적한다. 우리는 어떤 사람에게서 그의 이러저러한 성격, 이러저러한 악덕 혹은 이러저러한 미덕을 혐오한다. 그러나 우리가 증오하는 것은 상대방의 그의 특징과 결점을 넘어 그 사람 전체이다. 따라서 증오는 반드시 타인이 나에게 가한 해에 대한 반응이 아니다. 증오는 선행을 입었을 때도 나타난다. 이러한 이유에서 사르트르는 인정이 증오와 가깝다는 사실을 지적한다. 타인의 선행을 인정하는 것은 실상 타인이 어떠한 육체적인 제약, 도덕적인 제약을 받지 않고 자유롭게 행동하고, 따라서 그가 자신의 행위에 전적으로 책임이 있다는 것을 인정하는 것이다. 이와 달리 타인의 선행을 받은 자는 따지고 보면 선행의 구실에 지나지 않는다. 우리가 타인에게 아낌없이 선행을 베푸는 것은 그로 하여금 우리의 자유를 받아들이게끔 하는 것이고, 이로 말미암아 우리는 그로부터 사랑을 받거나, 아니면 그에게 증오심을 일으키게 한다. 누구도 자기가 받은 선행에 대해서 무관심할 수 없기 때문이다. 따라서 증오는 타인의 존재 자체에 향하기 때문에 존재론적인 영역을 가진다고 할 수 있다. 또한 증오는 특정한 개인에게만 가해지는 것도 아니다. 사르트르는 "단 하나의 타인에게 집중된 모든 타인들에 대한 증오"(EN, p. 462)를 강조한다. 증오는 타인들 전체를 대상으로 한다 : "내가 어떤 타인의 죽음을 추구함으로써 상징적으로 도달하고자 원하는 것은 타자 존재의 일반적인 원리이다. 내가 증오하는 타인은 사실 전체 타인'들'을 대표한다. 그리고 그를 제거하고자 하는 나의 기투는 타자 일반을 제거하고자 하는 기투, 즉 대자의 비실체적인 나의 자유를 되찾으려는 기투이다."(EN, p. 462) 증오의 대상이 전 인간에 미치기 때문에 증오심에 사로잡힌 사람을 보는 상대방은 비록 자기가 지금 이 사람의 증오의 대상이 아닌데도 불구하고 불안해진다. 미구에 그 역시 증오의 대상이 될 수 있기 때문이다. 따라서 증오는 타자 일반을 적으로 삼아 벌이는 전쟁이라고 할 수 있다. 증오를 통해 대자는 타인들에 대한 일체의 예속으로부터 벗어나고자 한다. 따라서 대상으로서의 자기의 존재를 거부하고 타인의 존재를 철저하게 부정함으로써, 자신을 전적이고 최상의 자유로 긍정하는 것이 증오를 통해 대자가 궁극적으로 지향하는 목표이다 : "증오는 타인과 대면하여 대자의 자유의 절대적인 정립으로 자신을 나타낸다."(EN, p. 361)

그런데 대자의 이러한 기도는 과연 성공할 수 있을까? 여기서도 이 기도는, 사랑의 경우와 마찬가지로, 그리고 타인에 대한 모든 가능한 행위들과 마찬가지로, 실패로 귀착되고 만다. 왜냐하면 이 기획 자체에 내적인 모순이 존재하기 때문이다 : "증오, 역시 실패이다. 사실 증오의 최초의 기도는 다른 의식 개체들을 제거하는 데 있다. 그러나 설사 증오가 그것을 이룬다 할지라도, 즉 증오가 지금 이 순간에 타인을 제거할 수 있다할지라도, 증오는 타인을 존재하지 않았던 것으로 만들 수는 없을 것이다. 게다가 타인의 제거는, 그것이 증오의 승리로 체험되기 위해서는, 타자가 '존재하였다'라는 사실을 분명하게 인정하고 있다."(EN, p. 463) 이 인정과 함께 "나의 대타존재는 과거로 미끄러져 들어가, 나 자신의 하나의 돌이킬 수 없는 차원이 된다."(EN, p. 463) 타인을 증오하기 때문에 타인을 제거하고자 하는 노력이 오히려 타인을 가장 높은 단계에서 인정하는 것으로 귀결되는 것에 증오의 역설이 있다. 즉 나는 타인을 증오하면서도 그를 필요로 하는 것이다. 왜냐하면 그를 통해서만 나는, 비록 증오심을 품은 주체로서라도, 인정을 받을 수 있기 때문이다. 이렇게 해서 증오는 그것이 제거하고자 하는 자를 절대적으로 필요로 함으로써 타인을 주체로서 인정하지 않을 수 없는 모순을 노출시킨다. 타인을 증오한다는 것은 그를 주체로서 인정하는 것을 거부하는 것인데, 그를 증오하려면 그가 주체이지 않으면 안 되기 때문이다. 우리는 하나의 대상을 증오할 수는 없는 일이고, 하나의 자유를 증오할 수 있을 뿐이다. 그러나 이 자유를 결코 파괴할 수 없다는 점에 문제가 있다. 왜냐하면 어떤 물리적인 기도에 의해서도 도달할 수 없는 것이 타인의 자유이기 때문이다. 그럼으로써 증오를 통한 대자의 존재 회복의 시도는 완전히 실패하고 만다. 그것은 타인을 인정하는 것을 거부하는 데서도 실패할 뿐 아니라, 타인을 제거하는 데 있어서도 실패한다. 설사 타인을 제거하고자 하는 욕망 때문에 살인을 저지르더라도, 증오에 사로잡힌 사람은 자기가 죽인 사람의 대상으로 여전히 예속되어 있을 것이다. 왜냐하면 "일단 타자에 대해 존재하였던 사람은, 설사 타자가 제거되었더라도, 그에게 남아 있는 날들 동안에 그의 존재에 있어서 더럽혀져 있기"(EN, p. 463) 때문이다. 결국 증오에 사로잡힌 사람은 "그가 소외시켰던 것을 다시 탈환할 수 없다. 그는 심지어 이러한 소외에 작용을 가할 수 있는 일체의 희망, 이 소외를 자기에게 유리하게 변모시킬 수 있는 일체의 희망을 잃어버렸다. 파괴된 타인이 이 소외를 제거할 열쇠를 무덤에 가지고 갔기 때문이다."(EN, p. 463) 내가 제거한 타인은 내가 그것으로 있었던 나의 대타존재를 가지고 사라졌기 때문에 나는 여전히 그것으로 존재하게 될 것이다. 이렇게 해서 타인의 죽음은 나를 돌이킬 수 없는 대상으로 응고시켜버린다.

비록 공공연한 무신론자이지만 사르트르는 여기서 죄와 죄의식의 관념에 대한 철학적인 근거를 발견한다 : "나는 타인의 면전에서 '죄를 지은 자'이다. 가장 먼저, 타인의 시선 아래, 내가 나의 소외와 나의 알몸을, 내가 받아들여야만 하는 실추로서 체험할 때, 나는 죄를 지은 자이다. [......] 게다가 이번에는 내가 타자에게 시선을 보낼 때, 나는 죄를 지은 자이다. 왜냐하면 나는, 나의 자기주장이라는 사실 자체에 의해 타자를 대상으로서, 도구로서 구성하기 때문이고, 또 타자가 받아들여야 하는 이 소외를 타자에게 오게 하기 때문이다. 그러므로 타인이 존재하고 있는 세계 속에 내가 나타난 것이 바로 원죄이다. 타인에 대한 그 후의 관계가 어떠한 것이든, 그 관계는 나의 죄의식이라는 근원적인 주제에 대한 변주곡들밖에 되지 않을 것이다."(EN, p. 461) 내가 타인에 의해 소외되고, 나의 가능성들이 죽은 가능성들이 됨으로써 대상이 되든, 타인을 나의 초월을 위한 도구로서 초월된 초월로 구성하고 그의 자유에 제한을 가함으로써 그를 대상으로 만들든, 나는 죄인이다. 타인이 존재하는 세계 속에 존재한다는 사실만으로도 나는 죄인이기 때문이다. 여기에 나의 원죄가 있다. 그런데 이 죄의식에는 '무능력'(impuissance)이 따른다. 왜냐하면 나는 결코 그의 대상 존재에 있어서 밖에 타자에 도달하지 못할 것이고, 이로 인해 그를 그의 타자성 자체에 있어서 만나지는 못할 것이기 때문이다. 이 실패의 원인은 "타자란 본래 파악할 수 없는 존재"라는 데 있다. "타자는 내가 그를 찾을 때 도피하고, 내가 그에게서 도피할 때 나를 소유한다."(EN, p. 459) 이러한 사실은 의식 개체들 사이의 구체적인 관계들 전체에 해당된다. 사르트르의 철학에서 서로를 대상화하는 인간들 사이의 진정한, 그리고 실재적인 소통을 확립하는 것은 불가능한 일이다. 그의 희곡 『닫힌 문』의 주인공 가르생의 말대로 "지옥, 그것은 타인들" 인 것이다.

VI. 나가는 말

의식 개체들 사이의 관계를 투쟁으로 규정하고, 이들 사이의 적대 관계의 해소 불가능성을 주장함으로써 사르트르의 타자 이론은 – 비록 이 이론이 본래 벗어나고자 하였던 인식론적인 유아론으로부터 탈피했을지는 모르지만 – 비관주의적인 실존적 유아론으로 귀착되었다고 생각할 수도 있을 것이다. 의식 개체들 사이의 관계는 부정적 관계이고, 이들을 화해시키려는 어떤 변증법 – 예컨대 헤겔이 보여준 주인과 노예의 변증법 – 도 실패로, 즉 종합 없는 대립으로 귀결된다. 실상 그의 『존재와 무』에서 개진된 현상학적 존재론에는, 마르크스주의자들의 비판에서 보듯[14], 역사와 사회적 조건에 바탕을 둔 '공동체'(communauté)에 대한 논의가 결여되어 있는 것은 사실이다. 그만큼 사르트르의 초기 철학은 개별적인 의식만을 실재로 인정하는 개인주의적인 존재론이라고 할 수 있다. 의식 개체들 각각이 내적 부정에 의해 내가 아닌 타인과 관계를 맺는 한, 이러한 의식 개체들의 단순한 집합으로 전체적이고 통합적인 공동체를 이룰 수는 없는 일이

---

14 예컨대 Th. Schwarz, *J.-P. Sartre et le maxisme*, L'Age d'homme. 1976.

다. 역사와 사회의 전체적인 틀 속에서 공동체 문제를 집중적으로 다룬 그의『변증법적 이성 비판』에서도 개인에서 출발하는 그의 기본 원칙은 변하지 않는다 : "어떤 사적 변증법도 개인의 실천(praxis)에 근거를 둔다. 개인의 실천이 이미 변증법적이기 때문이다."[15] 하지만 방법론적인 이유에서 사르트르가 그의 현상학적 존재론을 코기토로부터 출발했다고 하더라도 그가 공동체 문제를 완전히 도외시한 것은 아니라는 점 또한 지적되어야 할 것이다. 실상 사르트르는 전 생애를 통해 투쟁적인 철학을 기점으로 공존재를 선험적 구조로 보는 하이데거와 다른 근거를 갖는 공존재, 공동체 정립을 위해 매진했다고 해도 과언이 아니다. 이 문제를 놓고 그는 초기 철학인『존재와 무』로부터『변증법적 이성 비판』을 거쳐 말년(그의 비서 베니 레비를 통한 유대사상의 수용)에 이르기까지 성찰을 거듭했던 것이다. 이러한 관점에서 우리는『존재와 무』제 3부 제 3장 <'공존재'와 '우리'>를 미래의 공동체 정립을 위한 이론적인 출발점으로 간주하고 여기서 논의된 것을 결론 삼아 간략하게 언급하고자 한다.

사르트르는 의식 개체들 사이의 부정과 투쟁의 원초적 관계에 입각해서 '우리'에 대한 경험이 어떻게 구성되는지를 보여주고 있다. 여기서 '우리'는 '주체로서의 우리'(le nous-sujet)와 '대상으로서의 우리'(le nous-objet)의 두 형식을 취한다. 먼저 '대상으로서의 우리'는 제 3자의 출현과 더불어 나타난다. 예컨대 나와 타인이 각자의 시선을 무기로 서로 상대방을 대상화하려고 하는 대결 국면에서, 혹은 물리적 폭력을 동원한 싸움에서 제 3자가 나타나 나와 타인을 동시에 주시하면, 이 상황은 나와 타인으로 하여금 적대관계에서 벗어나 '우리'가 되게끔 하는 계기가 될 수 있다. 여기서 의식 개체가 둘에서 셋으로 늘어나도 주시하고-주시되는 이원적 관계는 그대로 유지된다. 제 3자에 의해 나는 대상 존재

15 J.-P. Sartre, *Critique de la Raison dialectique, t. I*, Gallimard, 1985, p. 194. 이하 본문에서『비판』으로, 각주에서 CRD로 약칭.

로 전락하고, 이러한 변양은 제 3자의 시선을 받고 있는 타인에게도 일어난다. 이처럼 제 3자가 지배하는 세계에서 하나의 새로운 상황이 빚어지는데, 이 상황은 "타인과 나인 우리가 동등하고 연대적인 구조로서 나타나는 객관적 형식으로서의 상황이다."(EN, p. 458) 이러한 상황 속에서 내가 경험하는 것은 "하나의 바깥 존재이다. 이 바깥 존재에서 나는 타인과 함께 분해될 수 없고 객관적인 하나의 전체, 내가 더 이상 근원적으로 타인과 구별되지 않고 타인과 연대하여 구성하는 데 협력하는 하나의 전체로 조직된다."(EN, p. 458) 이 "분해될 수 없고 객관적인 하나의 전체", 이것을 우리는 하나의 공동체라고 부를 수 있을 것이다. 이것은 분리된 채 있는 의식 개체들의 단순한 합이 아니다. 개인들이 제 3자에 대해 이 바깥 존재가 자기 자신임을 인수하고, 제 3자에 대해 투쟁 관계를 가질 때 나와 타인들로 이루어진 공동체는 구성된다. 그런데 이러한 공동체 경험은 이 경험이 타자의 시선을 전제한다는 점에서 수치심과 소외의 경험, "굴욕과 무기력의 경험"(EN, p. 459)이다. 자신을 피압제자로 파악하는 하나의 계급으로 확대된 '우리'의 경험이 곧 계급의식이다. 여기서 제 3자의 시선과 동등한 것은 다른 계급, 즉 주인, 군주, 자본가들 – "공동체 바깥에 존재하고, 이들에 대해서 공동체가 현존하는 "(EN, p. 461) – 의 시선이다.

이처럼 '대상으로서의 우리'에 의해 구성되는 공동체는 공통의 활동으로부터 비롯되는 것이 아니라 타자의 시선 아래에서 태어나는 대상 존재라는 점에서 타자의 시선에 의해 지배되는 나의 대타존재와 다를 바 없다 : "우리는 타인들의 눈에 대해서만 '우리'이다. 우리가 우리를 '우리'로서 인수하는 것은 타인들의 시선으로부터 이다."(EN, p. 463) 그러나 공동체가 '대상으로서의 우리'에만 국한될 수는 없다. '주체로서의 우리'(le nous-sujet)로 구성되는 공동체도 있는 것이다. 사르트르는 '주체로서의 우리'의 경험은 우리를 전체화(totaliser)하는 하나의 공통 세계의 존재와 관련된다고 말한다. 이 경험은 제 3자가 지배하는 주시하고-주시되는 이원적인 대결 구조에서 벗어난 것이다. 예컨대 매일 다양한 승객들이 통과하는 지하철의 통로를 공통 세계로 간주하면, "지하철의 통로에서는 단 하나의 동일한 기투만이 존재하는데, 이 기투는 오래 전부터 물질 속에 각인된 것이고 여기에 살아 있고 무차별적인 초월성이 끼어들려고 온다."(EN, p. 464) 이 공동의 무차별적인 초월성이 사르트르가 말하는 '주체로서의 우리'이다. 이 단순한 예에서 중요한 것은 '주체로서의 우리'의 경우 나와 타인들을 전체화하는 것이 제 3자의 시선이 아니라 '제조된 사물'들, 사르트르가 『비판』에서 '가공된 물질'(matière ouvrée)이라고 부른 것으로 이루어진 세계라는 점이다. 내가 타인들과 함께 동일한 가공된 물질의 세계 속에서 산다는 점에서 나는 그들과 함께 공동체 속에 존재한다. 그런데 이러한 공동체는 사르트르가 『비판』에서 '집렬체'(série)라고 부른 것에 대응한다고 할 수 있다. 사회성의 첫 번째 형태라고 할 수 있는 집렬체는, 간단히 말하면, 다수의 인간들의 노동에 의해 가공된 물질을 통해 통합된 개인들의 총체를 의미한다. 예컨대 보도 위에서 버스의 도착을 줄서서 기다리는 승객들은 서로 상대방을 모르지만 그들의 존재 이유를 이 버스 안에서 가진다. 이 열이 집렬체이고, 이것이 사르트르가 『존재와 무』에서 '주체로서의 우리'라고 부른 것이다. 이 '우리'가 "유일한 목표를 향해 지향된 공통의 초월성의 경험"(EN, p. 465)에 바탕을 두고 있기 때문이다. 그런데 나는 이 초월성에 "일시적인 개별화"(particularisation éphémère)의 한 계기에 불과하고, '우리'도 개인들의 객체화이지 주체가 아니라는 데 문제가 있다. '주체로서의 우리'가 추구하는 기투도 "오래 전부터 물질 속에 각인된 기투"이다. 마찬가지로 집렬체를 구성하는 개인들은 희소성(rareté, 버스 안의 자리가 부족하기 때문에 승객들은 줄을 서서 기다려야 한다)에 의해 지배되고, 이 때문에 소외와 무력감을 느낀다. 경우에 따라 나는 승객들이 꽉 들어 찬 버스를 타는 것을 포기하고 지하철이나 택시를 탐으로써 집렬체로부터 벗어날 수 있다. 따라서 '주체로서의 우리'나 집렬체나 모두 자유롭고 능동적인 주체가 아니고, 시간적으로 오래 지속될 수 없다는 점에서 이것들을 공동체로 정립하는 것은 적절하지 않은 것처럼 보인다. 『존재와 무』에서 언급된, '대상으로서의 우리'와 마찬가지로 '주체로서의 우리'도 근본적으로 소외된 경험이다. 전자의 경우에는 타자의 시선에 의한 소외이고, 후자의 경우에는 타인들의 기투가 나에게 강요하는 제조된 사물들에 의한 소외이기 때문이다. 특히 '주체로서의 우리'는 내가 그 속에서 탈인격화와 탈주체화를 겪는다는 점에서 하이데거의 '그들'에 대응한다. 즉 '주체로서의 우리' 안에서 나는 주체로 존재하지 않는 것이다. 따라서 만일 우리가 제 3자의 시선의 여부를 가지고 '주체로서의 우리'와 '대상으로서의 우리'를 구분하는 기준으로 삼는 것을 포기한다면, 『존재와 무』에서의 '주체로서의 우리'와 『비판』에서의 집렬체를 모두 '대상으로서의 우리'로 간주할 수 있을 것이다. 양자 모두 일시적인 객체(나는 언제나 다른 사람과 대체가 가능하기 때문에)이고, 개인들은 제조된 사물들 속에서 소외와 무기력에 노출될 수 있기 때문이다. 만일 우리가 개인의 소외가 극복된 진정한 의미로서의 '주체로서의 우리'와 공동체를 구성원들이 하나의 공통된 행동으로 통합되면서 동시에 개인의 자유(혹은 개인적인 실천)가 유지되는 집단으로 정의한다면, 『비판』에서 말한 '융화집단'(groupe en fusion)이 이 정의에 부합한다고 생각할 수 있다. 융화집단에서 비로서 주체는 능동적이 되고, 모든 개인의 '실천'(praxis)[16]들이 하나의 목적을 지향하는 공동의 실천 속에 통합되기 때문이다. 이에 대한 예로 사르트르는 1789년 7월의 프랑스 대혁명기를 들고 있다.[17] 이 시기에 형성된 융화집단(여기서는 혁명기의 군중)의 실천의 특징은 모든 군중의 자유로운 실천이

16 그리스어로 '행동하다'를 의미하는 pratein에서 유래하는 '실천'(praxis)은 어떤 목적에 따라 주어진 환경을 변형시키는 주체의 행동을 의미한다. 사르트르는 인간을 둘러싼 세계를 변형시키고 동시에 인간 자신을 변형시킴으로써 인간을 역사의 전체화 과정에 통합시키는 인간의 행위를 지시하기 위해 이 용어를 사용한다. 실천을 통해 인간과 물질은 서로 작용하여 인간의 목적에 따라 조직된 세계를 생성한다. 사르트르는 역사의 전체화는 개인적인 활동이 물질과 타인들의 활동과 상호작용하는 한 이 개인적인 활동에 입각해서 이해되어야 한다고 주장한다. 이 상호작용이 개인을 집단으로 이행하게 하는 변증법이다.

17 CRD, I, pp. 455-468.

각 개인의 자유로운 실천을 조건으로 하고 있다는 점이다. 그래서 '우리'가 바스티유 감옥을 탈환했다고 말할 수 있는 것은 각자가 이 감옥을 탈환했기 때문이다. 물론 집단이 구성한 공동체는 "사물들 속에 이미 각인된 공동체"(파리라는 도시)를 바탕으로 이루어지고 근위대로부터 죽음의 위협을 받고 있다.[18] 하지만 이 공동체는 이 객체화된 공동체를 공통의 행동(바스티유 감옥의 탈환)을 통해 초월함으로써 확립된다. 이 공동체 안에서 나의 행동과 집단의 행동은 동일하기 때문에 나는 여기서 대상(수단)이 아니라 주체가 되고, 의식 개체들은 자유로운 공통의 행동을 통해 융화됨으로써 실재적인 공존재를 실현한다. 『존재와 무』에서 투쟁 관계로 규정되었던 나와 타인들의 해결될 수 없는 대립은 융화집단을 통해 해소되는 것처럼 보인다. 이러한 이유에서 코기토로부터 출발한 사르트르의 타자 이론은 역사와 사회의 전체적인 관점에서 파악된 공동체의 틀 속에서 재구축됨으로써 비관적인 실존적인 유아론으로부터 벗어나 개인들 각자가 자유로운 주체로 정립됨과 동시에 연대하는 공동체를 지향하는데, 이에 대한 자세한 논의는 다음으로 미룰 수밖에 없다.

18 CRD, I, p. 470.

참고문헌

E. Husserl, *Méditations cartésiennes*, trad. G. Peiffer et E. Lévinas, Vrin, 2008.

P. Ricoeur, *Du texte à l'action, Essais d'herméneutique II*, Seuil, 1986.

J.-P. Sartre, *La Transcendance de l'ego*, Vrin, 2012(1934).

–, *L'Être et le Néant, Essais d'ontologie phénoménologique*, Gallimard, collection Tel, 1976(1943).

–, *Critique de la Raison dialectique, t. I*, Gallimard, 1985.

논평과 토론

사르트르의 타자 이론

윤정임 박인철 선생님은 학부 때부터 저의 선배님이셨는데 언제나 공부를 많이 하시고 무언가에 한 번 몰두하시면 깊이 빠져드시곤 하셔서 저에게 늘 놀라움과 경탄을 일으키시곤 하셨어요. 오랫동안 소식 없이 지냈는데 선생님께서 연락을 주시면서 "내가 이번에 사르트르를 공부해서 논문을 하나 발표했는데 와서 토론을 해 주렴" 하셔서 너무나 깜짝 놀랐습니다. 사실 저는 사르트르의 문학비평을 전공했기 때문에 사르트르의 철학에 대해서는 잘 몰라요. 좀 알고 싶어도 사르트르가 워낙 글을 길게 그리고 많이 써 놓은 탓에 문학전공자로서는 범접이 쉽지 않았습니다. 마침 선생님께서 사르트르의 타자론을 주제로 발표를 하신다고 해서 개인적으로 무척 반가웠습니다. 이 기회에 저도 공부 좀 해보자는 생각이 들었거든요. 발표문은 사르트르의 타자론을 아주 잘 정리하고 있고 그것은 그대로 사르트르의 논리이기 때문에 내용에 대해서는 제가 딱히 지적할 게 없어 보입니다.

그러니까 선생님께서 발표하신 내용대로 타자의 시선과 나의 수치심이라는 아주 간명한 예로부터 시작하는 사르트르의 타자론은 타자가 나의 코기토에 필수불가결한 내적 요소라는 것, 즉 타자는 나의 존재에 개입하는 내적 관계에 있다는 중요한 사실을 지적하고 있습니다. 이것은 이때까지 서양철학의 타자론이

가지고 있던 한계, 즉 타자를 인식의 측면에서 외적관계로만 설명하던 걸 벗어나서 유아론의 한계를 극복한 아주 중요한 계기로 평가되고 있습니다. 이제 사르트르와 더불어 코기토의 성립은 타자와 만나기 위한 전제가 아니라 타자와의 만남이 코기토가 가능할 수 있는 조건이 되며 타자는 주체인 내가 어떻게 해도 포착할 수 없는, 어떤 표상의 형식으로도 거머쥘 수 없는 존재로 부상하게 되었습니다. 사르트르의 타자론은 동시대 철학자인 레비나스에게서 타자성의 윤리라는 모습으로 등장하고 있는데 두 사람의 타자론은 상당히 비슷한 모습을 취하고 있습니다. 그런가하면 들뢰즈는 사르트르를 자신의 스승이었다고 여러 차례 고백하면서 특히 사르트르의 타자론이 비표상적 사유의 지평을 열어주었음을 지적한 바 있습니다. 또한 타자를 통해 순수의식과 자아를 구분한 사르트르의 논리는 욕망과 상징계를 이야기 한 라깡의 생각에도 직접적으로 연결된다고 할 수 있습니다. 이렇듯 중요한 사르트르의 타자론을『존재와 무』의 방대하고 난해한 글 속을 헤치고 들어가 일목요연하고 논리정연하게 정리해 주신 선생님께 다시 한 번 감사드립니다. 과문한 토론자인 저는 그저 이해하기에 급급하기만 했는데 몇 가지 기초적인 질문하고 어설픈 제안 하나 드리는 걸로 끝내겠습니다.

우선 전체적으로 잘 정리된 가운데서도 마지막에 변증법이 성립하는 논지를 끌어들인 것이 어찌 보면 사르트르의 타자론이 가진 약점을 보충하시려는 것 같긴 한데.... 그러니까 사르트르의 타자론이 비극적인 실존적 유아론으로 빠졌다, 그리고 사르트르의 대타관계가 너무 투쟁적으로 갈등으로만 치닫는다는 비판을 사실 많이 받아요. 사르트르 자신도 그것에 대해서 굉장히 의식을 했고 곧이어, 즉『존재와 무』를 쓴 직후에 도덕론이라는 것을 쓰게 되고, 부정적 대타관계를 바탕으로 한 이 도덕론에 몰두합니다. 그런데 존재론의 차원에서 즉 개인 존재론의 차원에서 도덕론을 작성하려고 했었는데 하다가 보니까 이 도덕이라는 것이 사회 정치적인 어떤 맥락을 다루지 않으면 도저히 다룰 수 없는 문제라는 것을 깨닫고 한참 써 놓고 생전에 출간하지 않아요. 그러고선 사후에야 출간이 되고 그 대신에 생전에 사회적인 존재론으로 나타난 게『변증법적 이성 비판』인데 선생님의 결론에는 중간 단계인 이것, 즉『도덕을 위한 노트』가 빠진 상태로 뒤로 확 넘어가는 느낌이 들어요. 그리고 지금 선생님께서는 사르트르의 타자론을 집중적으로 논의하고 계신데 뒤에 가서 그『변증법적 이성 비판』의 이야기가 들어가니까 앞 쪽의 그 타자론이 묻혀버리는 것 같은 느낌이 들어서 선생님의 의도는 알겠는데 그 결론 부분은 좀 다르게 하는 게 좋지 않을까 라는 주제넘은 생각이 조금 들었어요.

그리고 그것과 관련해서『존재와 무』에서 다루고 있는 '공존재' 개념이 조금 불분명하다는 생각이 듭니다. 그것을 연결시키면 '융화집단'으로 갈 수 있긴 한데 선생님께서도 여기 앞부분에서 하이데거에 대한 사르트르의 비판을 얘기하셨고, 즉 '하이데거의 공존재 개념은 타자성을 제대로 밝혀낼 수 없다'라는 비판을 사르트르가 하면서 자신의 타자론을 전개하는데 나중에는 그 공존재론을 집어넣으면서 거기서는 분명하게 하이데거의 개념으로 시작을 하긴 해요. 하지만 사르트르 스스로 "우리에 대한 경험은 파생적이고 이차적이다" 라고 하면서 "우리를 독립된 현존으로 여겨서는 안된다"라고 설명하고 있듯이 공존재는 타자론의 중심은 아닌 듯이 보입니다. 그래서 이것은 사르트르의 타자론을 부각시키기 위해서 이 부분은 생략하는 것이 좋지 않을까라는 생각이 들었고 그리고 유아론을 극복하는 것에서도 공존재는 옆으로 나란히 있는 존재인 반면에 사르트르가 타자론에서 얘기하는 타자는 마주한 존재이기 때문에 조금 논리를 약화시킬 수 있을 것 같아요. 그런 생각에서 사르트르 역시『존재와 무』에서는 공존재에 대해서 커다랗게 중요성을 안 뒀던 것 같고 그러니까 그 부분은 조금 좀 그렇고요.

또 하나는 선생님께서 지금 발표하시면서 설명을 해주신 것도 같은데 사르트르는 의식의 본령을 그 뒤의 반성적인 면에 있다고 보는데, 발표문 4쪽에 나온 부분인데 '이 비반성적 의식 안에는 자아가 거주할 수 없다' 라고 하셨는데 '비반성적 의식 안에 자아가 거주할 수 없는 것'은 아닌 것 같아요. 선생님도 아까 말씀하셨듯이 비반성적 자아에도 자아는 있는데, 다는 드러나지 않은 것이죠. 사르트르가 예로 든 '담배를 세고 있는 이야기'에서 담배가 몇 개인가 세고 있을 때에는 비반성적인 상태죠. 그런데 갑자기 "아 내가 담배를 세고 있네"라고 생각할 때 반성적인 자아가 나타나는 것이죠. 그러니까 사르트르는 우리의 반성적 자아는 언제나 있다고 얘기를 해요. 하지만 그것이 확 드러나진 않는다는 거지요. 반성적인 자아가 확 드러난 경우는 자의식이 강한 사람들 그러니까 사르트르가 예를 든 보들레르 같은 경우가 자기의식을 끝까지 놓지 않은 그런 사람들인데, 이렇게 '없는 것'은 아니라는 입장이에요. '거주하지 않는다'라는 표현이 제가 조금 걸려서 이것이 어떤 의미인지 조금 듣고 싶고요.

그리고 이건 저도 잘 모르겠는 지점이기도 한데 사르트르가 선생님께서 말씀하셨듯이 철저한 무신론자였는데 신을 들먹이는 표현을 많이 하고 있잖아요. 타자의 존재를 '신적 존재'라고 한다거나 '끝까지 밀어 붙인 신적인 존재'라던가 이런 표현에 대해 어떻게 해석을 하셨는지, 왜 굳이 신을 들먹이며 이런 표현을 사용했는지에 대한 선생님의 생각을 한번 듣고 싶어요. 이건 저도 궁금해서요.

그리고 마지막으로 들뢰즈가 사르트르를 받아들이면서 비판하기를 사르트르의 타자론이 굉장히 중요한 지적을 하긴 했는데 그래도 여전히 사르트르는 타자에게 어떤 주도권을 준 것 같다. 그러니까 주체와 타자 혹은 주체와 대상이라는 국면은 그대로 유지하고 있는 것 같다, 라는 비판을 하더라고요. 타자의 존재라는 것을 부각시킨 것은 굉장히 중요한 공헌이긴 한데 그래서 내가 주체가 아니라 유아론을 벗어나서 타자존재를 부각시킨 것은 굉장한 공헌이긴 한데, '시선이 와서 꽂혀서 타자가 나를 반성하게 한다'는 그것은 기존의 판을 그대로 쓴 거라는 거죠. 그러니까 들뢰즈 같이 판을 뒤집고 싶은 사람한테는 이것도 하나의 걸리는 문제였던 것 같아요. 왜 굳이 기존의 판에서 시선을, 타자의 존재는 처음부터 다시 정립이 돼야 되는 건데 있는 판에서 정리를 하고 있다는 게 조금 걸렸기에 그런 비판을 한 것 같은데 선생님도 이 비판에 동의를 하시는지.

박인철 제가 사르트르에 대해서 공부를 많이 하질 않아서 선생님의 질문에 제대로 답변할 수 있을지 모르겠습니다. 첫번째 질문인 하이데거의 공존재(Mitsein)에 대해서는 제가 공동 저서에 제출할 글에는 비교적 소상하게 언급했으니까 이것을 보시게 되면 될 것 같아요. 두 번째 지적하신 부분을 말씀드리면, 사실 사르트르가『존재와 무』마지막에서 다음에 다루어야 할 것이 도덕의 문제라고 언급했기 때문에 결론을『도덕을 위한 노트』에서 취할 수도 있겠지요. 하지만 이 책을 아직 읽지 않아서 유감이군요. 아무튼 제가 결론에서 짧게나마 보여주고자 한 것은 주로 마르크스스즈의자들이『존재와 무』에 대해서 공격하고 있는 개인주의, 비관주의적인 실존적 유아론이 그의 철학의 전부가 아니라는 것입니다. 그래서 결론 부분은 사르트르를 처음 접하는 독자들을 염두에 두어서 그렇게 된 것이라고 보시면 될 것 같습니다. 윤선생님의 질문에서 중요한 것이 자아에 관한 것인데 여기에 대해서 언급해보지요. 비정립적 의식에서 문제가 되는 것은 '자기'이고, 반성에서, 특히 사르트르가 '불순 반성'(réflexion impure)이라고 말한 것에서 문제가 되는 것이 '자아'이지요. 사르트르는 의식이 텅 빈 것이기 때문에 여기에는 자아가 거주할 수 없다고 주장하는데, 여기에서부터 사르트르가 후설과 결별한다고 할 수 있습니다. 예컨대 내가 지금 한창 담배 곽 안에 들어 있는 담배를 세고 있는데, 누가 나보고 지금 무엇을 하고 있느냐고 물으면, 이 질문을 받기 전까지는 나는 담배를 세고 있는 행위에만 몰두했었지 담배를 세고 있는 나나 담배를 세는 나의 행위에 대해서는 의식을 하고 있었던 것은 아니지요. 그렇기 때문에 목하 담배를 세고 있는 행위 자체에 대해서 나는 비반성적 의식을 갖고 있는 것입니다. 또한 여기서 담배를 세고 있는 '자기'(에 대해)서는 비정립적 의식을 갖고 있는 것이지요. 비정립적이라는 말은 내가 이 자기를 지향하지도 않고, 따라서 대상으로 정립하지 않는다는 말입니다. 마치 하이데거가 불안이라는 것이 우리의 지향적 의식의 대상이 아니라고 말한 것처럼, 사르트르도 비정립적 의식과 관계하는 이 자기라는 것이 지향적 의식의 대상이 아니라는 것이지요. 그런데 나의 행위에 대한 질문을 받으면 나는 반성, 즉 내가 하고 있는 행위로 돌아와서 나를 하나의 대상으로 파악하게 되는데, 이때의 나는 인식 대상으로서의 나이고, 이 인식 대상으로서의 나를 사르트르는 '자아'라고 합니다. 그런데 수치심은 매우 독특한 것입니다. 사르트르는 수치심을 비반성적인 의식으로 간주함으로써 수치심을 도덕적인 의식으로부터 분리시킵니다. 또한 수치스러운 자기(에 대해)서는 비정립적이라고 하면서도 나를 지향적인 대상으로 갖는다고 하였는데, 그 이유는 이 나를 반성의 대상으로서의 나인 자아로, 즉 인격으로 만들기 위한 것이지요. 그런데 수치심을 갖는 나는 타자에 대해 존재하는 나, 즉 나의 대타존재인데 이때의 내가 관계하는 타자는 비정립적인 것입니다. 이것은 타자를 지향적 대상으로 삼는 것이 아니라 코기토에서의 '자기'처럼 타자를 나의 의식 안의 내재적인 존재로 만들기 위해서가 아닌가 합니다.

조대호 그때 '비반성적'이라는 것은 결국엔 어떤 의식의 정립 노력에 의해서가 아니라 그냥 수동적으로 자신에게서 일어나는 어떤 자아의 체험이다라는 말씀이지요.

박인철 그렇다고 할 수 있습니다. 나를 내 스스로 반성적으로 파악하면 그건 나 아니야 이렇게 할 수 있는데, 내가 나를 받아들이고 인정할 수밖에 없기 때문에 비반성적이라는 것이지요.

윤정임 그런데 이것은 내가 담배를 세고 있는 데 '세고 있네' 하는, 나에 대한 반성이 아니라 내가 어떻게 해서 담배를 세고 있지? 라고 하는 것 그러니까 내가 담배를 세고 있는 것을 어떻게 아는가라는 거지요. 숫자를, 예컨대 계산을 할 줄 안다는 거지요.

박인철 계산? 그것은 뭐냐면 사르트르도 얘기했듯이 내가 어떻게 계산하는 것은 모르더라도 그것은 어린이를 두고서 얘기를 했던 것 같은데.

윤정임 이 부분은 저도 잘 모르겠어서.

조대호 혹시 윤정임 선생님께서 제기하신 다른 질문, 그러니까 무신론과 사르트르의 신적인 타자의 개념이나 들뢰즈의 사르트르 비판에 대해서는 어떻게 생각하시는지...

박인철 타자 문제와 관련해서 사르트르가 말하는 신이라는 것이 물론 창조주로서의 신은 아니겠지요. 가령 우리 인간이 완전히 하나의 전체로서 어떤 타자에 의해서 시선을 받는다고 생각해보세요. 인간 전체에 대해서 단 하나의 타자로서, 주체로서 군림할 수 있는 게 바로 신이지요. 비잔틴 성당 꼭대기에 그려진 눈을 부릅뜨고 있는 예수, 우리가 우러러 보았을 때 감히 마주 대할 수 없는 그러한 예수에 비교할 수 있는지 모르겠군요.

윤정임 그게 참 애매한 부분이라고 생각하고 잘못하면 기독교의 신하고도.

박인철 네. 사르트르는 대자의 존재 욕망을 신하고도 관련시킵니다. 이 경우의 신도 철학에서 말하는 자기 원인으로서 초월적이고 절대적이고 영원한 지고한 존재를 의미하는 것이 아니라, 그가 말하는 소위 인간의 존재 욕망(désir d'être)이 향하는 즉자대자존재(être-en-soi-pour-soi)를 의미합니다. 나의 존재 근거가 나에게 있으면서, 즉 즉자처럼 자기 동일성을 갖고 있으면서 동시에 대자가 갖고 있는 의식도 갖고 있는. 말하자면 자기 자신과의 완벽한 일치를 이룬 상태에서 더 이상 아무 것도 욕망하지 않고 충만한 상태로 존재하고자 하는 욕망이 최고도로 승화한 형상과 같은 것이라고 하겠지요. 따라서 의식적으로 표명되었든 그렇지 않든 우리는 인간이 신이고자 하는 욕망이 바로 즉자와 대자의 변증법을 이끄는 궁극적인 추동력이라고 생각할 수 있을 겁니다. 물론 이 신도 기독교에서 말하는 신은 아닐 겁니다. 들뢰즈 얘기는 제가 들뢰즈를 보지 않아서 모르겠는데요. 사르트르가 타자와의 직접적인 만남을 얘기하기 위해서 처음에는 시선을 언급했지만 나중에 가서 보면 결국 타자라는 것이 나의 관념 속에 있는 존재가 되거든요. 그러면서 관념 속에 있기 때문에 가장 가까우면서도 또 내가 넘어설 수 없는 그런 무한의 거리를 두고 초월해있는 존재가 되고 있지요. 예컨대 내가 열쇠구멍을 들어다보고 있는데 누가 오는 것 같단 말이에요. 그래서 수치심으로 마음이 떨리고 얼굴이 붉어지는데, 내 착각이었어요. 어떤 사람이 오는 것 같았는데, 아무도 없는 것이지요. 그런 경우에도 수치심이 생긴단 말이지요. 그래서 나는 이제 열쇠구멍을 들여다보는 것을 포기하고 다른 데로 간다든가 하겠지요. 물론 시선이 갖고 있는 그 어떤 현실성도 있지만 꼭 그 시선이 없다 하더라도 타자와의 관계는 있을 수 있는 것입니다. 그러니까 『변증법적 이성비판』에서 사르트르가 말한 집렬체나 융화집단에서는 시선의 매개를 통하지 않고서 나와 타인들과의 관계가 이루어지거든요.

조대호 들뢰즈의 사르트르 비판을 이야기하면, 짐작컨대 사르트르가 타자 문제를 부각시키긴 했지만 여전히 헤겔, 후설, 하이데거로 독일 관념론적 전통의 주객 논리에서 벗어나지 못했다 이런 것 같은데, 그건 또 다른 논의의 또 문제니까 오늘은 일단 사르트르에 대해 발표하신 내용에 머물면 좋겠습니다.

김준환 레비나스를 잘 모르기는 하지만, 그가 「타자의 흔적」을 통해 선생님들께서 말씀하신 것처럼 헤겔과 사르트르를 논의하는 과정에서 변증법과 같은 동일성의 철학을 서양철학에 있어서의 알레르기라고 보며, 영어로 번역된 것이 맞을지는 모르겠지만 "동일한 자아의 제국주의"(imperialism of the self-same I)를 비판했던 것으로 알고 있습니다. 일례로 동일성의 철학의 원형인 오디세우스가 이타카에서 출발하여 다시 동일한 장소로 회귀하는 것에 대해 유대인 레비나스는 "방랑하는 유대인"(wandering Jew) – 즉 고향으로 회귀하지 않은 채 계속해서 다른 영역으로 나아가는 인물 – 을 그 대안으로 제시합니다. 조금 전에 윤선생님께서 말씀하셨고 지금 조선생님께서 말씀하신 것과 관련이 있는 듯하여 말씀드렸습니다. 그런데 예를 들어 사르트르가 당시 네그리튀드 운동을 주도하던 마르티니크 출신의 쎄제르에 대해 공감하며 쓴 글을 보면, 레비나스의 사르트르 비판을 어떻게 이해해야 하는지가 여전히 궁금하기는 합니다.

박인철 글세요. 그 점에 대해서는 잘 모르겠습니다.

조대호 윤정임 선생님께서 혹시 덧붙일 말씀이 있으실까요?

윤정임 아니 저도 레비나스는 잘 몰라요. 레비나스하고 사르트르하고 타자를 부각시키는 것에서는 여러 가지로 비슷하고 특히 후설에 대한 비판 같은 것도 굉장히 비슷하거든요. 하이데거에 대한 비판도 두 사람의 입장이 비슷한데 레비나스는 유대인에다가 신에 대한 믿음이 있기 때문에 타자를 무한자로 이야기하면서 굉장히 긍정적으로 봤어요. 타자론 또한 상당히 긍정적인 논리로 나아가고. 사르트르는 이것으로만 보면 엄청난 염세주의죠 타자와의 어떤 융합이나 이런 것은 절대 일어날 수 없는 것 같은 그런 느낌이 들고요. 그런 맥락에서라면 그렇게 보지 않았을까 싶어요.

최문규 제 생각으로는 모두 서로 상대적인 것 같아요. 그러니까 독일 관념론을 비판하는 점에서는 하이데거, 사르트르, 레비나스가 모두 공통적인 관점을 취하고 있지만, 세 철학자의 내적 관계에 있어서는 서로 다르다고 할 수 있습니다. 가령 『존재와 시간』에서 하이데거가 강조한 '나의 죽음'에 대해서, 사르트르는 자신의 『존재와 무』에서 강력하게 비판하고 있습니다. 예컨대 죽음은 '나의 것'이 될 수 없는 철저히 '타자'로서만 파악되고 있습니다. 그리고 레비나스는 죽음, 타자, '신적인 것' 간의 관계를 더욱 극단화하면서 하이데거, 사르르트를 비판하고 있는 것이지요.

이경원 다시 파농 얘기를 하자면, 선생님 발표 들으면서 제가 파농 읽으면서 궁금해 했던 것이 너무도 많이 해결이 되었어요. 파농의 <검은 피부, 하얀 가면>을 읽다보면 사랑과 증오, 고착, 소외 수치심, 이런 개념들이 뜬금없이 툭툭 튀어나오는데 이게 어떤 맥락일까 정말 궁금했습니다. 파농이 사르트르에게 많이 영향을 받았던 것은 알고 있었지만 제가 사르트르를 읽은 적이 없기 때문에 파농 읽기가 힘이 들었더라고요. 그런데 선생님 발제를 들으니까 이게 여기서 따 왔구나라고 이해가 되는 거예요. 그런데 한 가지 여쭤보고 싶은 게 있습니다. 사르트르가 파농의 <대지의 저주받은 자들>의 서문을 썼거든요. 거기에서 파농의 폭력 투쟁을 옹호하면서 사르트르가 이런 말을 합니다. 폭력은 지배자와 피지배자를 한꺼번에 죽일 수 있다. 일석이조, 즉 돌을 하나 던져서 지배자, 피지배자를 동시에 죽일 수가 있다는 거죠. 지배자를 죽이는 것은 당연한데 피지배자를 죽인다는 것은 지배이데올로기에 세뇌된 피지배자 즉 검은 피부지만 하얀 가면을 쓰고 있는 소외된 흑인을 죽일 수가 있다는 거죠. 그런데 선생님께서 사르트르의 타자 이론에서 헤겔의 변증법적인 투쟁과 다르게 이 주체와 타자간의 갈등이 갈등 그 자체로 끝난다고 보시는지 아니면 주체와 타자 사이의 어떤 변증법적인 해결의 지점이 없기 때문에 파농이나 사르트르도 그런 폭력 투쟁을 통해 너 아니면 나 둘 중 하나가 죽어야 된다는 식의 결론으로 나아가고 있는지 궁금합니다. 사르트르의 타자 이론의 결론부와, 사르트르가 파농의 폭력 이론을 옹호했던 그 논리와 어떤 연결지점이 있는지 궁금해서 여쭤봤습니다.

박인철 그러니까 사르트르의 논리에 따르면 절대로 나와 타인, 그리고 지배자와 피지배자가 서로 화해하는 경우는 아마 없을 거에요. 그렇기 때문에『존재와 무』에서는 나와 타인과의 관계였지만, 그 후 사르트르가 프란츠 파농의『대지의 저주받은 사람들』의 서문을 썼을 때, 그러니까 사르트르가 정치와 역사에 관심을 갖고 마르크스 이론을 적극 수용했을 때 문제는 지배자와 피지배자 간의 관계였겠죠. 그 갈등관계는 결코 해소될 수 없고 해소시킬 수 있는 수단은 결국 폭력 밖에 없는 것이고, 목적이 수단을 정당화 한다는 식으로 폭력도 정당화 했던 것이고, 그런 입장 때문에 까뮈와도 결별했고... 이 문제는 윤정임 선생님이 더 잘 아실 것 같은데요. 번역도 하셨고...

윤정임 저는 잘 모르고... 그 대항 폭력이라는 개념으로 이야기를 하죠. 폭력에 대항해서 즉, 지배자들의 눈에 보이지 않는 구조적 폭력을 없애기 위해서는 폭력을 행할 수밖에 없다. 이 폭력은 그냥 폭력이 아니라 기존의 폭력에 대항하는 폭력이니까 어느 정도 용인될 수 밖에 없다... 뭐 그런..... 메를로퐁티가 '진보적 폭력'이란 이름으로 더 열심히 주장을 했던 것 같아요. 대항 폭력에 대해서는....

정진배 선생님 발표 잘 들었습니다. 사르트르는 그동안 어려워서 못 읽다가 이번 발표를 들으면서 견식을 넓힐 수 있었습니다. 두 가지만 질문을 드리겠습니다. 지금 타자하고 자아개념을 설명하셨는데, 언뜻 생각하면 내가 타자가 될 수도 있고 타자가 내가 될 수도 있으니까 '나'는 타자이면서 나이고 나이면서 동시에 타자다 라고 할 때 그러한 부분은 이 논의 속에서는 어떻게 설명될 수 있는가 라는 질문을 드리고 싶고요.

또 하나는 타자의 시선으로부터 내가 느끼는 수치심을 말씀하셨는데 이 문제는 좀 더 세분화 시켜 사유하는 것이 가능할 것 같아요. 가령 수치심을 유발할 수 있는 상황에 놓인 '나'(A)가 있고 동시에 그러한 나를 응시하는 '나'(B)가 있을 수 있지 않습니까? 그런데 나(A)를 응시하는 나(B)가 느끼는 그 감정의 양태는 사람마다 굉장히 다를 거라는 것이지요. 달리말해 동일한 외적 경험에 대해 개인마다 느끼는 수치심의 정도는 굉장히 다를 것 같은데 그것을 수치심이라는 일반론적 개념으로 귀납시킬 수 없지 않은가요? 유사한 맥락에서 우리가 대상화 시킨 그 타자가 결국 나에 의해서 재해석 된 타자가 아닌가요? 그렇게 보자면 타자는 나 밖의 객관적인 타자라기보다는 내 주관 속에 이미 들어와 있는 어떠한 대상이 될 것이고, 그렇기 때문에 그 타자조차도 결국 궁극에 있어서는 나와 타자라는 관점에서 이분화 되는 것이 다소 문제적이 될 수 있다는 말이지요.

박인철 선생님의 질문을 제대로 이해했는지는 모르지만 첫 번째 질문에 대해서 말씀드리면, 내가 타인이 되고 타인이 내가 될 수 있다라는 것은 사르트르에게는 통용될 수가 없습니다. 왜냐하면 사르트르에게는 내가 주체가 되고 타인이 대상이 되거나, 타인이 주체가 되고 내가 대상이 되는 관계 밖에는 없지요. 타자는 어디까지나 주체이고, 나는 이 타자에 대해서 대상이 될 수밖에 없는 비대칭적 구조가 항구적입니다. 그래서 사르트르의 철학에서 타인과 타자는 구별해서 생각해야 합니다.

조대호 정진배 선생 질문은 내가 타자를 대상화하는 주체이면서 또 동시에 타자에 의해서 대상화되는 주체일 수도 있다라는 뜻인 것 같습니다.

박인철 그러니까 동시에 될 수는 없다는 것이지요. 그렇게 되면 대칭적 구조가 되지요.

정진배 그런데 엄밀히 보자면 그건 동시지요.

최문규 정진배 선생님이 약간 서구의 피히테(Fichte) 관점에서 질문하는 것이라면, 사르트르는 기본적으로 그런 주관적 관념론을 벗어나고 있습니다.

정진배 전제가 다르면 논의가 될 수가 없는데 그 전제를 문제 삼아 질문을 드릴 수는 있을 것 같아요. 쉽게 말하자면 선생님이 저것이라 지시하는 대상을 혹자는 이것이라고 한다면 이것은 저것이면서 동시에 이것이 될 수 있다라는 거지요.

박인철 네?

정진배 동일한 대상이 주체와의 관계에 따라 달리 인식될 수 있지 않은가요?

박인철 글세요, 저로서는 "이것은 저것이면서 동시에 이것이 될 수 있다"고 말할 수 있을지 모르겠습니다. 다만 이것이 이것이라는 것, 혹은 이것은 저것이 아니라는 것을 사르트르식으로 어떻게 설명할 수 있는지는 말씀드릴 수 있을 것 같습니다. 이렇습니다. 자기가 실재적인 자기이기 위해서는 자체동일성과 같은 형식적 동일성을 통해서는 이루어질 수 없습니다. 그러기 위해서는 자기는 자기가 아닌 것이 아니어야 합니다. 즉 A는 비(非)A가 아니어야 하지요. 이처럼 부정의 대상이 자기 안에 있는 것을 '내적 부정"(négation interne)이라고 합니다. 대자의 경우를 예로 들면, 대자가 자기가 대상으로 삼는 존재로 있지 않은 것으로서 있기 위해서는 자기가 그것으로 있지 않은 이 대상의 존재를 자기 속에 품고, 나는 이것이 아님이라는 식으로 자신을 부정해야 되지요. 대자와 타자의 최초 관계에서도 마찬가지라고 할 수 있습니다. 자기 자신으로서의 대자는 타자로 있지 않은 것으로 있기 위해 타자를 자신의 존재 안에 품고 자기를 타자가 아닌 것으로 부정해야 합니다. 그래서 사르트르는 "하나의 타자 일반이 존재한다면, 나는 우선 타자가 아닌 자이어야 한다. 그리고 나에 의해서 나에 대해 수행한 이 부정 자체 속에서 나는 나를 존재하게 만들고 타자는 타자로서 현출한다"고 말합니다. 헤겔도 아마 같은 식으로 말할 겁니다. 대자는 이러한 내적 부정을 통해 나-자신으로 있는 자기성을 강화하고 아울러 하나의 타자를 존재하게끔 합니다. 그런데 대자는 단지 자기가 타자가 아님을 긍정하기 위해 자신을 부정하는 것으로 그쳐서는 안 되고, 한 걸음 더 나아가 타자와 달라야 합니다. 사르트르는 대자가 타자와 다르다는 것은 대자가 스스로 자신을 무로 선택함으로써 실현된다고 합니다. 사실 무차별적인 '이것'(cela)인 타 존재에 대해서 내가 아무 것도 아닌 '무'가 되는 것만큼 나를 타 존재(세계)와 그리고 타 존재와 나를 확실하게 차별시킬 수 있는 방법도 없을 것입니다. 제가 부정에 대해서 이렇게 길게 말씀드리는 것은 이것과 저것의 동일성을 생각하기 이전에, 먼저 부정이 선행되어야 한다는 것이지요. 하이데거는 공속성이라고 하겠지만...

조대호 두 번째 질문, 두 번째 질문은 사르트르의 타자론에 대한 아주 핵심적인 비평으로 저도 알고 있거든요. 어떤 사람은 열쇠구멍으로 방안의 남녀를 보다가 타인의 시선에 의해서 자기가 드러나게 되면 수치심을 느끼지만, 어떤 정신병자는 보다가 타인이 자기를 바라보고 있다는 것을 보고 히죽 웃을 수도 있다 말이에요. 즉 수치심의 정도가 주체에 따라 다르고 타인을 느끼는 정도가 주체에 따라 모두 다를 수 있다면 그때 나에게 시선을 주는 타자도 결국 내가 만들어낸 타자 아니냐 이런 뜻의 질문이지요.

박인철 내가 만들어 낸 타자요? 글세요. 아까 선생님 지적은 반성적인 차원에서 얘기를 하는 것 같더라고요. 그러니까 사르트르는 수치심이 비반성적이라고 하는데 그것을 반성적인 차원으로 몰고 가니까 제가 제대로 답변을 할 수가 없습니다.

정진배 어찌 보면 하나의 대상이 수만 가지의 다른 모습으로 나타날 수 있지 않은가요. 가령 허공의 달이 천개의 강에 제각기 다른 모습으로 비춰지는 것과 유사한 논리로 말이죠. 시선이 대상과 만나서 그 대상이 시선에 의해서 해석돼 진다라는 어떤 일대일의 관계로 보기에는 수용주체의 자유의지가 너무 무화되는게 아닌가요.

박인철 사르트르가 말하는 수치심은 수용주체의 자유의지와는 상관이 없습니다. 도덕적인 감정하고도 다르지요. 수치심은 내가 생각할 겨를도 없이 단번에 엄습하는 것입니다. 그런 의미에서 비반성적이고, 체화된 의식이라는 것입니다. 열쇠구멍 안을 들여다보고 있는데 남에게 들켰을 때 수치심을 느끼지 않는 사람은 논외지요. 중요한 것은 사르트르가 시선을 통하여, 그리고 보다 구체적으로 수치심을 통하여 우리가 타자를 직접 체험한다는 것을 보여준 데 있습니다. 이것은 대단한 통찰력입니다. 아마 사르트르 이후에 나온 타자론은 이 부분에 대한 자기의 입장 표명에서부터 시작한다고 보아도 무리가 없을 것입니다. 예컨대 레비나스의 경우 시선은 얼굴이 되고, 수치심은 타인에 대한 의무로 변하겠지요.

정진배 그런데 그건 전제가 좀 많이 다르네요.

윤정임 그건 거기부분이 아니고 어쨌든.

박인철 어떤 사람은 수치심을 느끼고, 어떤 사람은 그렇지 않다는 것이 문제가 아니지요.

조대호 그런데 그 유아론이라고 하는 것도 굉장히 논리적으로 치밀하기 때문에 실제로 사르트르의 타자이론이 서구 유아론의 논리를 충분히 극복할 수 있느냐, 이건 또 다른 문제이고 아마 이 문제는 나중에 뒷풀이 자리의 토론으로 넘겨야 할 것 같습니다.

이경원 사르트르의 타자이론에서 주체와 타자와의 관계에서 권력관계는 전혀 개입이 안 되고 있어요. 비정치적이고 탈역사적인 맥락 속에서 주체와 타자의 관계를 이야기하는 겁니까 아니면.

박인철 네, 『존재와 무』에서는 시선을 통해서만 이야기되고 있지요.

이경원 그러니까 그 시선이.

윤정임 존재와 무에서는 그런 건 없어요.

조대호 예 고맙습니다. 오늘 이렇게 발표와 토론을 맡아 주시고 또 토론에 적극적으로 참여해주셔서 고맙습니다.

초민족 시대의 디아스포라 모델과 정치학

이석구(연세대, 영문학)

1. 서론

국경을 가로지르는 인구 이동의 규모는 초국적 자본의 확산과 세계 각국의 교역량에 비례하여 날로 증대하는 추세이다. 국가 간의 이동 및 이주가 소위 '전 지구적인 현상'이 되면서 2000년 12월 4일에 국제연합이 12월 18일을 '세계 이주민의 날'로 정하게 된다. 세계 이주민의 날이 지정되었다는 사실은 한편으로는 국제적인 이주민의 수가 무시할 수 없는 규모에 이르렀음을 의미하기도 하지만, 다른 한편으로는 그간 이주민의 권리가 도착국에서 제대로 인정받지 못하였음을 뜻하기도 한다. 이 날의 지정이 이주민들의 권리를 보호하고자 하는 취지에서, 10년 전에 국제연합 총회에서 채택되었으나 성과가 미미했던 '이주 노동자 권리협약'을 강화하려는 취지에서 비롯하였다는 점에서 그러하다. 한국도 아시아의 여타 지역에서 노동자들을 받아들이기는 하되, 이주 노동자 권리협약에는 가입할 것을 고려하지 않은 많은 국가들 중의 하나이다. 이주민에 대한 민족국가의 시각은 이처럼 이중적이다. 국내 노동시장에서 구할 수 없는 인력을 해외에서 받아들이기는 하되, 이들의 권리를 제한함으로써 내국인 노동자와는 차별대우를 하는 것이다. 이러한 맥락에서 우리 사회에서 이주민은 한편으로는, 한국인 노동자들이 꺼려하는 산업 현장의 요구를 채워줄 '대체 노동력'의 상징이면서도, 다른 한편으로는 문화적인 이질성으로 인해 경계심이나 혐오감을 불러일으키는 낯선 '타자성'의 기호이다.

이러한 상황이 대두되기로는 우리가 아시아 국가들 중에 유일한 경우도, 또한 처음도 물론 아니다. 일찍이는 조선인 강제 이주자들을 혹독하게 다루었을 뿐만 아니라 지금도 시민적 권리에 있어 차별하는 일본인들이 있으며, 근자에는 같은 중화권에 속하면서도 최근의 중국계 이민자들을 의혹의 시선으로 보는 싱가포르 사람들, 최근에 규모가 늘어난 필리핀 출신의 이민자들을 대하는 타이완 사람들도 같은 범주에 속한다. 시야를 더 넓혀서 보아도 상황은 크게 다르지 않다. 이를테면, 이주자나 이민자의 권리가 사회적인 문제로 대두되기는 대표적인 다문화주의 국가인 미국이나 캐나다에서도, 북아프리카로부터 무슬림 흑인 이민자를 받아들인 프랑스나 아대륙 인도에서 대규모 이민을 받아들인 영국도 상황이 크게 다르지 않다. '이민자의 나라'라고 불리는 미국의 경우, 18세기 중엽에 프론티어 개척과 대륙횡단철도 건설에 필요한 저임금 노동력을 중국인 이민자들에게서 구했으나, 남북전쟁 이후 경제가 나빠지면서 이들이 백인의 고용을 위협한다고 생각하여 적대적으로 돌아서 1882년에 '중국인 이민 금지법'을 제정한 바 있다.

근자에 한편에서 이주민의 처지와 권리가 국제적인 관심으로 부상하였다면, 이주(민)는 문학 비평의 영역에서 중요한 화두로 등장하게 되었다. 흥미로운 점은 비평 담론에서 이주나 이민에 부여되는 지위와 현실 세계에서 이민자들에게 허락되는 위치 사이에는 상당한 괴리가 있다는 점이다. 비평 담론에서 이주에 부여된 새로운 지위는 "흑인 디아스포라"(Black diaspora)나 "아시아인 디아스포라"(Asian diaspora), "무슬림 디아스포라"(Muslim diaspora) 등이 독립된 문학 연구 분야나 장르로서 대접을 받게 되었다는 데서도 잘 드러난다. 뿐만 아니라 근자의 연구에서 디아스포라는 기성의 억압적인 민족 정체성에 대한 도전 공간, 혹은 권위적인 민족주의나 민족국가로부터의 해방구를 모색하는 공간으로까지 주장되었다. 이와 더불어 디아스포라의 성격을 반드시 출신국과의 관계에서 논해야 할 필요가 있는지에 대한 질문도 제기되었다. 왜냐하면 소위 이민자 문학도 이민 2세대 정도로 내려가면 출신국의 문화와는 상당한 거리를 갖게 되기 때문이다. 그러니 이민 2세대나 3세대에게서까지 메트로폴리스에 대한 저항을 기대하고 그러한 잣대로 그들의 문학을 평가하는 것은 탈식민주의 비평이 '또다른 식민주의'로 작동한다는 비판을 초래할 수 있다.

디아스포라는 다양한 스펙트럼을 가진 현상이며 민족주의와 맺는 관계도 복합적이고 다면적이다. 본 연구에서는 디아스포라에 대한 올바른 이해를 위해 이 현상을 단일한 개념으로 정의할 것이 아니라, 소위 "장거리 민족주의"라는 축과 혼종과 다국적 네트워크, 탈영토성 등을 특징으로 하는 "초민족주의"라는 축에 걸쳐 있는 스펙트럼으로 이해할 것을 제안한다. 본 논문은 그러한 취지에서 디아스포라에 관한 다양한 역사적, 이론적 모델들을 고찰할 뿐만 아니라, 디아스포라 담론에 내재한 정치적 가능성에는 어떠한 것들이 있으며, 이에는 또한 어떠한 문제들이 있을 수 있는지를 분석하기로 한다.

2. 디아스포라의 모델들

디아스포라에는 차별에서 저항, 전복, 자유에 이르기까지 다양한 의미들이 각인되어왔다. 디아스포라의 사전적인 정의는 민족 구성원들의 "흩어짐" 혹은 "이산"(離散)이다. 본격적인 디아스포라가 역사에 최초에 모습을 드러낸 때는, 유대왕국이 바빌로니아에 의해 멸망되고, 유대인들이 바빌론에 포로로 잡혀 가게 된 기원전 597년을 꼽는다. 이때 유대인들 일부는 이집트로 도망을 가서 나일강 지역에 자리를 잡게 된다. 이집트로 탈출하였든, 바빌론으로 유배를 당했든, 이 유대인들은 자신들만의 공동체를 형성하여, 전통적인 종교와 관습을 실천하며 민족적 정체성을 보존하며 살아가게 된다.[1] 유대인들의 디아스포라는 훗날 디아스포라에 대한 비평적 논의에 중요한 이론적 기반을 부여하게 되며, 또한 이러한 기여만큼 혼란을 일으키는 원인이 되기도 한다. 디아스포라에 대한 일반적인 이해도 바로 이 유대인 디아스포라를 모델로 하기 때문이다. 디아스포라에 대한 새프란(W. Safran)의 고전적인 정의가 대표적인 예이다. 이 정의에 의하면 디아스포라의 구성 요건은 "중심에서 주변으로의 이산", "조국에 대한 기억과 신화의 공유(共有)", "도착국의 주류 사회가 자신을 진정으로 받아들이지 않는다는 믿음", "조국에 대한 이상화(理想化)" 외에도 "조국의 번영과 보존에 모두가 헌신해야 한다는 믿음" 등을 포함한다. 즉, 출발국과의 관계—그 관계가 실질적이든, 상상적이든 간에—지속 여부가 디아스포라를 규정하는 중요한 요건이 되는 것이다.[2] 유대인 디아스포라는, 이산이 자발적인 결정에 의한 것이 아니라 적국의 침략 행위의 결과라는 점에서 소위 '재앙적 디아스포라'의 모델이 된다.

이러한 관점은 유대인 디아스포라뿐만 아니라 아르메니아인들이나 쿠바인들 등의 집단 이주를 설명해 줄 수 있다. 특히 아르메니아인 디아스포라는 유대

---

1 Jewish Virtual Library, Google, 4 July 2013 <www.jewishvirtuallibrary.org>.

2 William Safran, "Diasporas in Modern Societies: Myths of Homeland and Return," *Diaspora: A Journal of Transnational Studies* 1.1(1991): 83-84.

인 디아스포라에 가장 근접한 것으로 주목을 받은 바 있다. 4세기 사산 왕조 페르시아의 지배 하에서 세계로 흩어지기 시작한 아르메니아인 디아스포라는 오늘날 '교역 디아스포라'의 대표적인 경우로 평가받는다. 반면 '근대'의 아르메니아인 디아스포라는 일차세계대전 중에 터키 정부가 오스만 제국 내에 거주하던 소수민족인 아르메니아인들을 조직적으로 학살하고 강제이주를 시킴으로서 발생한 것이다. 오스만 제국의 통치에 반발하였던 아르메니아인들 100만 명 이상이 처형당하거나 아사(餓死)한 금세기 최악의 학살이라고도 불리는 '아르메니아 대학살'을 기점으로 한다는 점에서, 근대의 아르메니아인 디아스포라는 '재앙적 디아스포라'의 현대적 모델이다. 아르메니아인 디아스포라는 이주자들이 공통의 언어와 종교를 유지하고, 독립한 민족국가에 대한 집단적인 기억을 공유하며, 박해의 기억을 바탕으로 공동체의 결속력을 유지한다는 점에서 유대인 디아스포라에 매우 가깝다. 재앙적 디아스포라의 또다른 예로서 팔레스타인 디아스포라가 있다. 1947년에 이스라엘 건국을 이끌어낸 유대인들의 대탈출이 있었다면, 이 "영광의 대탈출"이 있기 위해서 또다른 대탈출이 동시 발생해야 했다. 귀환하는 유대인들 때문에 팔레스타인 지역에 거주하던 아랍 민족이 고향을 떠나야 했기 때문이다. 이 아랍 민족의 대탈출, "알-나크바(al-Nakba)"가 야기시킨 비극적인 디아스포라는 강탈당한 고향에 대한 기억과 본향으로 돌아가려는 강렬한 욕망, 그리고 공통된 언어와 종교를 유지한다는 점에서 유대인 디아스포라와 특징을 같이 한다.

그러나 새프란이 주장하듯, 고향을 등지고, 현지의 소규모 공동체에서 언어적, 종교적, 문화적 단일성을 유지한다고 해서 모든 출국 행위가 디아스포라를 구성하는 것은 아니다. 나치 정권 아래에서 인종 학살을 경험하기도 하였으며, 고향을 등지고 떠돌며, 현지의 주류 사회에서 배척받는 집단 중에 집시들이 있다. 디아스포라의 여러 특징을 갖추었음에도 불구하고 집시 집단은 두 가지 면에서 디아스포라 요건을 만족시키지 못한다. 그 중 첫째가 "실존적 조건에 대한 문제화”(intellectualization of an existential problem)[3]이다. 집시 집단은 현지의 경제적, 사회적 질서에 대하여 명백히 불만을 토로함에도 불구하고, 이러한 불만을 아랍인들이 “팔레스타인 문제”를 제기한 것에 비견될 만한 방식으로 사회적이고도 정치적인 문제로 표출시키지 못했으며, 그러한 문제의식을 스스로 갖지도 못했다. 집시들이 충족시키지 못한 또 다른 요건으로는, 이들이 독립된 공동체를 가져 보지도 못했으며, 민족적 근원으로서의 출발국(지)에 대한 지리적 개념을 애초부터 갖지 못했기에, 고향으로 돌아가고자 하는 욕망도 결여하였다는 점이다.

20세기 후반에 접어들면서 국가 간의 이동이 그 어느 때보다 활발해지게 된 전지구화 시대의 디아스포라는, 이전의 ‘교역 디아스포라‘나 ‘재앙적 디아스포라’의 두 모델로 설명할 수 없는 새로운 양상들을 보여주게 된다. 그 중 하나가 이민자가 고국의 정치 상황에 대하여 보여주는 지속적인 개입이다. 이민자들이 돌아갈 것을 기대하지도 욕망하지도 않는 고국에서의 정치적 상황에 개입하여 정책 결정에 영향력을 행사한다는 점에서 최근의 이 현상은 고전적인 디아스포라의 양상과는 상이하다. 앤더슨은 이러한 적극적인 디아스포라 유형을 “장거리 민족주의”라 부르며 다음과 같이 논평한 바 있다.

> 오늘날의 장거리 민족주의는 아마도 미래의 불길한 위협의 하나로 다가온다. 무엇보다 그것은 모든 인간 사회를 냉혹하게 가속적으로 변화시키는 자본주의의 부산물이다. 둘째로 그것은 진지하면서도 동시에 극단적으로 책임 없는 정치를 발생시킨다. 그는 자신이 정치적으로 개입하는 해당 국가에서 세금도 내지 않고, 사법적 권한을 벗어나 있고,[...]투옥이나 고문, 죽음을 두려할 필요가 없으며 가족을 필요로 하지도 않는다. 제1세계에 안전하게 자리 잡은 그는 돈과 총을 보

3 Safran, 같은 글, 87.

> 내고, 선전문을 살포하며, 대륙 간 컴퓨터망을 설립할 수 있는데, 이런 행동들은 모두 최종 종착 지대에서 가늠할 수 없는 결과를 만들어낼 수 있다.[4]

앤더슨은 "장거리 민족주의"를 수많은 무고한 인명의 살상을 가져오는 지역 분쟁 원인 중의 하나로만 파악하고 있지만, 이러한 설명이 사실 장거리 민족주의의 다양한 양상을 다 포괄하지는 못한다.

최근에 투표권을 부여 받은 재외국민들이 한국의 대통령 선거에 참여하였다는 사실도 분쟁적인 장거리 민족주의로는 설명되지 않는다. 뿐만 아니라 미국산 수입육의 광우병 발병 가능성에 관하여 국내에서 논란이 일었을 때, 미국 내 소비용 육우와 수출용 육우의 차이에 관한 정보를 한 재미동포가 자신의 웹사이트에서 알린 사실은, 권위주의적 정치를 우회하여 정보를 알려주는 역할을 장거리 민족주의가 담당하고 있음을 예시한다. 소수민족에 대한 차별이 존재하는 한, 출신국과의 연대 의식이나 문화적 동질감은 이민자가 대양을 건너올 때 가지고 왔던 옛 여권처럼 치워지고 잊히는 과거의 유물이 아니라 소중히 보존해야 할 정신적 자산이 된다. 소수민족들은 인종적 편견에 맞설 수 있는 정신적 힘이나 위안을 출신국 문화와의 관계에서 찾는 것이다. 때론 이민자가 국적을 바꾸기 전보다 국적을 바꾼 후에 더 열렬한 애국자가 되는 것도 이러한 맥락에서이다.

디아스포라의 한쪽 편에 출발국의 사회 정치적 현안에 적극 참여하는 장거리 민족주의가가 있다면, 반대편에는 출발국과의 관계는 느슨해진 대신 '혼성적 디아스포라'가 있다. 재앙적 디아스포라와 같은 이전의 패러다임에서 '출발국'이 이민자들의 가치나 정체성의 원천으로 여겨졌다면, 최근의 패러다임에서는 '도착국과의 관계'가 중요한 비중을 차지하게 되었다. 홀과 브루베이커 같

---

4 Benedict Anderson, *Imagined Communities* (London: Verso, 1998), 74.

은 이론가들도 과거에 디아스포라가 "조국 지향성"과 "문화적 경계의 보존" 등으로 특징 지워졌다면 최근의 시각은 많이 달라졌음을 지적한 바 있다.[5] 일례로 "귀환의 욕망"이나 "뿌리에 대한 관심"보다는 "현지에서 나름의 문화를 재생산할 수 있는 능력"이 디아스포라의 중요한 특징이 되었다는 것이다.

또한 이전의 패러다임이 도착국에서 이민자 고유의 문화적 정체성을 유지하는지 여부를 판단 척도로 삼았다면, 최근의 이론에서는 이질성과 다양성, 혼종성을 중시한다. 이러한 혼종적인 디아스포라를 형상화 한 작가들 중에는 무커지(Bharati Mukherjee)와 루시디(Salman Rushdie)가 대표적이다. 인도의 캘커타에서 태어나 유럽에서 자라나고 아이오와에서 유학하고 몬트리올, 뉴욕 그리고 버클리에서 차례로 가르친 무커지는 조국을 등진 이민자 집단이 갖는 정체성을 "일련의 유동적인 정체성"[6]이라고 표현한 바 있다. 브레넌에 의하면, 이러한 디아스포라의 여정을 겪은 작가들은 대체적으로 급진적인 탈식민 이론에 대해서는 회의적인 입장을 견지하고, 민족 문화를 복구하려는 작업을 무시하거나 풍자하는 태도를 취하며, 또한 문화적·혈통적 혼종성과 다중성을 주창하는 특징을 공유한다.[7]

5 Stuart Hall, "Cultural Identity and Diaspora," *Identity: Community, Culture, Difference*, ed. Jonathan Rutherford (London: Lawrence & Wishart, 1990) 235; Rogers Brubaker, "The 'Diaspora' Diaspora," *Ethnic and Racial Studies* 28.1 (Jan. 2005): 6.

6 Bharati Mukherjee, *Darkness* (Markham, Ontario: Penguin Books, 1985) 3.

7 Timothy Brennan, *Salman Rushdie and the Third World: Myth of the Nation* (New York: St. Martin Press, 1989) 34-35.

3. 비순응주의 정치학의 함의

디아스포라는 모두 고향을 등지는 것을 공통분모로 갖는다. 또한 조국이 침략을 받든, 자발적인 결정으로 떠나든, 고향과의 유대가 관계의 중심에 있다. 그러나 디아스포라에 대한 최근의 비평적 이해는 좀 더 다른 의미를 띄게 된다. 디아스포라에 부여된 이 특수한 지위는 새로운 인식에서, 이 고색창연한 역사를 지닌 집단적인 현상에 문학 비평가들이 새롭게 부여하는 역동적인 의미에서 발견된다. 달리 표현하면, 민속학적 연구 대상으로서의 간(間)민족적 현상이 비평가들에 의해 기성 권력에 복종하기를 거부하는 저항의 몸짓으로 읽히게 된다는 것이다. 디아스포라가 한 주권 국가의 공간적 관할권을 벗어남으로써 가능하다는 점에서, 최근의 비평 담론은 디아스포라를 일종의 탈(민족)국가적 해방의 기호로, 더 나아가 개인이 민족국가와의 관계에서 필연적으로 겪게 되는 정체성 형성(identity formation)에 대한 도전을 배태하거나 질문을 제기하는 전복적인 행위의 징표로 해석하게 되었던 것이다. 이러한 시각에서 보았을 때 팔레스타인 디아스포라는 단순히 전쟁으로부터, 목숨의 위협으로부터 안전을 찾는 수동적인 의미가 아니라 빼앗긴 땅을 다스릴 새로운 억압적 질서에 복속되기를 거부하는 비순응주의적 행위로 해석된다. 일제가 한반도를 지배한 1910-20년대에 중국 동북 지역으로 대거 이주한 조선인들의 디아스포라도 대표적인 예이다. 이들은 청-중화민국-만주국으로 이어지는 동북 지역의 복잡한 정세 속에서 조선인으로서의 정체성을 유지하였을 뿐만 아니라, 만주에 망명촌을 건설하고 독립군 기지를 개척하였으면, 1930년대 이후에는 중국 민중과 함께 항일 무장 투쟁을 전개하는 등 디아스포라를 통해 적극적인 저항의 지점을 찾았던 것이다.

디아스포라를 저항이나 해방에 연계시켜 이해하는 이러한 적극적인 해석과 관련하여 흥미로운 사실은 2차 세계대전 이후, 좀 더 정확히 말하자면 전지구화가 화두가 되던 어느 시점에서 민족국가와 민족주의에 대한 인식이 바뀌기 시작했다는 점이다. 이러한 새로운 인식은 영토 개념으로서의 국가를 고수하는 기성의 민족주의와 탈영토성을 특징으로 하는 초민족주의(혹은 코즈모폴리터니즘)이 대립항으로 비교되는 현상과 무관하지 않다. 이 비교에서 민족주의는 지역 분쟁의 원인일 뿐만 아니라 부권주의와 위계적인 계급 질서와 결탁한 이념으로 평가되고, 초민족주의는 이 "말썽 많은" 민족국가의 한계를 넘어서거나 교정하는 대안으로 종종 주목 받아 왔다. 이러한 비교가 합당한 것인지는 여기서 논의하지 않겠다.[8] 대신 지적할 만한 사실은 '국제사면위원회'이나 '국경 없는 의사회', '아시아 태평양 민중 환경 네트워크' 같은 국제기구들이 제3세계 민족국가들에 행사하는 압력이나 그곳의 민중들에게 주는 정치적, 물질적 지원이 간과되어서는 안 된다는 점이다. 민족국가(nation-state)에서 민족과 국가를 연결하는 '하이픈'의 결합력이 지나치게 강력할 때, 그래서 국가의 지배 엘리트가 민족을 입맛대로 관리하는 불행한 경우가 생겨날 때, 초국가적인 단체들이나 네트워크가 실천하는 인권 의식이나 이념들은 민중과 지배 엘리트 간에 존재하는 기존의 결합력을 약화시킴으로써 민중이 새롭게 민족국가를 상상할 수 있게 해 줄 수 있다. 민족국가가 태생적으로 통합과 단결을 지향하는 구심력이라고 한다면, 코즈모폴리타니즘의 초국가적인 상상력은 이에 대해 일종의 원심력으로 작용할 수 있는 것이다.

디아스포라를 해방구로 인식하는 이 새로운 태도는 최근의 영어권 문학에서도 곧잘 발견된다. 『자정의 아이들』(Midnight's Children)로 1981년에 부커상을 수상한 이후, 같은 작품으로 1993년과 2008년에 '부커 중의 부커상'을 두 차례나 더 수상한 루시디의 문학이 이주의 자유와 혼종의 다양성을 경축하는 경

---

8 이와 관련한 자세한 논의는 아래의 글을 참조. Pheng Cheah, "Given Culture: Rethinking Cosmopolitical Freedom in Transnationalism," *Cosmopolitics: Thinking and Feeling beyond the Nation*, eds. Pheng Cheah & Bruce Robbins (Minneapolis: Univ. of Minnesota Press, 1998) 20-41.

향을 띠는 것이 대표적인 예이다. 디아스포라의 주제는 가깝게는 한국계 미국인으로서 서구 비평계의 주목을 받는 이창래의 작품에서도 발견된다. 첫 작품 『원어민』(Native Speaker)에서 최근작 『굴복한 자들』(The Surrendered)에 이르기까지 이창래는 자신의 서사에서 국경을 넘는 이민자들의 삶을 일관되게 그려냈다. 먼저 『상상의 고향들』(Imaginary Homelands)에서 루시디가 부르는 이주자의 노래를 들어보자.

> 『악마의 시』는 혼종, 불순함, 뒤섞임, 그리고 인간들, 문화들, 사상들, 정치, 영화들, 노래들 간의 새롭고 예상치 못하는 혼합에서 생겨나는 변형을 노래합니다. 그것은 잡종화를 축하하고 순수의 절대주의를 두려워합니다. 뒤범벅, 짬뽕, 이것과 저것을 조금씩 모은 것, 이것이 세상에 새로움이 등장하는 방식입니다. 이것이 대단위 이주가 세상에 주는 위대한 가능성이며, 나는 그것을 포용하려고 노력하여 왔습니다. 『악마의 시』는 융합에 의한 변화를, 접합에 의한 변화를 위한 것입니다. 그것은 우리의 잡종화된 자아에 바치는 연가입니다.[9]

루시디는 파키스탄이 "제대로 상상되지도 못한"[10] 경우이며, 인도는 집단적 상상력이 실패한 경우라고 주장하기도 하였는데, 이처럼 '자연적 범주'로서의 민족을 부정하였을 뿐만 아니라 스스로 아대륙 인도와 영국이라는 두 문화권에 걸쳐 있는 존재임을 자랑스러워하였다는 점에서, 루시디의 정치적 비전은 특정 민족에 대한 소속감을 넘어서는 것으로 이해된다. 이러한 입장에서 보았을 때 "대단위 이주"는 세상에 대한 혼성적인 비전을 가능하게 하는 "위대한 가능성"

---

9 Salman Rushdie, *Imaginary Homelands: Essays and Criticism 1981-1991* (New York: Penguin, 1996) 394면.

10 Rushdie, 같은 책, 387.

으로, 특정한 민족적 정체성의 한계를 뛰어넘는 인식의 자유와 해방이라는 함의를 갖는다.

이창래의 『제스처 라이프』(*A Gesture Life*)에 대한 최근의 비평도 디아스포라에 관하여 유사한 입장을 보여준다. 이 소설에서 일본으로 이주한 한국인 부모에게서 태어난 주인공은, 일본인 양부모의 양육 아래에서 장성하여 대동아 전쟁에 참전하고, 이후 미국으로 이민을 간다. 작품의 결미에서 그는 다시 애써 정착한 새 고향을 떠남으로써 작품은 삼중의 디아스포라를 극화해 보인다. 비평가 로우는 출판문화의 한 형태로서의 영미 소설이 "개인과 '상상의 공동체' 간의 통합"이 이루어지는 특권적인 장(場)이라고 주장한 바 있다. "개인과 사회적 질서와의 화해"를 최종 목적지로 삼는 성장 소설이 주요한 하부 장르로 떠오르게 된 것도 이러한 맥락에서이다.[11] 로우의 이러한 안목에 비추어보았을 때 하타의 전기(傳記)는 기성 질서와 화해하기를 거부하는 유의 반항적 서사이다. 주인공이 기성 사회에 대한 지분을 모두 포기하고 유랑의 길을 떠나려하기 때문이다. 그러한 점에서 하타의 이 출발은 적지 않은 국내의 평자로부터도 긍정적인 평가를 받았다.[12] 이에 의하면 소설의 결미는 새로운 디아스포라적인 주체, 혹은 초민족적 주체의 탄생을 알리는 것이다.[13] 그러나 사실 주인공의 새 출발이 궁극적으로 어떤 전복적이거나 순기능적인 의미를 갖는지는 따져보아야 할 문제다. 이러한 근자의 비평에서 발견되는 또다른 문제는 다양한 역사적 맥락과 의미를 갖는 '디아스포라' 용어가 분명한 개념적인 정립이 없이 사용되고 있다

---

11 Lisa Lowe, *Immigrant Acts* (Durham: Duke Univ. Press, 1996) 98.

12 이선주, 「이창래의 『제스처 인생』--패싱, 동화와 디아스포라」, 『미국소설』 31.2(2008): 261 (235-64.); 이숙희, 「스파이와 모델 마이너리티를 넘어서: 『네이티브 스피커』와 『제스처 인생』에 나타난 디아스포라적 주체의 가능성」, 『새한영어영문학』 51.2(2009): 149; Lee Young-Oak, "Gender, Race, and the Nation in A Gesture Life." *Critique* 46.2(Winter 2005): 158.

13 자세한 논의는 졸고 「『제스처 라이프』에 나타난 '차별'과 '차이'의 징후적 읽기」, 『영어영문학』 56권 5호 (2010 겨울): 907-930 참조.

는 점이다. 이러한 비평에서 디아스포라는 '기성 질서와의 결별'을 함의하는 '다른 곳에서의 새 출발'과 동의어로 사용되는 데, 하타의 조선인 부모의 일본 이주는 디아스포라로 볼 수 있겠지만, 주인공의 개별적인 출국(발) 행위에도 적용할 수 있을지는 의문이다.

4. 역사성과 내적 차이

앞서 논의한 다양한 디아스포라 담론들에 공통점이 있다면, 이론적 모델로 삼은 이주자 집단에 대해 일종의 전일성(monolithicness, 全一性)이나 동질성을 이 담론들이 상정하는 것이다. 이러한 전일성의 상정이 문제가 되는 것은 이주자 집단을 정형화된 개념이나 본질에 가두기 때문이다. 이러한 환원주의의 문제점은 크게 두 가지로 나누어 생각해 볼 수 있다. 첫째, 모든 이민자들은 예외 없이 이런 저런 디아스포라의 유형에 속한다고 상정하는 것이다. 이러한 사유는 이민자들이 도착국에서 겪게 되는 현지화의 정도, 즉 문화적 동화의 가능성을 배제한다. 이민의 역사가 2-3대째 정도로 내려가면, 후손들은 대개 더 이상 이민자라는 의식을 갖지 않는다는 사실을 고려한다면, 이들을 디아스포라로 분류하는 것은 단순한 착오를 넘어 개인의 정체성을 독단적으로 규정하는 억압의 행위이다. 이를 테면, 미국에서 911 사태가 발발한 후 아랍계 미국인들이 주위의 동료 미국인들로부터 받았던 의혹의 시선이나 이들로부터의 보복 테러의 가능성에 느꼈던 공포심의 이면에는, 이 미국인들을 보편적 '아랍인'으로, 혹은 보편적 '무슬림'으로 통합해버리는 전일적 디아스포라의 시각이 있었다. 디아스포라에 대한 두 번째 오류는, 지역에 따라 다른 정착 양상을 보이는 디아스포라들을 출신국에 따라 하나의 디아스포라로 묶어버린다는 데 있다. 이를 테면, 중국인 디아스포라 담론에서 중국인 해외 거주자들은 개체성이나 특수성을 상실하고 '보편적인 중국인 이주자'로, 혹은 더 나아가 '중국인'으로 통합되고 마는 경향이 있다. 정착 장소나 정착 시기에 따라 어떤 디아스포라는 출발국이나 혹은 본토인과 더 이상 어떤 연관도, 정서적 유대 관계도 갖지 못하는 경우가 있을 터이나, 전일적 디아스포라의 관점에서는 이러한 경우를 설명할 수 없다.

연전에 싱가포르에서 열린 한 국제학회에서 디아스포라적/초국적 중국인에 대한 한 미국 학자의 주제 발표가 있었다. 발표가 끝난 후 한 중국계 싱가포르 학자가 자신은 "디아스포라도 초국적자도 아닌 싱가포르 사람"[14]일 뿐이라고 주장했다는 일화는 그런 점에서 매우 시사적이다. 중국인이나 인도인 디아스포라처럼 전 세계로 흩어진 경우, 지역에 따라 그 양상이나 역사가 다를 수 있는 다양하고 이질적인 디아스포라들이 '출신국'이라는 하나의 변수에 의해 단일한 디아스포라로 묶어버리는 것이 어떠한 오류를 낳는지를 이 사건은 잘 보여준다. 이러한 디아스포라 개념은 제1세계에서 소수민족의 시민적 권리를 박탈하는 알리바이로 사용될 수도 있다. "클린턴 게이트"를 일으켰던 "존 황 사건"이 대표적인 예이다. 이 사건은 민주당 대선후보 빌 클린턴을 지원하던 민주당 전국 위원회 위원 중국계 미국인 존 황이 모금한 선거 자금의 일부가 외국으로부터 흘러들러 온 것이라는 정황이 포착되면서 불거진다. 외국에서의 모금도 불법이지만, 문제는 이 외국 자금원이 다름 아닌 인도네시아의 친중(親中) 재벌인 리아디 가문이라는 점이 문제였다. 당시 미국의 법무부는 중국 정보국의 자금이 제3국의 세탁과정을 거쳐 클린턴 대선 캠프 내로 흘러든 것이라는 의심을 하고 있었던 것이다. 정작 흥미로운 것은 지금부터이다. 중국 자금의 불법 유입의 가능성을 두고 법무부의 수사가 벌어지자, 당황한 민주당은 중국인 성(姓)을 가진 모든 기부자를 대상으로 스파이 색출 작업에 들어가게 된다. 미국 법무부 및 민주당의 의심하는 시선 앞에서 중국계 미국인(Chinese-American)들은 미국인으로서의 정체성을 반납하고, 중국인으로만, 중국 정부와 결탁하였을 가능성이

14 Arif Dirlik, *Postmodernity's Histories* (New York: Rowman & Littlefield, 2000) 173.

다분한 '해외 중국인'으로 인식되었던 것이다. 중국계 미국인이 해외 중국인 및 본토 중국인 모두와 뭉뚱그려져 마치 같은 뿌리에서 나온 줄기쯤으로 파악되는 이 사건을 두고, 딜릭은 디아스포라 담론이 소수민족을 재인종화 하는데 기여해왔음을 지적한 바 있다. 그의 표현을 직접 빌면, "이 새로운 디아스포라 담론은 중국인을 본질화 함으로써 새로운 인종주의를 양성하는 비옥한 토양을 만들어냈다. 이 디아스포라 개념에는 무엇보다도 중국계 미국인과 (중국 내의 중국인을 포함하는) 그 밖의 중국인들 간의 차이를 삭제한 책임이 있다."[15]

전일적인 디아스포라 개념의 또다른 문제점은 모델이 되는 집단을 인종적 혹은 민족적 시각으로만 보는 결과 내부의 다른 차이들이 삭제되고 만다는 점이다. 사실 같은 시기에, 같은 지역에 정착한 이주민 집단도 그 내부에서는 상이한 이해관계가 존재할 수 있다. 성별이나 성적 취향은 물론이려니와 계급, 출신국 내에서의 지역 차이, 세대 차이 등 다양한 변수에 따라 이민자들은 본인이 속한 디아스포라의 주류 집단과는 다른 정치적 선택을 할 수도 있고, 경제적 이해관계를 달리 할 수도 있으며, 또한 다른 하부 문화를 향유할 수도 있으나 이러한 가능성에 대해 전일적 디아스포라 개념은 눈을 감고 있다. 아시아계 미국인의 정체성에 관련된 논쟁을 소개하는 다음의 글은 디아스포라의 내부를 가로지르는 '차이들'에 관하여 시사하는 바가 크다.

> 아시아계 미국인 담론 내에서 인종화된 집단 정체성과 문화에 대한 논의의 스펙트럼은 다양합니다. 한쪽 편 끝에 문화적 정체성을 문화 민족주의 정치학의 초석으로 본질화하는 논의가 있습니다. 이 논의에서 "문화 민족주의"와 동화(同化 assimilation)의 입장은 정반대의 것으로 드러납니다. 문화 민족주의는 문화

---

15 Dirlik, 같은 책, 176; '존 황 사건'과 관련한 자세한 분석은 졸저, 『제국과 민족국가 사이에서』(파주: 한길사, 2012) 451-53 참조.

의 차별적인 순수성을 긍정하는데, 이러한 입장에서 보면 [현지의] 지배 사회의 기준에 동화되는 것에 저항해야 합니다. "본토" 아시아 문화의 상실에 대한 서사들이 이러한 저항이 드러난 형태입니다. 동시에 이러한 문화 민족주의적 저항에 대한 비판도 개진되는데, 이는 대개 페미니스트들의 입에서 들려옵니다. 이들은 아시아계 미국인들의 민족주의가 남성성만을 최우선으로 삼고 여성들을 고려하지 않는다고 비판합니다.[16]

위 인용문에서 로우는 출발국의 문화와 동일시하고 이러한 동일시에서 자기 정체성을 형성하는 아시아계 미국인들의 태도를 문화 민족주의라고 부른다. 이는 새프란의 고전적인 정의에 부합하는 아시아인 디아스포라 유형이다. 그러나 로우에 의하면, 이러한 고전적인 디아스포라는 내부로부터 생겨나는 균열을 안고 있는데, 그 균열은 고전적인 디아스포라를 추동하는 민족주의의 부권적 성격을 비판하는 페미니스트들의 목소리에서 발견된다는 것이다.

5. 결론을 대신하여

탈식민주의 비평에서 디아스포라가 메트로폴리스와 맺는 관계는 매력적인 개념이다. 도착국 주류 사회와 다른 인종적 혹은 민족적 혈통을 유지하며, 출발국에서 연원하는 문화적인 정체성을 유지한다는 점에서 디아스포라는 적지 않은 제3세계 출신의 문화연구자들에게 전복적이거나 해방적인 의미로 다가왔던 것이다. 메트로폴리스가 소수민족들을 동화주의 정책으로 대할 때, 디아스포라가 담지하는 문화적 이질성이 일종의 저항의 지점의 역할을 할 것으로 기대되

16 Lowe, *Immigrant Acts* 75.

기 때문이다. 민족국가를 성립하게 하는 요건 중의 하나가 '문화적 동일시' 혹은 '동질화'이며, 이러한 요건을 충족시키기 위해 민족국가는 동질성을 재생산하는 '문화적 의미화'의 작업을 끊임없이 수행해야 한다. 소수민족의 문화적 정체성은 바로 이 전체주의적 동질성 내부에서 일종의 간극성(liminality)을 만들어낸다. 소수민을 도착국의 충실한 시민으로 불러내는 민족국가의 호명은 이러한 제3의 공간에서 청중을 찾지 못하고 공허한 메아리로 변질된다. 권위주의적인 민족국가를 새롭게 상상하는 것도 바로 이 공간에서 가능하다는 점에서, 디아스포라는 전복이나 해방의 가능성을 갖는 것으로 해석되었던 것이다.

이러한 가능성과 함께 염두에 두어야 할 점은 디아스포라가 또다른 '보편적 권력'으로 작용할 가능성이다. 특히, 디아스포라가 추상적인 범주로 사용될 때, 특정한 하나의 디아스포라가 다양한 정착 역사들을 대신하게 될 위험성이 다분히 있다. 정착 역사의 지역적 특수성들이 소위 '보편적' 디아스포라에 함몰되어 시야에서 사라지게 되는 것이다. 재현의 영역에서 발생할 수 있는 이러한 억압은 디아스포라들 사이에서만 발견되는 것은 아니고 하나의 지역에 정착한 특정 디아스포라 내부에서도 발생할 수 있다. 즉, 한 곳에 정착한 이주자들 중에서도 주류 집단의 경험이 내부의 소수파들의 목소리를 질식시킬 위험이 다분히 있는 것이다. 여기서 주류 집단은 경제력이나 권력 혹은 학력에 있어 우월한 지위를 차지하는 이주자들일 수도 있고, 성별이나 성적 취향에 있어 다수를 형성하는 이주자들일 수도 있다. 그러한 점에서 디아스포라에 대한 연구는 디아스포라에 담겨 있는 다양한 역사적 궤적의 차이들과 동시에 디아스포라 내부의 차이에도 유의해야 한다. 이러한 차이로부터 눈을 떼게 될 때, 개인은 특수성을 상실하고 연구자 개인의 의제에 따라 예비해 놓은 "보편적 이주자"의 범주에 통합되기 마련이다. 그 결과 이주자 개인은 자신의 정치적 혹은 문화적 성향과는 상관없이, 혹은 그에 반하여 "장거리 민족주의자"나 주류 사회에 맞서는 "저항적 소수민"으로 호명 당하게 된다. 디아스포라에 관한 연구가 주류 사회와의 관계에서 주변적인 위치를 차지하는 집단에 관한 연구일진대, 이 소수집단에 대한 연구에서조차 보편성이 또다른 권력으로 작용한다면 이보다 더한 아이러니도 없을 것이다.

인용문헌

이석구.『제국과 민족국가 사이에서』. 파주: 한길사, 2012.

___.「『제스처 라이프』에 나타난 '차별'과 '차이'의 징후적 읽기」.『영어영문학』56권 5호(2010 겨울): 907-930.

이선주.「이창래의『제스처 인생』--패싱, 동화와 디아스포라」.『미국소설』 31권 2호(2008): 235-64.

이숙희.「스파이와 모델 마이너리티를 넘어서:『네이티브 스피커』와『제스처 인생』에 나타난 디아스포라적 주체의 가능성」.『새한영어영문학』51권 2호(2009): 133-56.

Anderson, Benedict. *Imagined Communities*. London: Verso, 1998.

Brennan, Timothy. *Salman Rushdie and the Third World: Myth of the Nation*. New York: St. Martin Press, 1989.

Brubaker, Rogers. "The 'Diaspora' Diaspora." *Ethnic and Racial Studies* 28.1 (Jan. 2005): 1-19.

Cheah, Pheng. "Given Culture: Rethinking Cosmopolitical Freedom in Transnationalism." *Cosmopolitics: Thinking and Feeling beyond the Nation*. Eds. Pheng Cheah & Bruce Robbins. Minneapolis: Univ. of Minnesota Press, 1998.

Dirlik, Arif. *Postmodernity's Histories*. New York: Rowman & Littlefield, 2000.

Hall, Stuart. "Cultural Identity and Diaspora." Identity: *Community, Culture, Difference*. Ed. Jonathan Rutherford. London: Lawrence & Wishart, 1990. 222-37.

Jewish Virtual Library. Google. 4 July 2013 <www.jewishvirtuallibrary.org>.

Lowe, Lisa. *Immigrant Acts*. Durham: Duke UP, 1996.

Mukherjee, Bharati. *Darkness*. Markham, Ontario: Penguin, 1985.

Rushdie, Salman. *Imaginary Homelands: Essays and Criticism 1981-1991*. New York: Penguin, 1996.

Safran, William. "Diasporas in Modern Societies: Myths of Homeland and Return." Diaspora: *A Journal of Transnational Studies 1*.1(1991): 83-99.

Young-Oak, Lee. "Gender, Race, and the Nation in A Gesture Life." *Critique* 46.2(Winter 2005): 146-59.

논평과 토론

초민족 시대의 디아스포라 모델과 정치학

최문규 이석구 선생님의 발표를 잘 들었습니다. '디아스포라'는 저의 전문적인 주제가 아니어서 우선 '역시 이 주제도 대단히 복잡하구나'라는 인상을 받았어요. 디아스포라와 관련된 관점의 다양한 갈래, 예를 들면 교역 디아스포라, 재앙적 디아스포라, 장거리 민족주의 디아스포라, 혼성적 디아스포라, 전일적 디아스포라, 보편적 디아스포라 등을 매우 깔끔하게 정리해 주셨습니다. '디아스포라'라는 커다란 공통점에도 불구하고 각 관점 간의 미세한 차이를 읽을 수 있었습니다.

우선 간단한 질문을 몇 가지 드리겠습니다. 우선 제목에서 '왜 초민족 시대라고 했을까'에 대해서 설명을 기대했는데, 탈민족 시대와 초민족 시대가 어떻게 다른 것인지에 대한 질문을 드립니다.

두 번째 질문은, 이창래의 『제스처 라이프』라는 소설에 관해 언급하고 계십니다. 한국인 부모에서 태어나고 일본인 양부모에게 입양되고 미국시민으로 활동하는 내용인 것 같은데, 그 소설을 일종의 새로운 디아스포라적 주체 또는 초민족 주체의 탄생을 알린다고 해석하고 있습니다, 한국인 부모, 일본인 부모, 미국시민 등 다양한 민족성의 혼합으로 인해 선생님은 그 소설을 두고서 일종의 '정체성이 없는 주체'의 등장으로 파악하고 있는 것 같습니다. 전통적으로 주체 개념은, 자아 단위이든 민족 단위이든 간에, 특정한 정체성을 전제로만 사용할 수 있는데, 과연 '정체성이 없는 주체'라는 개념이 가능한 것인지요?

마지막 질문 혹은 일종의 주제 확대 차원에서 참고하시길 부탁드리고 싶은 점은, 디아스포라 주체를 전형적인 미국적 맥락에서만 파악하고 계신데 이를 확대하여 파악하시는 것도 좋을 듯 싶습니다. 미국의 경우 정말 다민족으로 이루어진 국가이고 지금도 끊임없이 여러 민족이 이민이나 망명을 시도하고 있기에 민족, 디아스포라 문제 등이 매우 첨예한 것 같습니다. 그런 미국적 상황과 비교하여 마찬가지로 유럽에서의 디아스포라 문제도 함께 파악해보셨으면 합니다. 프랑스에도 알제리를 비롯한 아프리카 국가에서 다양한 민족들이 흡수되었고, 또한 독일에도 터키, 그리스, 이탈리아, 한국 등에서 온 여러 민족이 있습니다. 그런데 독일의 경우는 과거 나치즘의 경험 때문에 타민족 박해 등이 감히 거론될 수 없고 또한 디아스포라 주제가 매우 활발하게 거론되지는 않았습니다. 망명이나 이민 형식으로 독일로 온 타민족의 측면에서도 그것은 마찬가지였습니다. 물론 독일도 새롭게 통일된 이후 요즘은 외국인 차별이라는 매우 심각한 사회적 주제가 다시 등장하고 그와 동시에 디아스포라 또한 학문적 주제로 부상하고 있기는 합니다. 특히 터키, 한국 등의 2,3세대 젊은 작가들이 자신의 민족적 정체성을 찾아보려는 문학적 시도가 간헐적으로 드러나고 있습니다. 아무튼 디아스포라라는 주제 하에 독일과 미국의 차이점을 발견할 수 있을 듯 싶습니다. 즉 독일의 경우 여러 민족에 의해 구성된 하나의 국가 의식이 결코 강조되지 않는 반면에, 미국은 겉으로는 '아메리카 합중국'이라는 구호 하에 '미국, 미국인'의 의식이 국제적으로 매우 강조되고 있음에도 불구하고 내부적으로는 민족 간의 엄청난 차이/차별이 작동하면서 점점 더 서로 간의 상처가 곪아지는 것이 아닌가 싶습니다.

이석구 좋은 질문 감사합니다. 첫 번째로 초민족 시대와 탈민족 시대의 차이점을 보시고 '초민족이란 표현은 어떤 의미에서 썼는가' 라는 질문을 하신 것 같습니다. 사실은 초민족과 탈민족이 얼마나 엄밀하게 구분되어 사용되는지는 확실하지 않습니다. 영어로는 이 표현이 'trans-national'이 될 텐데요, 일반적으로는 초민족이라고 번역을 많이 하는 것 같고, 민족국가 단위를 초월하는 거의 모든 종류의 국제적 교류를 뜻 합니다. 반면 '탈'자를 붙이면 '초'와는 달리 정치적인 민족국가의 필요성이라고나 할까, 정당성이라고나 할까 이런 것을 부정하는 함의를 갖는 것이 사실입니다. 예컨대 코즈모폴리탄적인 세계 질서나 세계 정부를 의미한다면 탈민족이라는 표현이 어울리는 것 같습니다. 일반적으로 초민족이라고 했을 때는, 기존의 정치나 특히 경제가 민족국가라는 기성의 국가적 경계선 내에서만으로는 더 이상 유지, 운영될 수가 없다는 믿음, 그래서 민족국가가 내부의 세력에 의존하는 만큼, 국가 단위를 넘어 존재하는 힘이나 교류에 의존할 수밖에 없다는 개념 정도로 이해됩니다. 이러한 초민족 시대를 등장하게 한 것은, 흔히 말하는 세계화 현상이라는 생각이 듭니다.

두 번째 질문은 이창래의 소설에서 주인공 하타의 다양한 이력, 즉 여러 가지 국가를 떠돌게 되었던 이력을 고려하여 그를 초민족적 주체라고 부른다면, 이 용어가 사실 우리가 알고 있는 주체 개념과는 상반되지 않는가 라는 뜻으로 이해를 했습니다. 그도 그럴 것이 주체라는 용어는, 개인에게 소위 자율적이고 고유한 무엇인가가, 문화적 내용이나 의식으로 충만한 것이 있음을 의미하는 것인데, 이러한 개인의 자율적 충만함이라는 개념과 다양한 민족공동체를 겪으면서 변화를 경험하는 개인의 정체성이 모순 관계가 있지 않는가 하는 질문이 생길 수 있을 것 같습니다. 제 생각에는 흔히 사용되는 주체성의 개념이 굉장히 문화적인 순수주의라고 할까요? 그런 믿음에 집착을 보이는 것은 아닌가 하는 의문이 있습니다. 다양한 민족 공동체에 소속되는 경험이 있다고 해서, 그래서 개인의 의식 세계가 그때마다 변화를 겪는다고 해서, 주체성이 없다거나 주체로서의 의식이 불분명하다고 보는 것은 예단이 아닌가 싶습니다. 그 이유는 이러한 견해가, 다양한 문화적 유산이 섞일 때 이로 인한 이질적인 영향력들이 화학작용을 통해 새로운 개인의식이나 집단의식을 만들어 낼 가능성을 부정하고 있기 때문입니다. 변하지 않는, 최초로 형성된 의식만이 개인을 주체로 서게 만드는 것은 아니지 않겠습니까. 그러한 점에서 초민족적 주체는 이러한 순혈성을 전제로 하는 문화 민족주의가 만들어낸 주체성에 대해 도전하는 개념이기도 합니다. 그래서 토론자께서 초민족적 주체에는 정체성이 없는 것이 아닌가 라는 질문을 하셨는데, '주체'라는 표현이 '초민족'이라는 용어와 모순관계에 있다고는 생각지 않습니다. 또한 저는 다르지 않은 맥락에서, 특정한 민족국가와의 관계에서만 제대로 된 주체가 가능하다고 생각하는 것을 버릴 때도 되지 않았나 하는 말씀을 조심스럽게 드리고 싶습니다. 문화적 순수성이나 집단적 동질성이 주체 형성의 과정에 개입하여 온 것은 사실이나, 이제는 그것만으로 주체성을 설명할 수는 없는 그런 시대가 오지 않았나 생각해 봅니다.

최문규 물론 이창래의 소설이 전통적인 의미에서 '민족' 단위에서의 주체를 비판하고 있다는 점은 분명합니다. 그렇다고 세계시민적 주체라든가, 민족주의 담론을 벗어난, 문화 순수주의에서 벗어난 새로운 주체라는 식으로 이해해야 하는지요? 사실 이창래의 소설에는 엄연히 민족 단위의 주체 문제가 현존하고 있는 셈이지요. 즉 태생적 혈연(한국인)에 기반을 둔 주체성, 인위적 교육(일본인)에 기반을 둔 주체성, 그리고 사회적 활동 영역(미국인)에 기반을 둔 주체성, 이 세 가지 주체성이 전제되고 동시에 충돌하는 것 같습니다.

이석구 네, 알겠습니다. 초민족적 주체에 관한 하나의 예로써 세계 시민을 상정해볼 수는 있겠습니다만, 이 둘이 온전히 합치될 수 있는 관계라고는 생각되지는 않습니다. 몇 개의 국가들을 전전하고 한곳에서 뿌리를 내렸다가 또 다시 다른 곳으로 이동했을 경우, 자신이 인연을 맺었던 다중적인 국가와의 관계가 개인의 문화적 정체성을 형성할 것입니다. 그리고 이때의 정체성은 혼종적인 성격을 띠기가 쉬울 것입니다. 그런 점에서 하타와 같은 인물의 정체성은 문화 순수주의가 상정하는 정체성과는 다른 것이라는 뜻입니다. 또한 다중적인 국가나 문화의 영향력 아래 혼종적인 정체성을 갖게 된다고 하더라도, 이것이 반드시 세계 시민이 됨을 의미하지는 않습니다. 혼종적인 문화정체성이라도 국지적일 수 있다는 뜻입니다. 이를 테면 중국인 디아스포라가 싱가포르에 정착하여 현지의 문화와 어우러졌을 때, 이 이주민들은 문화적으로는 혼종적이면서도, 스스로를 중국인이나 중국인 디아스포라가 아니라 싱가포르인이라고 여긴다는 점에서, 특정한 하나의 민족 국가에 대한 애착이나 충절을 표현하고 있는 것입니다. '세계시민과 초민족 주체를 비교하면, 초민족 주체가 훨씬 더 큰 범주'라는 생각이 듭니다. 복수나 혼성적인 문화적 정체성을 가지고 있다고 해서 세계 시민은 아니라는 거죠. 하지만 세계 시민도 초민족 주체가 될 수는 있겠지요. 그런데 선생님 말씀 중에서 주체성이라고 할 때 문화의 영역을 벗어난 주체성을 말씀하시는 것인지요. 문화적 정체성과는 다른 자기 주체성을 상정하고 계신데, 인간의 어떤 의식이 문화와 별개로 존재할 수 있는 것인지는 의문스럽습니다.

최문규 자기 정체성이라는 것이 꼭 환경에 종속되고 환경에 의해 형성된다고 볼 수는 없습니다. 오히려 독일 관념론적 시각에서 보면, 환경을 초월해서, 즉 시공간을 초월하여 변함 없이 전제되는 인식의 심급단위로서 바로 자기 정체성, 자기 주체성이 언급되고 있습니다.

이석구 죄송하지만 저는 관념론에 대해서는 별로 드릴 말씀이 없는데, 이 자리에 참석하신 철학과 선생님께 도움 말씀을 받아볼까요.

조대호 자기 동일성만큼 복잡한 개념이 없고, 그것처럼 다층적인 개념이 없기 때문에 문화적인 것을 배제했을 때 남는 자기 정체성의 내용이 무엇이냐는 질문에 대해 한 마디로 대답하기는 어려울 것 같습니다. 유전자 수준으로 내려가서 생물학적인 자기 동일성을 얘기할 수도 있고, 의식의 자기 동일성을 얘기할 수도 있겠는데, 적어도 18세기 이후의 서양 철학에서 자기 동일성을 이해할 때 사용했던 범주로서 '기억'을 끌어들인다면, 결국 문화적 배경을 떠나서 자기 정체성을 이해하는 것은 쉬운 일은 아닌 것 같습니다. 그러니까 복수의 문화를 겪은 사람이 갖게 되는 정체성은 특정한 한 민족 안에서 기억을 통해서 형성된 정체성과는 뭔가 다른 양상을 가질 수가 있을 것 같고, 그런 양상의 차이를 드러내는 것은 또 다른 흥미로운 연구의 내용이 되지 않을까 합니다. 이 정도로 말씀드리겠습니다.

이석구 네, 경험적으로 접근할 때, 저는 의식이라는 것이 문화적인 작용으로 형성되는 것이라 생각합니다. 광의의 의미에서 문화는 경험 전체, 그 사회에서 벌어지는 여러 가지 정신적, 육체적 활동들을 다 포괄하는 것으로 본다면, 인간의 의식은 이러한 문화와의 상호 관계에서 형성된다는 것입니다. 그렇다고 의식이 환경에 의해 결정된다는 뜻은 아닙니다. 의식이 환경과 맺는 관계는 다양할 수 있습니다. 순응, 저항, 발전, 지배, 제휴 등 다양한 상호 작용을 생각해 볼 수 있겠지요. 그러나 어떤 경우든, 환경과의 관계가 개인의식의 형성이나 발전에 지대한 영향을 행사한다는 점에서, 문화와 의식의 관계는 따로 떼어놓을 수 없다고 생각이 듭니다.

최문규 그런데 다음과 같이 설명하는 것이 적절한지 모르겠습니다. 아리스토텔레스와 소피스트간의 결정적인 차이점은, 아리스토텔레스의 경우 시공간이 아무리 바뀌어도 흔들리지 않는 불변의 무엇으로서 자기 정체성이 주장되고 있다면, 소피스트의 경우 시공간을 철저하게 고려하여 매 순간 인식도 달라질 수 있고 그로 인해 '기회주의'(occasionalism)에 기초한 시각을 강조한 것이라고 할 수 있습니다. 즉 자기 정체성이 흔들리지 않는 것이 아니라 시공간에 의해 영향을 받는 것이라고 할 수 있습니다. 그렇다면 선생님처럼 자기 정체성이 환경의 변화에 의존되는 것이라고 본다면, 이창래의 소설에서 나오는 주인공은 어떻게 보면 전통적인 아리스토텔레스적 자기 주체성을 상실한, 혹은 소피스트적인 기회주의적인 자기 정체성을 지닌다고 볼 수 있겠죠. 즉 그 때 그 때 환경에 따라 다르게 대응하는 자기 주체성인 것이지요. 제가 질문 드리고 싶은 점은, 환경이 달라졌어도 한국인 부모, 일본인 양부모, 미국 시민성을 뛰어 넘는 자기 정체성이 존재하는 것인지 아니면 그 세 가지 민족성이 분열되고 서로 충돌하는 점에서의 자기 정체성이 존재하는 것인지 하는 것입니다.

조대호 제가 좀 달리 질문을 이렇게 드려보면 어떨까 하는데요, 이창래의 소설에서 나오는 주인공의 내면에서 문화적 상황에 따라 변화하는 측면과, 변화하지 않는 측면이 공존한다면 그 공존의 양상을 어떻게 설명을 해야 할지... 이런 식으로 질문을 드리면 어떨까요?

이석구 주인공의 경우 어렸을 때 일본에서 자라난 성장경험이 정신을 많이 지배합니다. 소년기와 청년기에 일본 사회에서 적응을 해서 살아남았고, 미국으로 이민을 가서는 미국의 다문화적인 상황을 잘 받아들이는 것 같습니다. 적어도 겉으로는 말입니다. 그런데 묘하게도 그에게는 일본에서 어릴 때 받았던 집단 중심주의적인 사유가 계속해서 드러납니다. 그래서 소위 말하는 성장기에 형성되었던 인성이 지속되는데, 그렇게 본다면 성장기의 인성이라는 것도 결국은 환경의 영향 아래 생겨난 것이기에, 환경 이전의 무엇이라고 볼 수는 없을 것 같습니다. 환경에 따라 변하지 않는 무엇이 개인의 정신세계에 있는가 라는 질문은 저로서는 대답하기 힘든 질문입니다. 제 자신이 그것의 존재를 믿지 않습니다. 환경이 영향을 미치기 전의 상태에서 무엇인가가 개인의 내부 세계에 있을 수는 있다고 생각합니다만 그것이 무엇인지에 대해서 대답을 드릴 수는 없습니다. 라깡의 이론을 빌어 표현하자면, 상징계 이전에 뭔가는 있지만 그 무엇이 무엇인지는 아무도 말할 수 없는 것이고, 그냥 쉽게 말하면 떡 반죽 같은 것이죠. 반죽이 애초에 있기는 하지만, 시간이 지나면서 결국에 부권적 법이라든지 상징계의 법이 이것에 낙인을 찍어 하나의 기표로, 하나의 의미 있는 형체로 만들어내기는 하지만, 그 애초의 반죽이 어떤 형체였는지에 대해서는 뭐라고 말할 수 없는 것이죠.

조대호 네, 그런 것이 전혀 없다고는 얘기할 수 없지만 그렇다고 해서 그것이 무엇이냐, 어느 정도 나의 삶에서 그것이 유지되고 동일성이 드러나느냐 하는 것은 누구도 정확하게 얘기할 수 없겠죠.

정진배 그런데 <그 무엇>이라고 하는 것을 가령 우리가 실체론적 혹은 본질주의적으로 규명할 수 없는 것이라고 전제한다면, 지금 디아스포라의 논리가 기대고 있는 원심성과 구심성의 역동성이라는 측면에서 볼 때는 그 전제 자체가 이미 본질론적인 어떤 개념을 암묵적으로 인정하고, 나아가 거기에 대비되는 대항담론으로서의 디아스포라 개념이 되기 때문에, 어떻게 보면 이 전제 자체가 위태로워질 수 있는 개연성을 내포하고 있는 게 아닌가라는 생각이 듭니다. 조금 더 부연해서 말씀드리자면, 디아스포라 개념이 선생님 논의를 따르자면 내용적인 부분과 형식적인 측면이 다소 혼재돼 있는 것 같습니다. 내용적인 차원이라고 한 것은, 이주민의 문제, 인종적 문제 등을 포괄하는 것이고요. 그런데 디아스포라의 핵심 개념은 탈경계라든지 주변과 중심성이라고 하는 형식론적인 차원에서 논의가 전개되고 있거든요. 달리 말해 디아스포라의 내용적 측면이 있고, 그와 더불어 디아스포라라는 이데올로기적인 담론이 가지고 있는 형식적인 측면이 있는데, 이 양자가 어떻게 보면 다소 상호모순적인 개념으로 작동하고 있는 것이 아닌가라는 의구심을 갖습니다. 가령 이게 원심성과 구심성의 차원에서 어떤 중심을 끊임없이 전복시키려고 하는 차원에서 접근하는 것이라고 한다면, 이 디아스포라라는 개념에 굳이 어떤 이주자의 경험이라는 아주 '피상적인' 것이 개입되어야 할 필요성이 무엇인지 궁금합니다.

이석구 질문을 다시 한번 정리해주시면 좋겠습니다.

조대호 '디아스포라' 개념이 실체론적으로 인간의 주체성을 파악하는 데에 대한 반론이 될 수 있지 않겠느냐하는 말씀인 것 같습니다.

이석구 그 자체가 사용되는 방식이 본질론적이지 않냐는 말씀이시죠?

정진배 네, 그러니까 디아스포라의 기본 전제는 주변과 중심의 긴장관계 등의 차원에서 논의가 전개되고 있는데, 만일 민족성이라고 하는 것 자체가 이미 고정될 수 없는 하나의 모호한 실체라면 결국 그런 관점에서는 민족적인 것이라고 하는 것조차도 (제가 볼 때는) '과정적'(becoming)인 문제가 되거든요. 그러니까 우리가 '민족적인 것이다'라고 하는 것을 선경험적으로 가지고 있고, 선경험적으로 가지고 있는 것에 외래적인 것이 들어와서 상호간에 충돌이 발생하는 그런 문제가 아닐 수도 있지 않겠느냐는 것이죠, 두 분 선생님 논의의 연장선상에서 말씀 드리는 겁니다.

이석구 네, 아주 좋은 질문인 것 같습니다. 앞서 나온 논의와는 약간 다르다고는 생각됩니다. 아까는 문화적 혹은 환경적인 것과의 관계에서 개인 주체성의 형성 문제를 다루었습니다. 그래서 어떤 선존재하는 환경의 영향이 개입하기 전에 존재하는 순수한 무엇이 있느냐 없느냐의 문제에서 봤을 때, 만약에 그것이 '있다'라고 본다면 이는 '굉장히 본질론적인 함의라고 저는 생각한다'고 대답을 할 수 있을 것 같습니다. 정진배 선생님께서 말씀하시는 것은 디아스포라라는 개념을 논하기 위해서는 민족적이고 문화적인 정체성을 이야기해야 하는데, 그런 논의에서 도착국이나 출발국의 문화적 정체성이라는 것이 너무 본질적으로 사용되는 것은 아닌가 하는 질문으로 생각됩니다. 선생님께서 염려

하시는 바에 저도 동의하는 바입니다. 그렇지만 주의하셔야 할 부분이, 논의를 하기 위해서 민족 정체성을 범주화한 것이지, 이것이 곧 민족 정체성이 변하지 않는다거나, 혹은 한 마디로 정의될 수 있다고 주장하는 것은 아니라는 점입니다. 환경과의 관계에서 개인의 정체성을 보아야 한다고 주장하는 만큼 저의 입장은 정체성이 계속 변하는 것, 즉 일종의 과정이라고 봅니다. 그런 점에서 선생님의 말씀에 동의하는 편입니다. 계속 변하기는 하지만 그럼에도 불구하고 그것은 분명히 민족과 민족이 만나는 장에서는 하나의 현실적인 힘으로 작용하는 것 또한 사실입니다. 그래서 현실에서 작용하는 이 힘에 대한 논의를 하기 위해서는 우리는 일시적으로나마 그것을 범주로 상정하고 얘기할 수밖에 없다는 거죠. 그런 맥락에서 민족적 정체성을 얘기한 것이지, 정체성이라는 것이 본질적이라는 의도로 얘기한 것은 아니었습니다.

조대호 두 번째 질문은 디아스포라의 내용과 형식 사이에 어떤 모순이 있지 않는가였지요?

정진배 저는 디아스포라가 충동성과 가치론적인 측면에서 논의가 계속 전개되고 있는 것 같아요. 그러니까 디아스포라를 굳이 원심성으로 본다면 이 원심성은 하나의 충동이고, 이것이 내용적인 차원이기보다는, 주류를 전복시키고 그것에 대해 끊임없이 새로운 변형을 가하고자 하는 원심론적 경향성이면서 형식적인 문제인데, 지금 디아스포라를 규정하는 또 하나의 가설은, 이것이 굉장히 내용적 차원에서 이루어지고 있다는 것이죠. 그러니까 아시아인이 서양 국가에 안착했을 때 그것은 외형적으로 드러난 하나의 사실이고 그 부분을 '내용적인 측면으로서의 디아스포라'라고 한다면, 실질적인 디아스포라의 담론이 발생하는 지점은 형식적이고 가치론적 차원에서의 논의가 주류를 이루고 있는 것이 아닌가, 그렇게 본다면 외형적으로 디아스포라를 규정하고자 하는 모든 시도들 자체가, 제가 볼 땐 굉장히 피상적이 될 수 있지 않은가 라는 거죠. 디아스포라가 말하고자 하는 이데올로기적인 함의는 궁극적인 차원에서는 주변과 중심과의 관계성인데, 그것이 제가 볼 때는 가치적, 형식적, 전략적 개념에 가까운 것 같습니다. 그런 차원에서 이 디아스포라가 굳이 환원주의적으로 어떤 인종적인 차원에서 논의되는 것은 큰 의미가 없지 않겠느냐는 것이지요.

이석구 두 번째 질문에 대한 대답을 드리자면, 인종적인 차원에 대한 논의나 조사 없이 형식적인 분류가 먼저 가능한지 저는 잘 모르겠습니다. 형식적인 분류도 내용에 기초하니까요. 그리고 이주민 2세냐 3세냐가 중요한 것이, 디아스포라를 단순히 하나의 충동으로, 즉 원심성으로만 볼 수가 없는 다양한 내용이 이 범주 내에 있을 수 있기 때문입니다. 또한 사실, 본 연구는 역사적인 현상으로서만 디아스포라를 논의하고자 한 것은 아니었습니다. 교역적 디아스포라와 재앙적 디아스포라에 대해 언급을 하였는데, 그것은 역사적인 현상으로서의 의미가 있어서라기보다는 사실은 디아스포라에 부여되었던 기존의 가치론적인 논의, 즉 본국과의 끊을 수 없는 관계라든가, 혹은 선생님께서 금방 말씀하셨듯이, 도착국의 문화를 전복시킨다는 생각이 이미 기성의 디아스포라 담론 깊숙이 들어가 있는데, 이를 다시 사유해야 될 필요가 있다는 의미에서입니다. 달리 표현하면, 제가 디아스포라를 담론으로서 다룰 때는 이것은 애초부터 가치가 부여된 담론이었다는 맥락이고, 그런 식으로 사용되었을 때 개개인에게 이 디아스포라에 대한 기성의 인식, 가치론이 굉장히 억압적일 수 있다는 것이죠.

정진배 선생님 말씀에 동의하면서 한 마디만 덧붙이겠습니다, 저는 민족이라는 개념 자체가 과연 순수한 것인가에 의구심이 있습니다. 그러니까 민족이라는 개념 자체도 혼종성이 전제되어 있는 것이고......가령 한국을 단일 민족이라고 얘기하는 것도 어떻게 보면 이데올로기적인 차원이 아닌가 라는 것입니다. 디아스포라라는 개념에서 '이민족'과 '주류민족'이라고 하는 이분법적인 구도가 성립되기 위해서는 후자 자체가 이미 하나의 완결성을 내포할 수 있어야 하는데, 민족성이라는 것 자체도 굉장히 과정적(becoming)인 개념으로 봐야하지 않겠는가 라는 것입니다.

그러한 관점에서 이방인과 본토의 거주자와의 관계성 속에서만 '디아스포라' 개념을 파악한다면, 이민족과 본토 민족 간의 소위 말하는 경계 짓기의 유효성에 대해서는 의문이 있다는 겁니다. 대표적인 예가 중국 같은 경우 인데, 중국인의 90% 이상이 한족이라고 하지만 그게 사실 말이 안 되거든요? 한족이라고 하는 개념 자체도 엄밀히 보자면 '허구'적으로 성립된 것이지요.

이석구 사실 앞서 대답한 기억이 있는 질문입니다. 민족은 가변적이고 진행론적이라는 범주라는 말씀에 동의합니다. 디아스포라를 논할 때, 이방인과 본토의 민족 등의 개념을 사용하지 않을 수 없지요. 그러나 이러한 개념들을 공시적인 의미에서 사용한다고 해서 본질론이라고 한다면, 어떠한 논의도 본질론을 경유하지 않고서는 이루어질 수 없다고 생각됩니다. 선생님의 질문으로 돌아가서, 민족성도 진행형이요, 디아스포라도 진행형이기에, 이민자들과 도착국의 민족의 경계짓기가 유효하지 않다는 뜻이라면 그 말씀에는 동의하지 않습니다. 비록 이민자/도착국 민족 이 두 범주가 진행형이라고 하더라도, 현실에는 두 범주 간에 엄연한 차이/차별이 있습니다. 각각의 범주가 변동적이기에 두 범주에 대한 논의가 불가능하다고 하시면, 형식논리에 너무 사로잡힌 것은 아닌가 하는 생각이 듭니다. 선생님께서 드신 중국 한족의 예는 흥미 있는 예입니다. 중국 본토 내에서 한족과 다른 민족들 간에는 분명 긴장이 존재합니다. 그리고 이 긴장을 증거로 삼아 한족의 신화를 해체하는 논의도 가능하리라 생각합니다. 그러나 중국 본토에 한족 외의 '다른 민족'들이 존재하기 때문에, 재외 중국교포, 즉 중국인 디아스포라와 출발국의 관계를 두 개의 범주로서 논의할 수 없다고 생각하지는 않습니다. 저의 연구의 요지가 디아스포라 연구에 있어 역사적 궤적을 중요하게 고려해야 한다는 것이라는 점을 염두에 두신다면 말입니다.

김준환 두 가지 질문을 드리고 싶습니다.
디아스포라의 여러 유형에 대한 담론들과 현재의 담론이 가지고 있는 문제들에 대한 논의를 하셨는데, 이 문제를 논의하는 데 있어서 일정 부분 '역사화'할 필요가 있지 않을까 하는 생각이 듭니다. 예를 들어서 "문화적 순수주의"가 거의 부정적인 의미로 사용되고 있는데, 어떤 특정 역사적 시점에서는 "문화적 순수주의"가 전략적으로 긍정적인 작용을 할 수도 있지 않을까요? 그러니까 "문화적 순수주의"를 본질주의와 동일시하여, 이와 연관된 "민족주의" 개념을 부정하다 보니 오히려 이를 과도하게 본질주의적으로 만드는 것이 아닌가하는 질문입니다. 일례로 에드워드 사이드(Edward Said)는 예이츠(W. B. Yeats)를 아일랜드 민족 시인으로 규정하면서 민족주의·독립운동과 해방운동이라는 두 단계를 나누어 제1단계에 속한 예이츠를 제한적으로 긍정합니다. 이렇듯 "문화적 순수주의"를 문맥에 따라 역사화하는 것이 어느 정도 필요하지 않겠냐는 것이 첫 질문입니다.
두 번째는 논의의 결론 부분에 있는 용어 및 표현에 관한 질문입니다. 인도 비평가 크리슈나스와미(Revathi Krishnaswamy)는 디아스포라 문제에 대해 "차이"에 방점을 둔 서구의 포스트모더니즘이 일군의 이주 지식인 작가에 특정하여 이주의 문제를 보편화시면서 유희적 다원주의로 빠져버리는 경향을 비판하며 누가 어떤 이유로 이주를 하는지에 대한 "역사적·물질적 조건의 구체적 문맥"을 고려해야 한다고 주장한 바 있습니다. 이런 맥락에서 말씀하신 (추상적/억압적) 보편성의 부정적 기능에 대해 어느 정도 공감합니다. 그런데 결론 부분에서 사용하신 "특수"와 "보편"이라는 용어가 다소 이분법적으로 구분된 것은 아닌가라는 인상이 듭니다. 관련하여, 말씀하신 "보편적 이주자"라는 범주가 지워버리는 "개인"의 "특수성"에 따른 "차이"라고 할 경우 어느 지점까지를 "개인" 혹은 "개체"의 "특수성"이라고 할 수 있는지요? 아마도, "차이"를 강조하던 일부 다문화주의 담론에서 너무 과도하게 차이를 강조한 나머지 최소한의 보편법이 필요하지 않겠는가라는 논의가 나왔던 것도 이런 문제와 상통하지 않는가 합니다만.

이석구 질문 감사합니다. 그런데 질문만 보자면 선생님께서는 저의 글을 좀 추상적인 수준에서 파악하시고 계신 것 같습니다. 문맥과 함께 파악해주시길 부탁드립니다. 첫째, 문화 순수주의를 부정적으로 사용하였다고 하셨는데 저의 글의 전개는 다소 다르다고 믿습니다. 제가 인용한 두 개의 글에서 순수주의가 사용되었습니다. 하나는 루쉬디의 글을 인용한 것인데, 그 글에서 루쉬디는 자신이 겪은 파키스칸과 영국의 문화 순수주의를 비판하고 있습니다. 루쉬디의 이 비판에 동의하시는지요? 저는 그의 비판에 동의하기에 사용하였습니다. 두 번째 인용문은 리사 로우의 글인데, 이 글에서 로우는 문화 순수주의가 이민자가 도착국의 동화주의 정책에 저항하는 지렛대로 작용할 수 있음을 언급하고 있습니다. 선생님께서 문화 순수주의에도 긍정적인 면이 있지 않았냐고 말씀하셨는데, 선생님의 생각과 다르지 않지요. 이것으로 답변이 되었는지요.

김준환 거기서 역사화할 필요가 있다는 거죠. 그 자체가 순기능이다, 역기능이다의 문제가 아니라 어떤 역사 단계에서 그것이 역기능의 모순을 지닌 채 순기능을 했을 것이고, 그 다음 단계에서는 그 역기능이 전면에 드러나게 되는 것이죠. 예를 들어 식민지 해방 이전과 이후의 부르주아 민족주의가 흔히 그렇지 않은가요? 식민지 상태의 특정 단계에서 동일성에 기초한 문화적인 순수주의라는 것이 그 내부에 모순을 지닌 채 전략적으로 일정 부분 유효했던 것은 아닐까요?

이석구 그 부분에 대해 제가 의견을 달리하지 않습니다. 누차 말씀드리지만 저의 글의 요지는 역사화하자는 것입니다. 순기능이다 역기능이다는 논의도 역사적 맥락에서 말씀드린 것으로 저는 기억합니다. 두 번째로, 보편성, 특수성은 사실 금방 한 답변과 어느 정도 겹치는 부분이어서 이에 대한 답변은 하였다고 생각됩니다. 선생님의 질문에서 '특수의 범주가 어디까지 갈 것인가'라는 얘기도 사실 페미니즘에서 나왔던 얘기이지요. '개별자, 소수파의 특수성을 어디까지 인정할 것인가'는 사실은 제가 결론을 쓰면서 생각했던 부분입니다. 즉, 소수민으로서의 공동체가 단체로 움직여야 할 부분이 분명히 있을 것입니다. 앞서 얘기했던 문화 순수주의 같이 동일성을 강조하는 집단이 순기능을 할 수 있는 가능성인거죠. 그러나 반드시 문화 순수주의만 연대를 가능하게 할 거라 생각하지 않습니다. 오히려 혼성적인 것이 힘을 보태주는 부분이 있다고 저는 생각합니다. 또한 개별성에 대한 주목이 필연적으로 연대를 불가능하게 할 것이라고 생각지 않습니다. 개별자의 특수성을 고려하면 그냥 아무것도 가능하지 않다는 염려를 하고 계신 것이지요?

김준환: 거기까지 밀어부친 질문은 아니고요.

이경원: 두 분의 논쟁에서 하나의 타협점의 예를 제시한 경우가 프란츠 파농이라고 할 수 있습니다. 파농 같은 경우에는 지금 김준환 선생님이 말씀하셨듯이, 보편적인 민족 담론의 순기능을 옹호한 바 있습니다. 저항 주체의 토대를 마련하기 위해 민족이란 개념이 비록 허구이긴 하지만, 그것이 저항 에너지를 결집하고 동원하는 데에 필요한 전략이기 때문이죠. 그러나 동시에 파농의 민족 개념은 이석구 선생님의 말씀과도 연관이 있습니다. 파농은 탈식민화 과정에서 민족주의의 필요성을 강조하면서도 민족주의의 역기능 즉 민족주의의 변질과 폐해에 대해 신랄한 비판을 가했던 사람입니다. 민족이란 개념 자체가 고정불변의 진리나 가치가 아니라 역사적 실천과 투쟁 속에서 만들어지고 구성되는 역동적 과정이기 때문에 그것을 본질화하는 본질주의적인 논의는 경계해야 된다고 주장했거든요. 그러니까 두 선생님들의 말씀이 어떤 역사적인 상황에서는 서로 접점을 형성할 수 있죠.

조대호: 네, 종합적인 코멘트를 잘 해주셨습니다. 시간이 좀 지나서 그다음 발표로 넘어가도록 하겠습니다.

'나'는 사유한다
-그 '나'는 누구인가?

정진배(연세대, 중문)

1. 들어가며

현대 물리학의 제반 가설 중에서 주목할 만한 것은 '빛'에 대한 이율배반적인 명제이다. 즉 고전 역학의 자기 동일적 논리(A=A)와 달리 양자 역학(quantum mechanics)은 "빛이 입자이며 동시에 파동이다"라는 가설을 제시한다. 그런데 상식적인 차원에서 생각할 때 입자는 파동이 아닌 것이며, 파동은 입자가 부정된 상태이다. 그렇다면 '빛'이라는 하나의 고정된 대상이 어떻게 A이면서 동시적으로 not-A일 수 있는가?

이 문제와 관련하여 혹자는 이 같은 이율배반적 사건이 '빛'이라는 특수한 대상에 국한되는 문제라고 강변할 수 있을 것이다. 그러나 과연 그러한가? 불교 인식론의 要諦가 되는 '唯識無境論'에는 '一水四見'이라는 흥미로운 비유가 등장한다:

天見琉璃	(물이) 천상의 존재에게는 유리로 장식된 보배로 보이고
人見水	사람에게는 물로 보이며
魚見玉堂	물고기에게는 집으로 보이고
鬼見火	아귀에게는 불로 보인다.

인용문에서 '물'은 그것을 바라보는 인식 주체와의 관계성 속에서 시시각각 다른 모습으로 자신을 드러낸다. 그렇다면 '일수사견'의 비유를 통해 우리는 물의 '정체'(identity)가 인식 주체와의 관계성과 분리된 차원에서 단독적으로 성립될 수 없음을 어림짐작할 수 있다. 그러나 알다시피 '관계성'이란 시시각각 변화하는 것이며, 따라서 고정 불변하는 어떠한 관계를 전제하는 것은 관념의 유희에 지나지 않을 것이다.

이제 이러한 전제와 더불어 앞선 물리학적 가설의 함의를 고찰해 본다면 '빛이 입자이면서 파동일' 수 있는 근거는 빛 자체에 고유하게 존재하는 것이 아니라, 빛의 본질을 규정하는 그 어떠한 <조건>과 무관하지 않을 것이다. 가령 A라는 조건이 빛을 입자로 현전하게 한다면, B라는 조건은 동일한 대상을 파동의 형태로 드러나게 할 것이다. 그런데 A(혹은 B)는 어떤 의미에서 대상을 우리의 인식 체계 내로 가져오기 위한 외적 장치이다.[1] 그렇게 보자면 '빛'--혹은 광의에서 현상계의 모든 존재--은 주어진 외재적 조건에 의거하여 이런저런 모습으로 자신의 모습을 드러낼 것이지만, 常變하는 외적 발현은 필경 겉으로 드러나지 않은 그 어떤 無의 영역과 분리될 수 없는 듯 보인다. (물론 여기서의 무는 있음과 없음의 개념적 범주로 포섭될 수 없는 영역이다.)

1 가령 우리가 눈앞의 대상을 시각적으로 인식하기 위해서는 조도, 원근 등 최소한의 조건이 충족되어져야 한다.

전술한 불교적 맥락에서 본서의 주제인 '정체성'의 문제를 논하기 위해서는 일차적으로 하나의 통합된 <전체> 개념이 전제되어야 한다. 가령 우리 몸의 감각 기관으로 이목구비를 말할 때 이는 이미 '얼굴'이라는 전체가 전제된 개념이다. 즉 얼굴을 떠나 있는 눈이나 귀는 상상할 수 없다. 그렇게 보자면 부분은 필히 전체와의 관계성 속에서만 자기 규정성를 부여 받는다. 그런데 역으로 '부분'을 규정하는 '전체'는 홀로 존재할 수 있는가? 혹은 질문의 각도를 약간 달리하여 전체는 부분의 물리적 '총합'이라고 말하는 것이 적절할 것인가? 이와 관련하여 하나의 예를 들어 보자. 지리적으로 우리는 남북한의 八道를 총괄하여 '한국'이라 칭하지만, 한국은 결코 개별 시도를 떠나 별도로 있지 않다. 오히려 전체로서의 '한국'은 그 명칭이 포괄하는 모든 부분에 녹아 있다. 그리하여 서울도 한국이고 인천도 한국이 되는 것이다. 이렇게 사유해 들어가자면 전체가 부분을 포괄하는 것이 사실이지만, 역으로 전체는 다시 부분 속에 내재해 있다.

요약하자면 모든 것의 존재 근거가 되면서 동시에 존재하는 모든 것을 통해서만 자신을 드러낼 수 있는 그 어떤 대상은 자기 규정성을 넘어서 있다. 그런데 문제의 심각성은 비규정적 존재 자체가 아니라, 그것을 비규정적인 '어떤 것'으로 규정할 수밖에 없는 우리의 주관 인식이다. 동양적 사유는 아마도 이 같은 문제의 핵심을 일찌감치 간파했던 듯하다. 이를 방증하듯 儒佛道로 대변되는 동양 철학이 공히 주목했던 것은, 대상을 나와 분리시켜 일개의 객관물로 관찰하는 것이 아니라 대상이 스스로 자기 모습을 드러낼 수 있도록 '나'의 인식 작용을 중지하는 것이다. 老子는 이를 '常無欲以觀其妙'[2]라 표현하였다.

2 『도덕경』1장에 나오는 '상무욕관기묘/상유욕관기요' 부분은 해석학적 관점에서 다소 논란의 소지가 있다. 만일 '妙'를 본체론적 개념으로 보고 '徼'를 현상론적 의미로 파악할 경우, 상무로서 '묘'(본질)를 관하고 상유로서 '요'(현상)를 인식한다는 논리가 성립한다. 그러나 이렇게 해석할 경우 자칫 본체와 현상이 상호 단절되는 이원론적 사유로 오인될 수 있는 개연성을 수반한다. 그렇기 때문에 앞 구절의 '묘'를 현상론적 개념

주체(혹은 자기 정체성)의 문제를 동아시아적 관점에서 사유해 들어가노라면 몇 가지 곤혹스런 지점과 맞부닥뜨리게 된다. 무엇보다 <나>를 끊임없이 해체하고자 하는 원심적 충동과, 그 해체의 행위를 주동하는 '수행적 대리인'으로서의 <나>에 대한 철학적/종교적 자리매김의 문제이다. 달리 말해 진정한 의미에서의 '무아'가 성립되기 위해서는 '무아'임을 인식하는 최소한의 인식 주체조차 소멸되지 않으면 안 된다. 그렇다면 사유 주체로서의 <나>를 긍정하든, 혹은 그것을 무아론적 관점에서 부정하든 근원적 입장에서 보자면 양자는 동전의 양면에 불과하다. 말하자면 긍정은 '有'(있음)에 대한 집착이요, 부정은 '無'(없음)에 대한 집착이 되는 셈이다. (단 전술한 양극단에서 '무' 또한 그것이 집착의 대상으로 전환되는 순간 즉시 '유'의 영역으로 전이된다.)

결국 '무아'를 이런저런 사변적 논리를 동원하여 의미 규정하는 것은 적어도 수행 실천적 관점에서 보자면 아무런 의미가 없다. 그렇다면 '言語道斷/直指人心'의 영역을 지시하기 위한 모든 언설은 즉각 폐기처분되어야 할 것인가? 필자의 소견으로 보건대 고대 동아시아의 철학적 사유에서 제반 문학적 장치[3]가 부득불 개입할 수밖에 없는 소이가 여기에 있다. 본고의 일차적 목적은 불교 및 여타 동양적 사유 논리가 인식 주체로서의 '나'를 해체해 나가는 서사적 기법에 주목한다. 물론 해체의 궁극적 목적은 해체될 '나'가 본래 없음을 드러내는 것이다.

과 연결시키고, '요'를 본체론적 의미로 파악하는 편이 오히려 설득력이 있다. 즉 드러난 것에서 감춰진 것을 보고, 감춰진 것이 가장 잘 드러남을 아는 것이다.

3 여기서 문학적 장치란 말할 수 없는 '무엇'을 언어적 표상 체계내로 가져 오기 위한 방편적 서사를 지칭함.

2. 「十牛圖」 다시 읽기[4]

北宋 때의 廓庵 선사가 지은 것으로 추정되는「십우도」는 <나>에 대한 철학적 성찰을 禪詩의 형태를 통해 절묘하게 드러내고 있다. 여기서는 본고의 주제에 의거하여 10편의 시를 편의상 세 개의 범주로 분류한다. (「십우도」의 전문은 본고의「별첨 1」참조)

① 첫 번째 범주는 <나>를 찾는 '나'(시적 화자)가 행위적 주체로 설정된 경우이다. 외견상의 구도로 보자면 일태극이 음·양으로 갈라진 형국인데, 필자가 주목하고자 하는 것은 분열이 비분열을 동시적으로 환기하는 시적 장치이다.

② 두 번째 범주는 '나'(시적 화자)가 <나>로 원형회귀된 상태를 묘사하는 시인의 미묘한 입장성이다. 이제 본래 없던 음양이 일태극으로 자기 모습을 드러내었다. 그런데 정작 합일된 <하나> 속에 '하나'는 없다. 즉 <나>는 '내'가 사라진 것이 <나>다.

③ 세 번째 범주는 사라진 하나가 천지간에 오만상으로 (자기) 모습을 드러내는 순간이다. 「십우도」의 맥락에서 <무>는 있음의 부정이 아니라 있고-있음이다.[5] 있고-있음은 무와 유, 같음과 다름, 聖과 俗, 물과 파도를 일거에 非一非二의 새로운 인식 지평으로 가져오기 위한 방편적 개념이다.

---

4 원래 도교의 팔우도에서 유래된 것을, 12세기 중엽 宋나라 때 곽암선사(廓庵禪師)가 2장면을 추가하여「십우도」를 그렸다. 필자는 예전「십우도」를 '詩語'의 관점에서 논의한 바가 있다. (「詩적 사유: 존재의 진리로 향한 세 개의 門」,『탈현대와 동양적 사유논리』, 차이나하우스, 2008.) 단 본고에서는「십우도」를 '주체'의 관점에서 새롭게 분석하고자 하며, 예전 논문과 중복되는 부분에 대해서는 인용주로 처리하였다.

5 본고의 '있고 있음'은『구약』의 "스스로 있는 자"(I am who I am.)와 유사한 의미로 사용됨. (「출애굽기」3: 13-4 참고)

어쩌면 동시대 문학/문화 비평에서 논의되는 제반 주체(성) 담론은 어떤 형태로든 <나>가 전제된 서사(narrative)이다. 서사는 자체적 논리와 구조를 갖춘 이야기요 가설이며, 따라서 플롯의 재배치는 얼마든지 새로운 이야기를 잉태할 수 있다. 관건은 그 <나>가 누구인가?라는 것이다.

아래 「십우도」에 등장하는 동자도 외견상 '나'를 찾아 나섰다. 그런데 정작 시인의 숨은 의도는 찾을 <나>가 없음을 드러내는 것이다. 좀 더 엄격히 말하자면 나를 찾는 여정이 경과할수록, 나를 주체로 세우기 위한 서사의 전제는 역으로 끊임없이 해체된다. 『능엄경』이 그 경지를 실로 멋들어지게 서술하였다.

> 두 사람이 함께 물 속의 해를 보다가 동쪽과 서쪽으로 제각기 가면 물 속의 해도 제각기 두 사람을 따라 하나는 동쪽으로, 하나는 서쪽으로 가서 본래부터 표준한 곳이 없거늘 따져 말하기를 '저 해는 하나인데 어찌하여 제각기 가느냐?'고 하며, '각자 가는 해가 이미 둘인데 어찌하여 하나로 나타나느냐?'고 할 수는 없을 것이다.[6]

하늘에 떠 있는 해는 본래 하나이건만 그것은 또한 물위에 어린 그림자를 추구하는 사람에게는 무수한 '해'로 드러날 수 있다. 여기서 '一卽多'의 논리가 성립되기 위해서는 현전하는 개체 상호간에 서로 걸림 없는 事事無碍[7]의 경지가 전제되지 않으면 안 된다. 요약컨대 '사사무애'란 결국 개체를 부정하지 않는 상태에서 개체가 본시 존재한 바가 없음을 암시하는 개념이라 아니할 수 없다. 이제 이 같은『능엄경』의 전제가 「십우도」에 어떻게 적용될 수 있는지를 살펴보자.

---

6 김두재 역, 『능엄경』, 민족사, 1994, 124쪽.

7 불교 용어로서 사물과 사물 상호 간에 서로 걸림이 없는 경지를 지시함.

2-1. 둘은 하나의 둘이다

제1도 <심우>에서 제4도 <득우>까지는 본고의 분류체계에 의거하면 同과 異의 구분을 해체하기 위한 전초 작업이다. <심우>에서 동자는 소를 찾아 나섰다. 물론 그 '소'는 참나에 대한 시적 비유이다. <심우>의 동자는 세계 '속'에 있으며, 광활한 세계가 산하대지로 그의 눈앞에 펼쳐졌다. 그런데 제1도부터 시인은 암암리에 만상(萬象)을 일상(一相)으로 슬쩍 되돌려 버린다. 시의 1-2 행은 동자가 소위 자아탐구의 여정을 갓 떠난 단계이다.

아득히 펼쳐진 수풀을 헤치고 소를 찾아 나섰다.	茫茫撥草去追尋
물은 넓고 산은 먼 데 길은 더욱 깊구나.	水闊山遙路更深

동자는 기력이 충만하여 세계 '속'을 휘저으며 다닌다. 주체가 강건히 서니 마주한 세계도 뚜렷이 제 모습을 드러낸다. 소위 '산은 산이고 물은 물'인 것이다. 그런데 3-4행에서 반전이 일어난다.

힘 다하고 지쳐서 찾을 길 막막한데,	**力盡神疲無處覓**
들리는 것은 저녁 단풍나무 매미 소리뿐.	**但聞楓樹晚蟬吟**

인용구에서 '역진심피'는 원기 충만하던 동자의 에고가 갖은 고생으로 갈진한 상태이다.[8] 그때 동자가 보는 것은 <無處>다. 분별이 무분별로 전이되는 순간이다 이제 수풀 속 매미 울음소리를 듣는 동자는 불현 듯 그 울음소리를 듣는

8 예전 성철스님이 당신을 친견하고자 하는 모든 재가신도들에게 먼저 삼천 배를 주문했다 한다. 이는 아마도 우리를 휘감고 있는 흡사 강철갑옷과도 같은 아만심을 잠시나마 무장해제 시키기 위한 노선사의 방편이 아니었을까 싶다. 박성배, 『몸과 몸짓의 논리』, 민음사, 2007, 5쪽.

<나>를 볼 것이다. 듣는 나와 보는 나, 세계-속-나와 나-밖-세계는 둘인가 하나인가. <심우>는 이미 세계-속-나가 나-밖-세계의 거울 이미지임을 암시한다. 물론 이는 나의 문제가 대상 세계와 비분리적임을 드러내기 위한 방책이다.

제2도 <견적>은 자아 탐구의 견지에서 분명 진전이 있다. 동자는 물가 나무 아래에서 소의 발자국을 본 것이다.

> 물가 나무 아래에 발자국 어지럽게 많도다. 水邊林下跡偏多
> 방초를 헤치고서 그의 자취를 보았는가? 芳草離披見也麼

그런데 3-4행의 내용이 특이하다.

> **설령 깊은 산 깊은** 골짜기에 있다 한들, 縱是深山更深處
> 하늘 향한 콧구멍을 어찌 숨길 수 있으리. 遼天鼻孔怎藏他

상기 인용문의 첫 구절은『중용』의 논리로 보자면 '감춰짐'(隱)이다. 이를 형체로 말하자면 '안'이 없으며, 깃털의 미세함과 가벼움으로도 가히 비교할 수 없다. 그런데 무색무취한 그 <나>가 천지간에 훤히 드러났다.

> 『시경』에 이르길 **솔개는 날아 하늘에 이르거늘 고기는 못에서 뛰논다** 하니, 그 위와 아래에 드러남을 말함이니라.[9] (강조는 인용자)

하늘 높이 솟구쳐 오르는 솔개와 은빛 물살을 가르며 약동하는 물고기의

---

9 『중용』

'엘랑비탈'(élan vital)이 그 본질에서는 한 생명의 두 가지 다른 모습이라면, <나>의 실상 또한 공적하게 감춰져 있는 죽은 <나>가 아니다. 그리하여 감춰진 '체'(隱)는 다시 '용'(費)으로 천지간에 훤히 드러났다.『중용』의 은·비 논리를 방증하듯「십우도」 인용문의 둘째 행은 '심산심처'와 극명한 대조를 이룬다. 이름하여 '요천비공'이니 '어찌 숨길 수 있겠는가'이다. 즉 '심산심처'가 '은'이라면, '요천비공'은 '비'가 되는 셈이다. 사족이 되겠으나 '하늘 향한 콧구멍'은 만천하에 훤히 드러나 보이나, (정작) 자신은 그것을 보지 못한다. 어쩌면 시인은 이 같은 익살스런 심상을 통해 나로부터 가장 가깝지만 동시에 가장 멀리 있는 그 어떤 것을 환기하고자 한 지도 모르겠다.

제3도 <견우>와 제4도 <득우>에서 이제 동자는 <나>를 보았다. <견우>의 경우 적어도 '하나'였던 나가 둘로 갈라지면서 경험했던 제반 내적 갈등과 불안이 사라졌다. '노란 꾀꼬리가 나뭇가지 위에서 지저귀고/버들가지는 푸르다.' 그런데 문제는 '나를 본다'라는 말의 자기 모순성이다. 논리적으로 '본다'라고 함은 필히 주관과 객관의 분리-대립을 전제해야 한다. 그런데 <보는 나>와 <보여 지는 나>가 둘이 아니라면--달리 말해 주객의 분리가 더 이상 용납되지 않는 상태에서는--언어로서 이를 표상하는 것이 불가하다. 그리하여 찾던 <소>는 이미 목전에 훤히 드러났건만, 그 소를 그려낼 재간이 없다. 老子는 이 뜻을 좀 더 직설적으로 밝혔다:

아는 자는 말을 하지 않고	知者不言
말을 하는 자는 알지 못한다	言者不知
입을 막고 그 문을 닫으며,	塞其兌 閉其門
그 날카로움을 꺾어버리고 그 어지러움을 풀며	挫其銳 解其紛
그 빛을 부드럽게 하고	和其光

그 티끌과 함께하니	同其塵
그것을 현동이라고 말한다.	是謂玄同
그러므로 친할 수도 없고, 소원할 수도 없으며	故不可得而親 不可得而疎
이롭게 할 수 없고, 해하지도 못하며	不可得而利 不可得而害
귀하게 할 수 없고, 천하게 할 수 없으니	不可得而貴 不可得而賤
그러므로 천하에서 가장 귀하게 된다.	故爲天下貴

인용시에서 '지자'는 말이 없다. 즉 진실로 아는 자는 말이 없는 것이다. 그렇다면 '知者'가 아는 것이 무엇인가? 두말할 나위 없이 '言不盡意'[10]로서의 존재의 실상이다. 그렇게 보자면 '知者'가 단지 말하지 않음이 아니라, 지자는 말할 수 없음을 안다. 그렇다면 '不知者'는 왜 말하는가? 그는 同卽同/異卽異의 논리로 세계를 사유하기 때문이다. 즉 名言習氣로 벌어진 삼라만상의 세계가 (그에게는) 모두 자기 실체를 가지고 있다. 반면 노자가 바라본 것은 모두 다르면서 일체가 하나인 세계였다. 상기시는 이를 '현묘하게 같음'(玄同)이란 말로서 압축적으로 드러내었다.

요약하자면 곽암선사가 말한 '삼삼두각화난성'의 함의는 노자에 있어 '불가득'의 경지와 다를 바 없다. 가령 '불가득이친/불가득이소'는 음양의 對待적 논리가 <홀로 우뚝한> 일태극의 경지로 원형 회귀한 것이다. 그리하여 親/疎, 利/害, 貴/賤 등의 이분법적 대립이 모두 근원에서 해체('불가득')돼 버렸다. 그럼에도 불구하고 <둘>은 <하나>로서 존재하는 것만은 아니다. 우리의 '마음'을 가지고서 논하자면, 마음이 본시 하늘이 개개물상에 부여한 본연지성을 何時라도 떠난 적이 없건만, 外物을 접하는 그 즉시 감정 작용이 일어난다. 이것이 소위

---

10 『주역 계사전』에 나오는 말로 '말이 뜻을 다할 수 없다'라는 의미임.

본래 고요하던 우리의 본연지성이 외부 대상에 감응하여 '喜怒哀樂'의 형태로 수시응변(隨時應變)하는 단계이다. 이렇게 보자면 관건은 단지 <일태극>을 보는 것이 아니라, 일태극을 떠나지 않은 상태에서 '발이개중절'(發而皆中節)하는 것이다.[11] 물론 이는 일견 이율배반처럼 보인다.

전술한『중용』의 비유로 논하자면 性이란 하늘로부터 품부 받아 이미 나의 존재 근거로 자리하고 있는 것일 진데, 굳이 수고롭게 '存心養性'해야 할 연고가 무엇인가? 이는 결국 돈오(頓悟)와 점수(漸修)가 어느 하나의 논리로 편향되지 말아야 함을 암시하는 것이다. 바꾸어 말하자면 돈오는 이미 '밝혀진 존재'이기 때문에 가능한 것이며,[12] 점수는 그 밝음 속에 계속 居하고자 하는 것이다. 이상을 요약컨대 천지는 도의 모습 아닌 것이 없지만 내가 눈을 감는 순간 나는 도와 분리된다. 따라서 <견우>와 <득우>는 상보적 관점에서 읽는 것이 타당할 듯하다. 전자가 돈오라면 후자는 점수요, 전자가 일태극으로의 잠정적 합일이라면 후자는 일태극이 음양의 작용성과 분리돼 있지 않음을 암시하는 것이다. 그렇지만 관건은 하나인가 둘인가의 문제가 아니다. 둘은 필경 하나가 둘로 작용성을 드러낸 것이며, 나아가 둘은 하나를 여의지 않은 상태에서 둘이다. 그렇게 보자면 음양이 일태극으로 환원되는 것이 아니라, 음양이 그 자체로 일태극임을 본질 직관해야 한다. 그것이 엄밀한 의미에서의 진정한 합일이다.

2-2. 순수 일자는 무다

제5도 <목우>에서 제8도 <인우구망>까지는 無爲를 실현하기 위한 일련의

11 『중용』의 논리에 따르면 일태극을 떠나지 않은 것이 未發之中이요, '발이개중절'은 已發之中(和)이다.

12 "오직 내가 그리스도 예수께 잡힌바 된 그것을 잡으려고 달려가노라."「빌립보서」3: 12.

과정으로 읽어내는 것이 가능하다. 무위란 축자적으로 '함이 없음'이란 의미이나 철학적으로 말하자면 행위의 주체와 대상이 모두 사라진 경지를 지칭한다. 이를 문학적 비유로서 설명한 구절이『원각경』에 등장한다:

> 불을 지핌에 두 나무를 서로 비벼 생긴 불이 그 불을 만들어낸 나무를 다 태워 그 나무가 재와 연기로 사라지듯, 환(幻)으로써 환(幻)을 닦는 것도 또한 이와 같다.[13]

인용문의 '두 나무'에서 하나가 중생의 무명이라면, 다른 하나는 그것을 제거하기 위한 방편이다. 가령 막대기를 판자에 비비면 둘이 서로 마찰하면서 가열되어 종국에는 불이 일어나고, 불은 일순간에 우리의 근본 무명을 소각해 버릴 것이다. 그런데 '무명'이 사라지는 순간 무명을 멸하기 위해 시설되었던 방편 또한 소멸된다. 그렇다면 <참나>를 찾아 나선 여정에서 동자가 찾은 것은 무엇인가? 이에 대한 답변에 앞서 제5도 <목우>부터 개별적으로 내용을 소략히 살펴보자.

'목우'란 소를 길들이는 것이다. 이 과정에서 여전히 '채찍'이나 '고삐'와 같은 방편이 필요할 것이다. 그렇지 않으면 자칫 육도윤회의 인과법에 걸려 '나'는 다시 중생의 몸을 받고 '티끌 세계'에 태어날 수 있다. 시인은 제5도에서 <목우>의 궁극 목적이 목우할 대상이 사라지는 것임을 시사한다. 날뛰던 소가 채찍과 고삐 없이도 온순히 주인을 따른다 함은, 이미 율법의 시대를 지나 실상의 세계로 진입했음을 암시하는 것이 아니겠는가.

---

13 함허득통 주해, 원순 풀이,『원각경』, 법공양, 2000, 94쪽.

제6도인 <기우귀가>는 동자가 <참나>를 만나 금의환향하는 광경을 묘사한 것이다. 재미있는 것은 한때 무던히 '나'를 괴롭혔던 소가 이제는 나의 가장 가까운 조력자가 되었다는 것이다. 그리하여 나는 소등에 앉아 '還家'한다. 그런데 '집으로 돌아옴'이란 시적 비유가 예사롭지 않다. 엄밀히 말해 인간 삶에서 가장 멀리 떠나는 여행은 아무래도 자기의 본향으로 되돌아가(오?)는 것이다. 연어가 산란기가 다가오면 강을 거슬러 올라가 알을 낳고 장엄하게 죽음을 맞이하듯, '환가'는 동자에게 가장 먼 여행이었다. 가장 먼 여행이 결국 원래의 자리로 되돌아오는 것이 아니겠는가.

<기위귀가>에서 필자는 굳이 이 정경을 '죽음'의 모티프와 연결시키고자 하는 의도는 없다. 그러나 설령 그렇게 유추한다 할지라도 죽음은 자기의 근본으로 되돌아감이다. 환가는 '歸根'이니 어찌 음산한 장송곡이 울려 퍼질 여지가 있겠는가. 덧붙여 '뿌리'는 본체이며 萬物齊同의 경지이다. 거기에는 더 이상 시비분별이 개입되지 않는다. 그리하여 시인은 '곡조 아는 이라고 말할 필요 있겠는가'라고 비유로서 말하고 있는 것이다.

제7도 <망우존인>은 아마도 '도피안'(到彼岸)의 경지를 묘사하고 있는 듯하다. 동자는 이제 집에 도착했다. 그리하여 2행에서 '소 또한 사라지니/사람도 한가하네'라고 말한다. 그런데 '소가 사라졌다'라고 함이 무슨 의미인가? 물론 이를 글자 그대로 받아들일 필요는 없다. 기실 이 구절에 대한 원문을 보면 곽암선사는 '牛也空兮'라고 적고 있다. '공'은 불교적으로 보자면 色으로서 空이다. 달리 말해 색(대상 사물)을 없이 해서 '공'이 되는 것이 아니라 '색'이 바로 '공'이라는 의미이다. 그리하여「반야심경」에서는 '觀이 자재한 보살이 깊은 반야바라밀다를 수행하던 중 비추어 오온(五蘊)이 공적한 것을 보고 일체의 고액(苦厄)

을 건넜으니'[14]라고 말한다. 오온[15]이 그 자체로 공함을 보는 것은 존재의 본질이 無常함을 직관하는 것이며, 따라서 '관자재'가 바로 견성이고 이로부터 '도일체 고액'의 도피안이 되었다. 같은 논리로서 <망우존인>도 '소가 사라지고 사람 또한 한가해 졌음'을 밝혔다.

제8도 <인우구망>은 사실상 자아 탐구의 최종 단계이다. 이제는 소만 사라진 것이 아니라 동자도 사라졌다. '인우구망'이라 함은 도가적으로 말하자면 物我兩忘의 경지이며 완전한 합일이다. 그런데 역설적이지만 순수일자의 상태에서는 모든 것이 공적하다. (그리하여 제8도의 그림은 텅 빈 일원상이다.) 진정한 '하나 됨'이란 그 '하나'라는 인식조차 사라진 상태가 아니겠는가. 어쩌면 그 하나라는 인식조차 사라졌을 때 드러나는 것이 <참나>일 것이다. 여기서 잠시『원각경』의 한 구절을 인용해 보자:

> 선남자여, 이 허망한 마음은 육진이 없다면 곧 존재할 수 없으며, 사대로 흩어지면 얻을 수 있는 육진의 경계도 없다. 그 가운데 인연의 경계가 제각기 흩어져 없어지면 마침내 볼 수 있는 반연된 마음도 없다. 선남자여, 저 중생의 환인 몸이 멸했으므로 환인 마음도 멸하고, 환인 마음이 멸했으므로 환인 경계도 멸하며, 환인 경계가 멸했으므로 환을 멸한다는 것도 없어지니, 환을 멸한다는 것이 없어졌기에 환아닌 것은 멸해지지 않는다.[16](강조는 인용자)

상기 인용문의 내용이 다소 장황하지만 이를 간략히 요약해 보자면, 四大[17]

---

14 觀自在菩薩 行深般若波羅蜜多時 照見五蘊皆空 度一切苦厄

15 '존재의 다섯 가지 구성요소'라는 의미로서 色受想行識을 말함

16 함허득통 주해, 원순 풀이,『원각경』, 110-114쪽.

17 사물을 구성하는 네 가지 요소로 地水火風을 지칭함.

가 흩어지면 사대로 구성된 육진 경계(객관 대상)가 사라지고, 육진 경계가 사라지면 거기에 반연된 마음도 사라진다는 논리이다. 여기서 한 걸음 더 나아가 몸-마음-세계가 모두 사라지는 순간, 그것을 除하기 위한 수행방편 조차 사라진다는 것이다. 물론 이 인용문의 핵심은, 그럼에도 불구하고 '환이 아닌 것은 없어지지 않는다'(非幻不滅)는 것이다. 즉『원각경』이 말하는 '비환불멸'이 바로「십우도」가 밝히려는 <참나>이다. 문제는 이 <참나>를 有로 포착하면 常見에 떨어지고, 무로 포착하면 短見에 떨어진다는 것이다. 그것이 순수일자를 부연하는 '무'의 불교적 함의다.

이제 순수일자로서의 <참나>--나아가 '사유하는 나'가 부정된 <나>--를 본고의 주제인 주체의 문제와 어떻게 연결 지어 볼 수 있을 것인가? 물론 우리는 사유하는 주체로서의 '나'를 <참나>와 곧바로 등치시킬 수 있다. 그런데 문제는 그 '나'가 (적어도 전술한 불교적 논리로 보자면) 무명 망상이요, 요동치는 망상심이 만들어낸 카르마(業)의 원인이자 결과이며, 따라서 사유하는 '나'는 사유의 주체가 아닌 그렇게 사유하게끔 先결정된 한갓된 허상에 다름 아니라는 것이다. 그러한 관점에서 보자면 사유하는 '나'를 지칭하는 개념으로서의 '주체'의 근원적 의미는 스스로 자기 해체될 수밖에 없다. 그럼에도 불구하고 주체를 주체가 부정된 층위에서 탐구하는 것이 과연 학적으로 유의미한 것인가. 나아가 <반주체로서의 주체>라는 자기 모순적 개념이 주체성 담론에 오히려 혼란을 야기하는 것은 아닐 것인가?

2-3. 萬法歸一 一歸何處

제9도인 <반본환원>은 <참나>의 자리다. 소제목에서 '返'은 '되돌림'이라는 의미로 우리의 오관에 의해 작동되는 감각적 세계로부터 自在함을 암시하는 것이다. 그리하여 시의 3행에서는 '본분자리 앉아서/세속에 끄달리지 않음'이라 말한다. 그런데 엄밀한 의미에서 '외물에 끄달리지 않는다'고 함은 비단 바깥 대상세계의 유혹으로부터 자유로움을 말하는 것만이 아니다. 그보다는 (마음) 안·팎의 구분이 사라져 제법이 평등함을 자각하는 것이다. 기실 '반본환원'이라 함은 '내가 내가 되었음'에 다름 아니다. 만일 '물이 고요히 흐르고/꽃은 홀로 붉은' 실상의 세계가 시인이 말하는 '근원'과 무관하지 않은 것이라면, '반본'이란 온갖 분별이 사라진 경지이다. 그리하여 2행에서는 '곧 바로 눈멀고 귀 먹은 것만 하겠는가'라고 말한다. 이는 분별심[18]으로 인해 동자가 육도윤회의 사슬을 일거에 벗어나지 못했음을 탄식하는 말이다.

이쯤에서 <나>의 문제를 '분별심'의 맥락에서 재규정해 보는 것이 가능할 것이다. 이와 관련하여『대승기신론』의 한 구절을 잠시 살펴보자.

> 불각의 마음이 일어나서 그 분별이 있으나
> 분별념은 자체의 상이 없어서 본각과 분리되지 아니하나니
> 마치 길을 잃은 사람이 방위를 의지한 연고로 길을 잃었으나
> 만약 방위를 여의면 곧 '길을 잃음'이 없는 것과 같으니라.
> 중생도 또한 그러해서 각을 의지한 연고로 미혹했으니
> 만약 각성을 여의면 곧 불각이 없으리라.[19]

인용문은 覺과 不覺의 의미를 '길을 잃음'의 비유를 통해 중층적으로 서술한다. 우리가 '길을 잃음'이라고 할 때 이는 이미 동서남북의 구분을 전제한 개념이

---

18 인간의 五官은 분별을 만드는 뿌리이다. 그로 인해 불교에서는 이를 五根이라 칭한다.

19『대승기신론』

다. 방위가 존재하는 이상 동은 서가 될 수 없고, 남은 북이 될 수 없다. 그런데 사방은 어떤 연고로 생기는가?『기신론』의 저자는 '나'로 인해 방위가 생겼음을 암시한다. 즉 <나>는 '하나'의 공간을 홀연히 사방 (혹은 시방)으로 나눠 버린다. 달리 말해 동서남북의 구분은 공간에 있지 않고 내 분별심이 임의로 만든 것이다.

이제 내가 분별심을 거두는 순간 부처와 중생, 각과 불각 따위의 구분 자체가 무의미해 진다.『기신론』의 논리에 비추어 전술한 나의 문제를 재고해 보자면, <나>는 나의 분별심이 만든 幻이다. 반면 '근원'은 그 幻이 滅한 것이다. 만일 환의 멸이 제반 분별의 해체라면, 근원으로 돌아와 <참나>가 된다 함은 논리적으로 분명 이율배반적 명제가 아니겠는가. 이로 인해 <반본환원>은 <입전수수>로 이어지지 않으면 안 된다.

제10도인 <입전수수>는 외견상 「십우도」의 마지막 시지만, 이는 '一終無終一'[20]로서의 끝이다. 이제 심우도의 화자는 저자거리로 되돌아 왔다. 경계할 것은 자신의 밝음이 겉으로 드러나지 않게 하는 것이다. 성과 속이 분별을 만드는 순간 일체 평등은 불평등으로 전락할 것이다. 그렇다면 중생을 구제하는 부처도, 부처로 인해 깨달음을 얻은 중생도 함께 사라져야 한다. 그러나 부처가 중생과 하나가 된다면, 중생은 영원히 부처가 되지 못하는 것이 아니겠는가? 愚問에도 불구하고 시인의 논리는 은근하고 암시적이다.

신선 진 비결을 꺼내들지 않더라도, 不用神仙眞秘訣
잠깐사이 고목에서 꽃을 피게 하누나. 直教枯木放花開

---

20 「天符經」에 나오는 개념으로 '하나로 마치되 마침이 없는 하나'라는 의미이다.

「십우도」의 제10도는 완전긍정의 세계를 말한다. '산은 역시 산이고, 물은 역시 물이다.' 마른 고목나무에서 어떻게 꽃이 피어나는가? 시절인연(時節因緣)이요, 시중(時中)의 도리이다. 지금-여기 꽃이 핀다고 함은 그 자체로서 동시-전체인 하나의 세계이다. 존재하는 모든 사물은 그 자체로 절대하나이다.

3. 나가며

본고는 「십우도」를 원 텍스트로 하여 동아시아 전통 사유의 관점에서 '주체'의 문제를 소략히 살펴보았다. 「십우도」에 등장하는 열편의 시는 현상적 관점에서 보자면 기승전결(漸次)이 있지만, 본질적 측면에서 보면 '하나'다. 그리하여 10도는 한 결 같이 <일원상>을 떠나 있지 않다. 바람이 일어 잠잠하던 수면 위에 파도가 생한다 할지라도, 파도는 여전히 물이다.

참고로 「십우도」의 근본 종지는 주렴계(周濂溪, 1017-1073)의「태극도」(「별첨 2」)와 상호 텍스트적으로 읽을 때 매우 효율적으로 드러난다. 「태극도」에서 상단의 일원상은 일태극을 상징한다. 주자는 여기에 '黑白未分'이란 짤막한 해설을 덧붙였다. 물론 이는 '태극'이 제반 언설을 떠나 있음을 말로 표현한 것이다. 곽암 선사는 '흑백미분'으로서의 일태극을 모든 중생의 <참나>로 설정했다. 그런데 만일 중생이 본래 부처라면 굳이 수고로이 '소를 찾아' 나설 필요가 있겠는가?

여기서 주목할 것은 <참나>를 찾아 나선 '나'가 실상은 그 <참나>라는 것이다. 「십우도」에서 동자와 소의 구분이 태극도에서는 음-양(玄黃之後)으로 표상되었다. 陽動-陰靜의 논리를 따르자면, 동자(찾는 자)는 양/동이요, 소(찾는 대상)는 음/정이다. 즉 태극이 음양으로 대립하면서 외견상 하나가 둘로 벌어졌다. 그런데 엄밀한 의미에서 '둘'은 주관-객관이 아니다. 음양은 본질상 '互爲其根'[21]이며, 일태극의 두 가지 측면에 다름 아니다. 그로 인해 음·양 對待를 표상하는 두 번째 그림의 중앙에는 여전히 일태극을 표상하는 일원상이 있다. 그렇다면 「십우도」의 화자는 설령 각고의 수행점차를 경과하여 成佛道를 이뤘다 할지라도 <참나>를 찾고자 한 화자는 항시 본래 부처인 것이다.

관건은 不來不去의 본질적 세계가 여하히 일순간도 멈춰 있지 않은 無常의 모습으로 목전에 출현하는가? 의 문제이다. 어림짐작컨대 주자는 세계의 체가 공하기 때문에 그로부터 삼라만상으로의 용이 생할 수 있다고 본 듯하다. 이름하여 '眞空妙有'의 논리이다. 그런데 전술했듯이 용이 없는 체는 공허하고, 체가 없는 용은 만유의 근원이 되기에 부족하다. 결국 체용이 不二라면, 동양적 사유논리에서 '주체'의 문제는 의미론적/사변적으로 규정될 수 있는 것이 아니다. <나는 누구인가>는 그 질문 자체가 문제적이 되지 않을 수 없다는 것이다. 「십우도」의 맥락에서 보자면 '화자'가 나인가? 화자가 찾는 <소>가 나인가? 그것도 아니라면 '동자'와 '소'와 모두 무관한 그 어떤 <나>가 전술한 양자와 별도로 존재하는가? 그런데 분명 주자는「태극도」에서 陰陽/五行/自/他를 떠나 있는 일태극은 애당초 있지 않음을 천명하고 있지 않은가?

현대 문화 담론에서 빈번히 논의되는 '주체성'의 문제가 혹여 나와 세계, 자와 타의 구분을 전제하는 것이라면, 「십우도」는 그러한 현대적 '주체'를 해체하고자 할 것이다. 왜냐하면 차별은 존재의 실상에 위배되기 때문이다. 그렇다면 '평등'은 차별이 사라진 경지인가? 역설적이지만 필자가 보건대 평등은 (그로

---

21 '호위기근'이란 '음과 양이 각기 소로의 뿌리가 된다'는 의미이다.

인해) 삼라만상 개개물물의 모든 차별상을 오롯이 담아낼 수 있는 문학적/철학적 장치다. 동양적 사유에서 주체의 죽음(혹은 해체)를 논할 때 우리는 흔히 '무아' 사상을 떠올린다. 그런데 분명한 것은 무아가 '내가 없음'이 아니라는 것이다. 오히려 무아란 <무>의 <아>로 해석하는 편이 좀 더 도리에 부합된다. 달리 말해 '나'에 대한 이런 저런 사변론적 규정이 모두 사라질 때 어쩌면 나는 비로소 내가 될 수 있다. 그렇게 보자면 사유 주체에 대한 해체는 주체의 되살아남이요, 제반 주체 담론은 역으로 주체의 죽음이다. 그러나 이를 두고 다시 동-서 인식론의 우열을 논할 필요는 없겠다. 적어도 한 가지 분명한 것은 '빛이 입자이며 또한 파동'이라는 과학적 진실이다. 달리 말해 주체에 대한 구축과 해체 또한 양자는 필경 同時다. 그 '동시'라는 하나의 시간이 공간으로 펼쳐질 때 洋의 東과 西가 될 것이요, 개념으로 표상될 때 같음(一)과 다름(多)의 도리로 나타날 것이다. 萬法은 一法으로 돌아간다. 그런데 그 一法은 어디로 가는가?

'십도의 화자는 저자거리로 돌아가 손을 드리운다.' [終]

별첨 1

一. 尋牛 (소를 찾아 나서다)

망망발초거추심(茫茫撥草去追尋)
수활산요로갱심(水闊山遙路更深)
역진신피무처멱(力盡神疲無處覓)
단문풍수만선음(但聞楓樹晩蟬吟)

아득히 펼쳐진 수풀을 헤치고 소를 찾아 나섰다.
물은 넓고 산은 먼 데 길은 더욱 깊구나.
힘 다하고 지쳐서 찾을 길 막막한데,
들리는 것은 저녁 단풍나무 매미 소리뿐.

二. 見跡 (소의 자취를 발견하다)

수변림하적편다(水邊林下跡偏多)
방초리피견야마(芳草離披見也麼)
종시심산갱심처(縱是深山更深處)
요천비공즘장타(遼天鼻孔怎藏他)

물가 나무 아래에 발자국 어지럽게 많도다.
방초를 헤치고서 그의 자취를 보았는가?
설령 깊은 산 깊은 골짜기에 있다 한들,
하늘 향한 콧구멍을 어찌 숨길 수 있으리.

三. 見牛 (소를 보다)

황앵지상일성성(黃鶯枝上一聲聲)
일난풍화안유청(日暖風和岸柳靑)
지차갱무회피처(只此更無回避處)
삼삼두각화난성(森森頭角畫難成)

노란 꾀꼬리 나뭇가지 위에서 지저귀고,
따스한 햇볕, 바람은 선선한데 언덕 위엔 버들가지 푸르네.
이제는 더 이상 숨을 곳도 없다만,
위풍당당한 소뿔은 그리기 어려워라.

四. 得牛 (소를 얻다)

갈진정신획득거(竭盡精神獲得渠)
심강력장졸난제(心强力壯卒難除)
유시재도고원상(有時才到高原上)
우입연운심처거(又入煙雲深處居)

정신을 한껏 모아 그 놈을 잡았으나,
힘세고 사나워 다스리기 어려워라.
어느 땐 아득한 고원 위에 올랐다가,
어느 땐 구름 안개 골짜기에 있도다.

五. 牧牛 (소를 길들이다)

편삭시시불리신(鞭索時時不離身)
공이종보입애진(恐伊縱步入埃塵)
상장목득순화야(相將牧得純和也)
기쇄무구자축인(羈鎖無拘自逐人)

채찍과 고삐를 몸에서 떼지 마라.
자칫 티끌 세계로 빠져들 수 있도다.
잘 길들이면 온순해질 것이니,
그때는 고삐를 잡지 않아도 저절로 주인을 따르리.

六. 騎牛歸家 (소타고 집에 돌아가다)

기우이리욕환가(騎牛迤邐欲還家)
강적성성송만하(羌笛聲聲送晩霞)
일박일가무한의(一拍一歌無限意)
지음하필고순아(知音何必鼓唇牙)

소를 타고 한가로이 집으로 돌아가네.
대나무 피리소리 저녁놀에 떠나보내고,
한 박자 한곡조가 한량없는 뜻이려니,
곡조 아는 이라고 말할 필요 있겠는가.

七. 忘牛存人 (소는 잊고 사람만 있다)

기우이득도가산(騎牛已得到家山)
우야공혜인야한(牛也空兮人也閑)
홍일삼간유작몽(紅日三竿猶作夢)
편승공돈초당간(鞭繩空頓草堂間)

소를 타고 이미 고향에 도착했네.
소 또한 사라지니 사람도 한가하네.
붉은 해 높이 솟아도 꿈꾸는 것 같으니,
채찍노끈 초가삼간에 부질없이 놓여 있네.

八. 人牛俱忘 (사람도 소도 다 잊다)

편삭인우진속공(鞭索人牛盡屬空)
벽천요활신난통(壁天遼闊信難通)
홍로염상쟁용설(紅爐焰上爭容雪)
도차방능합조종(到此方能合祖宗)

채찍 고삐, 사람과 소, 모두가 사라지니,
푸른 하늘 멀고 넓어 소식 전키 어렵구나.
붉은 화롯불이 눈을 어이 용납하리오.
이쯤에야 조사의 마음과 합하게 되리라.

九. 返本還源 (근본으로 돌아가다)

반본환원이비공(返本還源已費功)
쟁여직하약맹롱(爭如直下若盲聾)
암중불견암전물(庵中不見庵前物)
수자망망화자홍(水自茫茫花自紅)

근본으로 돌아와 보니, 너무나 많은 길을 걸었구나.
곧바로 눈멀고 귀먹은 것만 하겠는가!
본분자리 앉아서 세속에 끄달리지 않으니,
물은 저절로 고요히 흐르고, 꽃은 홀로 붉도다.

十. 入廛垂手 (저자거리에 들어가 손을 드리우다)

로흉선족입전래(露胸跣足入廛來)
말토도회소만시(抹土途灰笑滿腮)
불용신선진비결(不用神仙眞秘訣)
직교고목방화개(直教枯木放花開)

가슴 풀고 맨발로 저자에 돌아오니,
흙과 재를 덮어써도 얼굴에는 함박웃음
신선 진 비결을 꺼내들지 않더라도,
잠깐사이 고목에서 꽃을 피게 하누나.

그림출처: http://www.dharma.com.tw/X2GB D24Bible/E600.htm

별첨 2

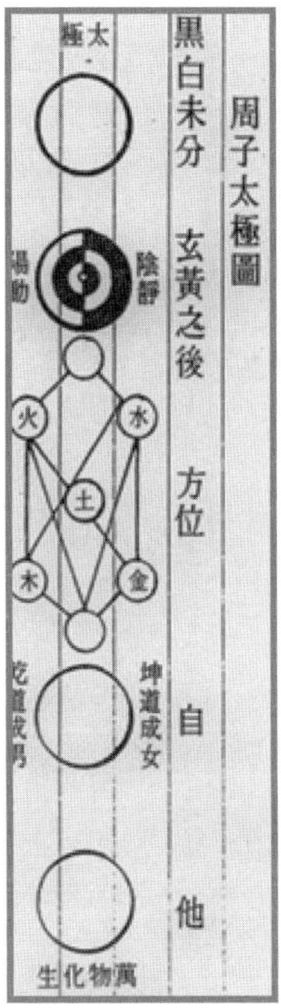

周子太極圖

참고문헌

老 子,『老子讀本』, 三民書局, 1973.
莊 子, 王夫之,『莊子解』, 中華書局, 1977.
『金剛經』
『般若心經』
『圓覺經』
『大乘起信論』
『中庸』
『周易 繫辭傳』
『天符經』
김두재 역,『능엄경』, 민족사, 1994.
박성배,『몸과 몸짓의 논리』, 민음사, 2007.
요코야마 고이츠 저, 장순용 역,『십우도-마침내 나를 얻다』, 들녘, 2001.
정진배,『탈현대와 동양적 사유논리』, 차이나하우스, 2008.
함허득통 주해, 원순 풀이,『원각경』, 법공양, 2000.

논평과 토론

‘나’는 사유한다--그 ‘나’는 누구인가?

문창옥 논평은 저도 갑자기 연락을 받아서 얼떨결에 받았는데 사실 이 글은 제가 평하기에 적절한 글이 아니었습니다. 저는 이쪽에 제가 볼 때 선례가 없어서 불교 철학 같은 그런 것을 하신 분이 있으셨으면 훨씬 더 좋았을 텐데 이런 느낌이 들었습니다. 맡았으니까 억지로 했는데 여기 그 논의 하나하나를 좇아가면서 평을 할 수는 없는 처지에 있고요, 그래서 좀 억지로 말이 되는지 안 되는지만 묻고 넘어가는 방식으로 할까 싶어서 아침에 적은건데 어떨지 모르겠습니다. 제가 빨리 읽겠습니다.

필자에 따르면, 주체(혹은 자기 정체성)의 문제에 대한 동아시아적 관점의 접근에서 만나는 당혹스러운 점, 그것은 <나>의 해체와 그 해체의 행위를 주동하는 ‘수행적 대리인’으로서의 <나>의 관계이다. 진정한 의미의 해체라면 그 수행자와 그 결실에 대한 그의 인식까지 해체하게 될 것이다. 결국 ‘무아’에 대한 사변적 규정은 “적어도 수행 실천적 관점에서 보자면 아무런 의미가 없다.” 이것은 고대 동아시아의 철학적 사유(불교 및 여타 동양적 사유 논리)가 [‘나’를 해체하는 과정과 그 결실로서의 무아]를 언어의 표상체계 안으로 가져오기 위해 독특한 서사적 기법을 동원하는 이유이다.

2. 필자는 이 서사적 기법의 실증사례로 십우도(十牛圖)를 읽고 있다. 평자는 이 다시 읽기
의 적절성이나 설득력을 평가하지 못한다. 이 분석을 둘러싼 동아시아의 철학적, 문학적 선이해가 필자에게는 일천한 까닭이다. 그러나 필자의 문제의식이 간단하고 명료할 뿐만 아니라 수사보다 논리가 우선하는 철학의 경계로 들어와 있어서 그의 글 읽기가 특정 부분에서 문제된다 하더라도 대의에 심각한 손상을 줄 것으로 보이지 않는다. 다만 좀 더 해명되었으면 하는 부분이 있다. 그것은 십우도의 서사적 기술이 가지는 "실천적 관점에서의 의미"란 것이 무엇인가 하는 점이다. 비교적 분명해 보이는 것을 굳이 묻는 까닭은 보다 근본적인 의문이 한 가지 있기 때문이다. 그것은 십우도의 서사적 기호들이 필자의 물음에 성공적으로 답하고 있는가 하는 물음이다. 아니 보다 일반적으로, 십우도 유의 서사적 기법이 과연 사변의 논리가 실패한 자리를 채워줄 수 있는가하고 물어야 하겠다. 물론 이 물음은 동아시아적 사유를 특칭해서 말하는 모든 사람들에게 던져야 할 물음인 것 같다.

3. 십우도의 1도에서 8도까지는 비교적 선명하다. 특히 8도의 "텅 빈 일원상"은 필자의 언급대로 "진정한 '하나 됨'"으로서. "그 '하나'라는 인식조차 사라진 상태"를 직관적으로 이해할 수 있게 한다. 그러나 상대적으로 9도와 10도의 의미는 상대적으로 그 선명성이 떨어지는 아쉬움이 있다. "완전긍정의 세계," "존재하는 모든 사물이 그 자체로 절대하나"인 세계를 말하고 있다. 하지만 주체를 함몰시킨 세계상과 그 세계에 함몰한 이후의 주체의 처신이 분명하게 읽히지 않는다. 자기인식(사실)에서 특정한 가치실천(당위) 곧바로 연역될 수 있는가?

더욱이 이 두 부분에 이 서사가 가지는 "수행 실천적 관점에서의 최종적 의미"가 있을 법한데, 아닌가?

4. 의문, 이것은 서양학을 간신히 추급해온 평자가 일직선적 논리에 길들여져 갖게 된 것일지 모르겠다.

사유한다의 문법은 사유주체를 타자로 돌린다. 우리는 세계 밖에서 세계를 보고 세계를 사유한다. 사유되는 세계 속에 사유주체가 자리할 공간은 없다. 해체하든 구성하든 그 '수행적 주체'는 항상 밖에 머문다. 그리고 그것은 사유의 상관항으로서만 작동한다. 따라서 분별(사유)를 포기하면 주체가 사라진다는 것은 존재론적 사건이 아니라 사유의 논리적 문법적 사건이다. 그런데 동아시아의 사유는 이 함몰의 지평을 '참된 나,' '합일,' '하나' 등으로 부르고 있다. 어떻게 부르든지 좋다. 이것이 "나는 누구인가?'에 대한 의미있는 답변일 수 있는가?

동아시아의 문학적 수사가 오히려 사유와 주체의 이 문법적 본질을 흐리고 있는 것은 아닌가? 다시 물어보자. 참된 나는 누구(무엇)인가? 절대하나, 그것은 '일'로 볼 수도 있고 '다'로 볼 수도 있는, 그래서 상황의존적인 것이라고 말할 수 없다. 그것을 그렇게 볼 외재자를 허용하지 않기 때문이다. '일'이면서 동시에 '다'라고 달리 말하면 더욱 곤란하다. 둥근사각형처럼 그것은 그 어떤 의미있는 표상도 허용하지 않기 때문이다.

비트겐슈타인은 '생각하지 말고 보라'고 말한 적이 있다. 그는 이 언명을 통해 플라톤 이래의 본질주의를 해체한다. 정체성, 본질은 언표가 등장하는 문맥에서 결정된다. 존재의 경우 문맥은 구체적인 역사일 것이다. 동아시아의 서사적 기법 역시 서양의 사변이 그렇듯이 사유하는 주체를 추상적, 몰역사적 공간에서, 요컨대 문맥을 사상하여 추적한다. 여기서 발견하는 것은 언제나 논리가 낳는 추상이다. 그러나 사유(인식을 포함) 자체는 시간적, 역사적 사건이다. 그것은 행위이다. 그래서 주체는 이 행위 속에만 존립한다. 행위를 멈추면 주체는 사라진다. 사변의 주체는 사변의 행위와 더불어 살아있는 현재이다. 이 주체가 물어갈 수 있는 주체는 과거의 것, 죽은 것이다. 현재의 것은 물을 뿐, 물어갈 수 없다. 물을 수 없는 것을 묻는 것은 사이비 물음(pseudo problem)을 묻는 것이 아닌가? 그런데 답이 있다면 이상한 일 아닌가?

성진배 지금 제기하신 여러 질문들에 대해 조금 생각을 했으면 좋겠는데요. 그런데 제가 바로 답변을 드려야하지요? 조금 사려 깊게 답변을 하면 좋을 것 같은데……질문 순서와 관계없이 임의로 답변을 드리지요. 먼저 십우도에서 8도까지는 괜찮은데 9도와 10도의 의미는 상대적으로 선명성이 떨어지며, 세계가 함몰한 이후의 주체의 처신이 분명하게 읽히지 않는다라고 말씀하셨는데, 그 부분은 제가 논문에서 언급했던 은비(隱費)나 체용논리를 참고해서 이해를 하시면 될 것 같아요. 그러니까 모든 사물은 양면성을 가지고 있는데 하나는 드러나 있는 측면이고, 다른 하나는 감춰진 측면입니다. 예를 들어 제가 '연비어약'을 인용하면서 '솔개가 하늘높이 솟구쳐 올라가고 물고기가 물속에서 펄떡거리며 뛰어 논다'라고 했을 때 그것은 드러나는 논리지요. 그런데 그 드러난 논리가 사실은 감춰져있는 하나의 근원적인 무엇에 의해서 작동되는 것이다라는 것입니다. 그러니까 우리는 외형적으로는 물고기와 솔개의 어떤 드러난 모습을 보고 있지만, 그 물고기를 물속에서 헤엄치게 하고 솔개를 하늘높이 날아오르게 하는 그 어떤 근원에 대해서는 우리가 알 수가 없다라는 겁니다. 그런데 그 근원적인 알 수 없는 것과 분리된 상태에서 우리가 단지 오관을 통해 '현상적'으로 드러난 층위에서 대상을 파악하는 것은 적절하지 않다라고 보고, 그러기 때문에 동양에서는 가장 잘 드러나는 것이 가장 잘 감춰져 있고 가장 잘 감춰져있는 것이 가장 잘 드러난다라고 얘기하지요. 그 비근한 사례가 되는 것이 마음입니다. 마음이라고 하는 것이 어디에서든 찾을 수 없는 것인데 그 어디에서도 찾을 수 없는 그 마음의 작용성을 통해서 우리는 이 세계를 명료하게 인식할 수가 있죠. 마음의 감춰져있는 측면을 '허령'(虛靈)이라고 한다면 그 비어있는 마음이 동시적으로 不昧, 즉 공적하지 않다고 얘기합니다. 달리 말해 허령이 감춰짐이라면 불매는 드러남입니다. 그러니까 일원상까지는 허령의 개념을 설명하기 위한 하나의 전초전이고, 그 허령이 다시 불매로 드러나야 함을 말하기 위해서 제법실상론을 9도에서 이야기하면서 10도에서는 화자가 저자거리로 다시 모습을 드러내었다라고 이야기 하고 있죠. 결론적으로 말씀을 드리면 만법이라고 했을 때, 그 만법은 전부 하나의 일법으로 되돌아가는데 그 일법은 어디로 가느냐 다시 만법으로 펼쳐 치는 겁니다. 그 양자의 소위 말하는 상호작용성을 전제해서 십우도를 읽어 주시면 좋을 것 같구요. 참고로 십우도의 경우 분석적으로 펼쳐놓으면 '前後'가 발생하지만, 존재론적 층위에서 보자면 '同時'입니다.

그다음에 선생님께서 아주 중요한 개념을 제시를 하셨는데 이렇게 말씀하셨어요, 一이면서 동시에 多라고 말하면 곤란하다 이것은 '둥근 사각형'이라고 하는 것처럼 소위 말하면 형용모순이다, 즉 존재할 수 없는 어떤 것을 말하는 것이다 이렇게 말씀을 하시는데 일이면서 동시에 다다 라고 하는 것을 동양에서는 사실 굉장히 단순하게 설명을 합니다. 그게 무엇인가 하면 봄이 오면 봄이라고 하는 것은 一相이지만 그 일상은 無相으로서의 일상입니다. 그 무상으로서 일상인 봄이 되면, 그 봄은 하나의 붉은 장미꽃으로만 현존하는 것이 아니고 백합으로도 나타나고 종달새가 하늘에서 지저귀는 모습으로도 나타나고 온갖 다양한 모습으로 나타나지요. 그렇지만 그 온갖 다른 모습이 궁극적인 봄이라고 하는 혹은 그 어떤 봄의 원리나 기운으로부터 분리되어있지 않기 때문에 우리는 그 봄을 어디서든 볼 수 있습니다. 그러한 개념을 통해서 일즉다/다즉일 이라는 개념을 이야기하죠. 하지만 여기서 다즉일이 될 수 있는 근거는 드러난 삼라만상의 현상이라고 하는 것은 그 자체가 자기 자신의 실체성을 그 속에 가지고 있지 않다는 것입니다. 그러니까 그것이 비어있기 때문에 그 비어있는 현상 세계 속에서의 모든 물상은 다른 물상과 자유롭게 상호 소통이 가능한 겁니다. 나아가 그것은 비어있는 존재이기 때문에 궁극에는 그 하나의 一物 속에 전체가 다 들어갈 수 있고 혹은 그 전체가 모든 개별만상을 다 포괄하고 있기 때문에 그로부터 일즉다/다즉일의 논리가 성립하는 것이지요. 그 개념을 화엄에서는 사사무애(事事無碍)의 논리로서 설명을 하고 있어요.

마지막으로 비트겐슈타인을 질문을 하셨는데 그 비트겐슈타인에서 물을 수 없는 것을 묻는 것은 사이비 물음을 묻는 것이 아닌가 라고 말씀하셨는데 실제로 이 논문에서 제기되고 있는 것은 물을 수 없는 물음이 맞습니다. 물을 수 없는 물음을 묻는다--그래서 제가 서두에 문학적 장치가 철학적 논의 속에 필연코 개입될 수밖에 없는 연고는 여기에 있다 라고 얘기한 것이지요. 예를 들어 노자가 『도덕경』에서 '도가도비상도/명가명비상명' 이라고 했을 때 이 구절은 말할 수 없는 것을 언설로서 드러내기 위한 방편지설이죠. 노자는 결코 물을 수 없는 도에 대해서 말을 하지 않았죠. 그럼에도 불구하고 '말로 할 수 있는 도는 도가 아니다'라고 하는 그 문학적 서사장치를 통해서 노자는 도의 말할 수 없는 그 본질을 드러내고 있기 때문에 그러한 질문 자체가 무의미한 것이 아니라 제가 볼 때는 그 물을 수 없는 질문을 어떠한 방식으로 묻는가? 즉 그 서사적 장치가 굉장히 중요해지고 그렇기 때문에 우리는 항상 '무엇'에 대한 의미론적 탐구보다는 '어떻게' 라고 하는 형식론적인 문제에 훨씬 더 관심을 기울이게 됩니다. '이것이 무엇인가' 라고 하는 존재의 본질에 대한 질문은 사실 큰 의미가 없죠. 그것보다는 오히려 후기구조주의에서 얘기하는 것처럼 하나의 개념이 어떤 문맥에서 조건적으로 의미화 되고 있는가 라고 하는 것을 밝혀내고, 그러한 식으로 문제의 본질에 접근해 들어가는 것이 훨씬 더 생산적인 것이 될 수 있다라고 보는 것이 제 입장입니다.

문창옥 기호화 되지 않는 것을 드러내는, 또는 논리화하는 방법으로서 어떤 문학적 장치를 쓴다고 하는데 이 때 드러나는 것이 과연 그 어떤 정체성을 가질 수 있는 건지 의문이 듭니다. 봄과 봄의 다양한 봄의 현상들을 예로 드셨는데 사실 그렇지요. 수사적으로 일과 다의 공존을 말하는 것이 문제될 것은 없을 것입니다. 하지만 논리적으로 '일즉다'는 '생즉사' '선즉악'과 유사한 형식을 가지고 있습니다. 그래서 '일이면서 다이다.'라고 할 경우 우리는 봄의 정체성에 관한 의미있는 정보를 제공하고 있다고 보기 어렵습니다. 기호화할 수 없는 것이 대비되는 기호를 병치, 혼용한다고 해서 드러난다고 보지 않습니다. 다만 우리가 드러난다고 착각하는 것이 아닌가 하는 생각이 듭니다. 사실 이미 기호의 본래적 역할이 의문에 부쳐졌고, 주객이 상호 함몰해버린 마당에 무슨 "드러남"이 있을 수 있겠습니까? 서양의 신비주의가 몸으로 보여주려 했던 막다른 골목이 그렇듯.

정진배 선생님께서 질문하신 점이 제가 볼 때 굉장히 흥미로웠습니다. 왜냐하면 정보라고 하는 개념 자체는 이미 어떻게 보면 주객이원적 관점이거든요. 인식 하는 자와 인식되는 대상 사이의 어떤 단절을 이미 전제하는 것이지요. 그런 의미에서 보면 정보라고 하는 개념은 이미 이원론적 관점에서 작동되는 것인데 동양에서 강조하는 것은 사실 평등개념입니다. 평등이라고 하는 것은 무유고하(無有高下)입니다. 무유고하--즉 높고 낮음이 없어지는 절대적 경지인데 그 절대적 경지를 언어로서 표현할 때는 '證'이라는 말을 씁니다. '증'이라고 하는 것은 '됨'이라는 것입니다. 유교에서도 공자가 나이 칠십에 '종심소욕불유구'(從心所欲不踰矩)했다라고 하지요. 증이라고 하는 것은 바로 '종심소욕불유구'입니다. 이는 어찌 보면 제법실상의 세계이기 때문에 거기에서는 무엇에 대한 앎이라든지 정보라든지 가치평가 등이 사라지는 것이지요. 『금강경』을 보면 이런 말이 나옵니다. '석가부처가 무수한 중생을 구제했는데 사실은 구제된 중생도 구제한 부처도 없다'라는 얘기를 하거든요. 무수한 중생을 구제한다는 것은 현상론적인 관점에서 이야기하는 것이지만 사실은 구제된 대상도 구제한 주체도 없다라고 하는 것이『금강경』의 종지죠. 그것이 어떻게 보면 평등 개념입니다.

이지연 정진배 교수님의 발표내용을 접하면서 제가 연구하는 정보학 영역에서 쉽게 접하지 못했던 내용이지만 한편으로는 통하는 면도 있어 아주 흥미롭게 느꼈고 많은 생각을 할 수 있었습니다. 정 교수님께서는 발표에서 인식(cognition)에 대해 언급하셨는데 인식의 개념은 정보학 영역에서 그 중에서도 정보이용자연구 영역에서 중요한 개념입니다. 인식을 파악하기 위해서는 의미형성(sense-making)이 중요하고 의미형성은 상황(context)에 의존적(case-sensitive)입니다. 따라서 인식은 있고 없음, 긍정과 부정, 알고 모름의 개념이 아니라 하나의 상황, 사건, 사람, 행위, 목적이 총체적으로 구체화될 때 접근할 수 있는 개념으로 다루어지고 있습니다. 완벽하게 주관적인 것이 아주 훌륭한 객관화의 지표가 될 수 있다는 논리입니다. 정보이용자연구는 정보학의 영역 중에서 인간 중심(human-centered) 연구를 지향하는 영역이고 사람에 대한 이해를 바탕으로 정보자원, 기술, 환경이 구성되어야 한다는 점에 기반을 두고 있습니다. 따라서 최근의 정보이용자연구는 정보시스템을 중심으로 이용자의 행위를 연구하던 접근 방식에서 이용자를 둘러싼 다양한 요소들을 발견하고 그 요소들이 이용자의 행위와 어떻게 연결되는지를 탐구하는 방식으로 전환(paradigm shift)이 이루어졌습니다. 앞으로 사람과 정보를 연결시키는 연구를 진행하는데 정 교수님의 발표는 정보이용자를 이해하는 연구방법을 위해서 아주 인상적이고 유용한 사고의 틀을 안내해 주셨습니다.

최문규 선생님께서 분석한 십우도(十牛圖)는, 유럽 바로크 시대의 대표적인 표현 방식인 엠블렘(Emblem) 형식과 정확히 일치합니다. 즉 제목, 그림, 텍스트가 결합되어 있는 엠블렘의 구조가 그대로 나타나고 있습니다. 그런데 서구의 엠블렘보다 한 층 더 발전하여, 십우도는 하나의 서사 구조를 갖고 있으며, 그 가운데 빈 공간으로 제시된 8도의 장면은 대단히 충격적으로 여겨집니다. 단순히 심미적 형식이라기보다는 8도는 무(無), 공(空)을 극대화한 동양철학을 대변하는 것처럼 느껴지기도 합니다. 십우도의 서사는 이렇습니다. 화자는 소를 찾아서 세계(자연)로 나오고, 그 잃어버린(혹은 사라진) 대상을 다시 찾아서 주체와 객체가 하나가 됩니다. 흥겹게 소 등에 앉아 고향에 도착했지만, 그 순간 소와 인간이 사라집니다. 붉은 해가 높이 솟아 있어서 꿈꾸는 것 같고, 초가삼간도 부질없이 놓여 있습니다. 소는 없고 동자승만 있다가, 예기치 않게 8도에서는 주체와 객체 모든 것이 일시에 사라집니다. 그런데 9, 10도에서는 다시금 자연과 세속이 그려집니다. 서양철학의 방식대로 말하면, 주객체가 일치되는 순간을 체험했지만 그것이 허망하게 느껴지다가, 다시금 자연과 세계 같은 대상 자체만이 소중하다는 것을 깨닫는 것입니다. 마치 18세기 관념론에서 인식 주체가 중시되다가, 객관 혹은 대상을 중시하는 유물론이 등장하듯 말입니다.

정진배 선생님이 8도를 감명 깊게 보셨다니까 기쁘고요, 9도하고 10도에서 얘기 하려는 것은 사실은 이것이 인식의 어떤 부적절함이라든지 그 어떤 뭐라 그럴까 무기력함을 말하려는 것은 아니고, 여기에서 한 단계 더 나아간 겁니다. 한 단계 더 나아갔다고 하는 것이 무슨 의미인가 하면 결국은 동그라미 속에서 무를 깨쳤다고 하는 것이 실은 평등을 깨쳤어요. 평등이라고 하는 것은 세계라고 하는 것이 내 마음의 모습과 다르지 않다 이런 이야기거든요. 그러니까 내가 바라보는 세계는 전부 내 마음이 밖으로 드러난 것을 우리는 세계라고 한다, 그래서 나와 세계 사이의 어떤 간극이나 그 소위 말해서 차별을 두지 않는 그것을 우리는 평등이라고 하는데, 평등의 자각에 근거하여 내가 세계고 세계가 나다 라고 하는 것이지요. 내 마음이라고 하는 것은 감춰져 있어 보여 질 수 없는 것이지만 겉으로 드러난 삼라만상은 전부 어떻게 보면 내 마음이 아닌 것이 없는 것이지요. 그러니까 그러한 차원에서 나는 다시 세계 속의 나가 되고, 그로인해서 나의 구원과 세계의 구원이라고 하는 것이 분리돼 있는 두 개의 모습이 아니라고 하는 통찰로 부터 깨달음을 얻은 보살이 다시 저자거리로 나오는 겁니다. 이게 어떻게 보면 마음이 세계의 모습에 다름 아니다 이런 얘기죠. 이 부분은 대승불교에서 굉장히 중요한 문제죠. 삼천초목이 동시성불해야 나의 성불이 완전해 지는 것이지 그렇지 않으면 그것은 완전한 성불이 될 수 없다라는 차원에서 접근을 하는 것인데, 그 근원에는 평등성이 전제되어있죠. 평등은 내 마음의 모습으로서의 세계고 세계는 내 마음의 모습이 드러난 것이다--대충 이런 얘기입니다.

김준환 우선, 선생님께서 말씀하신 "동양적" 혹은 "동아시아적" 사유라는 것이 서양에는 없는 어떤 특수한 사유인지요? 잘은 모르지만, 선생님의 이야기를 들으면서 희한하게도 플로티누스와 유사하지 않은가라는 생각이 들었습니다. 저의 과도한 요약이 맞는지는 잘 모르겠습니다만, 신플라톤주의 철학자 플로티누스의 경우, "절대"(the absolute)라고 하는 하나가 있고 거기서 몇 단계의 발산 단계를 거쳐 개별 인간의 영혼 및 물질의 단계까지 이른다고 알고 있습니다. 차이는 "지성"의 단계에서부터 발생하고 현상의 단계에 이르러 다양하게 존재한다고 알고 있습니다. 그리고 비록 차이라고 하더라도 "절대"에서 발산된 것이기에 현상계의 개별자 속에 "절대"의 흔적이 존재하며 이를 통해 다시 "절대"에 도달할 수 있다고 알고 있습니다만 . . .

두 번째 질문입니다. 마지막에 선생님께서 "차별"과 "평등"에 대한 다소 사회적 문제에 대해 말씀하시면서 「십우도」에 나타나는 방식의 사유 혹은 인식이 필요하다고 말씀하셨습니다. "차별은 존재의 실상에 위배되기 때문이다. 그렇다면 '평등'은 차별이 사라진 경지인가? 역설적이지만 필자가 보건대, 평등은 (그로 인해) 삼라만상 개개물물의 모든 차별상을 오롯이 담아낼 수 있는 문학적/철학적 장치다." 매우 흥미로운 지적이라고 생각합니다. 그런데 "차이"와 "차별"은 좀 다른 느낌을 가진 단어인 듯합니다. "차이"가 유지되는 한에서의 "평등"은 충분히 이해할 수 있지만, "차별"은 단지 사유 방식의 문제일 뿐만 아니라 매우 구체적인 정치적·역사적 문맥에서 발생하는 것이라 생각됩니다. 이런 구체적인 문맥과 관련해서 선생님의 설명이 어떻게 타당한지, 혹은 이와 관련된 보충 설명을 듣고 싶습니다.

정진배 김준환 선생님이 질문하신 게 사실 쉽게 답변드릴 수 있는 문제는 아닌 것 같은데……간략히만 설명 드리자면, 먼저 '동양적'이라는 개념은 다분히 상대적 관점에서 사용하고 있는 것이지요. 사실 지구가 둥글고 돌아가고 있는데 동쪽-서쪽이 있을 수 없겠지만, 개념적으로 설명하기 위해 서양에 대비되는 것으로서 '동양'을 가상적으로 설정한 것일 따름입니다. 두 번째 질문에서 '차별'과 '평등'의 문제는 동양적 사유, 특히 불교의 경우 현상계의 제반 차별상을 극복한 연후에 평등을 구현하는 것이 아니라, 현상세계가 그 자체로 평등하다는 것입니다. 가령「반야심경」에서 '조견오온개공'(照見五蘊皆空)이라고 할 때, '오온'은 차별상을 지칭하고, '개공'은 평등상을 지칭하는 개념이죠. 색이 공이고 공이 색이라는 논리입니다. 물론 그 전제가 되는 것은 '조견'입니다.

김현철 전 문학 전공이 아니라 언어학을 하다 보니까 이것이 인식의 문제와 존재의 문제, 그 다음으로 현상과 본질의 문제를 규명해 가는 과정이 조금 다를 수 있다고 봅니다. 정진배 선생님께서는 그것의 근거나 혹은 근원적인 것을 마음에서 찾는다고 하셨는데, 저희 언어학에서는 이걸 인지적인 입장에서 해석하고 풀어가는 경우가 많이 있습니다. 그러다보니 아까 말씀하신 그 공간적인 전개나 개념적 표상을 과연 어떻게 풀어가는 게 좋을지 늘 궁금합니다. 두 분 대화하시는 것을 들어보니까 똑같이 저도 이런 경험을 했던 것이 기억납니다. 제가 평소 수업할 때나 연구할 때 이런 방면에서 좀더 노력을 해보면 좋겠다라는 생각이 듭니다. 따로 정리할 것은 없을 것 같습니다.

이석구 늦게 도착해서 논의를 다 파악하지 못 했습니다. 잘 모르고 하는 질문이 큰 결례가 되지 않았으면 합니다. 끝부분의 말씀만 듣고 생각났던 것이 역시 동양에서는 인식론이 상당히 중요하다는 사실입니다. 마음의 문제로 존재를 풀어나가고, 일자와의 관계에 대한 깨달음을 중시한다는 점도 그렇습니다. 그런데 또 어찌 보면 상당히 유심론(唯心論)에 가깝다는 생각도 들고, 서양의 눈에서 보면 또 유아론에 가까운 것이라는 평가도 나올 수 있을 것 같습니다. 너와 나가 다르지 않다는 깨달음, 우리 모두가 궁극적으로 하나의 뿌리나 하나의 기운에서 나왔다는 깨달음이 매우 중요한 것은 사실입니다. 동시에 평등에 대한 깨달음은 강조되지만 현실적인 실천에 있어서는 나약하다는 평가도 있을 것 같습니다. 현실성의 문제 뭐 이런 면에서 김준환 선생님께서 말씀하셨던 것과 같은 맥락입니다. 십우도의 뒷부분에서 저잣거리로 나가는 것이 언급이 되어있다는 점에서 대중이나 사회와의 연계가 암시되기는 하지만 실천에 있어서는 약하다는 인상을 받습니다. 심오한 궁구 끝에 도달한 것이 결국에는 모두가 평등하다는 깨달음의 문제였던가 하는 생각이 든다는 것이지요.

정진배 선생님 질문에 대해 간략히 답변 드리지요. 첫 번 째 질문에 대해 비유로서 말하자면, 어떤 사람이 피리를 부는데 그 피리 소리가 어디 있느냐--이런 이야기지요. 동양적으로 말하자면 피리소리는 피리 부는 사람의 마음에 있다고 볼 겁니다. 피리 부는 사람이 슬픈 마음이면 슬픈 곡조가 나올 것이고 기쁜 마음엔 기쁜 곡조가 나올 것이다 이런 논리이구요. 두 번째는 이런 이야기죠. 예를 들어 바람이 불어 나뭇잎을 스치면서 스산한 소리를 낼 때 그 소리의 근거가 어디에 있느냐라는 것이거든요. 그 소리의 근거는 사실 바람이 만들어낸 것도 아니고 나무가 만들어낸 것도 아니죠. 바람은 사실 소리가 없는 거지요. 바람 자체는 소리가 없고 바람이 어떤 물상과 만났을 때 이런 저런 소리를 낼 수 있는데, 나무가 어떤 소리를 낸다고 할지라도 그 소리는 소리 없는 바람으로부터 유래하고 있다라는 것이거든요. 그러니까 소리 없는 바람으로부터 유래한 삼라만상의 기기묘묘한 소리들이 사실 그 근거를 따지고 보면 전부 소리 없는 하나의 무성으로부터 나온 소리다, 나아가 우리가 겉으로 드러나는 현상계의 소리에 초점을 맞추는 것이 아니고 그 소리의 근거되는 소리 없는 바람의 영역으로 환원해서 들어가 볼 것 같으면, 그 모든 차별 자체를 평등적 관점에서 바라 볼 수 있는 근거가 될 수 있지 않겠는가라는 것이죠.

그럼에도 불구하고 소리 없는 바람과 바람이 물상과 만나면서 만들어 낸 소리가 같은 것은 아니죠. 그로 인해 '다름'(異)과 '같음'(同)이 두 개의 상호 대립적 개념으로 설정되기보다 '같으면서 다르고'(同而異), 동시에 '다르면서 같음'(異而同)이라는 개념이 성립되는 것입니다.

김준환 제가 제대로 이해했는지는 잘 모르겠으나, 서사 혹은 언어에 대해 "방편적"이라고 말씀하신 것 같습니다. 그렇다면 결국 언어는 표현된 것 이면에 있는 본질을 드러내는 매개일 뿐이라는 것인지요? 언어에 대한 인식과 관련하여 때에 따라서는 언어가 전달하는 것이 전부라고 믿었던 경우도 있고 때에 따라서는 마음속에 있는 거대한 정신의 일부 밖에 전달하지 못하는 불충분한 매개라고 보는 경우도 있습니다. 이는 예를 들어 영문학의 경우 언어에 대한 신고전주의와 낭만주의의 차이를 보여주는 것입니다. 그런데 선생님의 논리에 따르면 언어나 표현이나 이런 것들은 방편이다 라고만 말씀을 하신 것 같은데, 이에 대한 보충 설명을 부탁드립니다.

정진배 우리가 나무를 생각할 때 나무를 말하지 않고 나무에 관해서 생각하게 되죠. 그래서 가령 "think about X"이라고 할 때 about이라고 하는 그 매개적 지점이 궁극적으로 나의 thinking과 thinking의 대상인 나무 사이에 간극을 만들어 내면서, 그 간극으로 인해서 나한테 인지된 그 대상은 결국은 내가 바라보고 묘사하고자 하는 대상과는 무관한 그 어떤 것으로 '수정' 되기 때문에, 방편지설이라고 하는 것은 인간의 제반 사유가 그러한 메카니즘 속에서 발생하지 않을 수 없다라는 차원에서 방편지설이라는 얘기를 한 것이고요. 좀 더 구체적으로 말해서 우리가 예를 들어 '콩이 무엇인가'라고 할 때 우리는 '콩은 팥과 유사한 것이다'라고 이해를 하지요. 그렇지만 콩이 팥은 아니죠. 우리가 언어로서 사물을 이해 할 때 전부 무엇에 의거해서 유추적으로 인식의 대상을 파악하게 되고(比量), 그렇기 때문에 대상 자체는 결단코 알 수가 없다는 것이죠. 선종에서 직지인심(直指人心)이나 언어도단(言語道斷) 같은 개념을 말하는 것은 바로 이러한 맥락에서입니다.

오키나와는 말할 수 있는가? –언어, 역사, 정체성

임성모(연세대, 사학)

1. '우치나구치 재판'의 풍경

1971년 10월 도쿄 국회의사당에서는 이른바 '오키나와 국회'가 개최되고 있었다. 이듬해에 실현되는 오키나와의 '본토 반환' 협정을 심의하는 것이 당시의 주요 의제였기에 붙여진 명칭이었다. 국회가 진행 중이던 10월 19일 오후 1시경, 사토 에이사쿠(佐藤栄作) 수상이 소신 표명 연설을 하고 있는 와중에 '오키나와 청년동맹' 소속 청년 세 명의 폭죽 시위가 벌어졌다. 방청석에서 뛰쳐나와 폭죽을 터뜨리며 "모든 오키나와인은 단결하여 궐기하라!"고 외치면서 삐라를 살포했던 것이다. 이들은 국회의원들 앞에서 "오키나와의 장래를 일본인이 결정할 수는 없다"고 외쳐대다 경관들에게 체포된 후 11월 9일 건조물 침입죄와

공무방해죄 명목으로 도쿄 지방법원에 기소되었다.[1]

흥미로운 점은 1972년 2월 16일에 처음 열린 도쿄 지법 공판에서 청년동맹원들이 소위 '우치나구치 재판'을 선언했다는 것이다. '우치나구치(ウチナーグチ)'란 오키나와 말로 '오키나와어'를 뜻한다. 즉 자신들은 일본어가 아니라 오키나와어로 재판에 임하겠다고 주장했던 것이다. 이들은 판사의 인정심문에 대해서부터 오키나와어 답변으로 일관했고, 무슨 뜻인지 알아들을 수 없었던 재판장이 급기야 "일본어로 대답하라"고 요구해야 하는 상황이 벌어졌다. 재판장의 요구는 당시 적용되고 있던 「일본재판소법」 74조, 즉 "재판소에서는 일본어를 사용한다"는 조항에 입각한 '합법적인' 것이었으나, 청년들은 이를 역이용하여 오키나와와 일본의 관계가 지닌 '합법성'을 근본적으로 추궁하고자 했던 것이다.[2] 중요한 점은 이들의 '우치나구치 재판' 선언이 일본의 동화주의에 대항하는 '오키나와 문화'의 정당성에 대한 호소였다는 점인데, 그것은 다음과 같이 표현되고 있다.

> "오키나와인에게서 오키나와어를 빼앗는 것은 일본의 지배 논리에 오키나와를 가두는 일이다. 일본제국주의는 일찍이 대만에서, 조선에서 나라를 빼앗고 언어를 빼앗고 목숨을 빼앗았다. 그리고 지금도 재일조선인과 중국인민의 언어, 민족문화, 권리를 압살하고 있다. 천황제로의 통합은 일본어의 강제를 통해서 이루어진다. …… 우리 오키나와인이 자신의 좀더 자유로운 표현수단으로서 우치나구치를 사용하는 것은 전적으로 정당한 행위다. 우리는 오늘날 진행되고 있는 일본의 동화정책이 오키나와인의 더 광범위한 세계인들과의 넓은 융합을 분단

---

1 「沖縄を知る事典」編集委員會 編, 『沖縄を深く知る事典』, 日外アソシエーツ, 2003, 444~445쪽.

2 이보다 나중의 일이지만, 아이누 출신으로는 최초의 국회의원(중의원)으로 활동했던 가야노 시게루(萱野茂, 1926~2006; 홋카이도 니부타니 아이누 자료관의 설립자)가 재임 중이던 1994년에 국회 내각 위원회에서 아이누어로 질의한 사례가 있다. 萱野茂 外, 『アイヌ語が国会に響く』, 草風館, 1997 참조.

시키는 데 대해 격렬한 분노를 감출 수 없다. 일본국 정부의 이러한 동화정책은, 과거의 오키나와 역사가 웅변적으로 말해주지만, 향후 그 비참한 역사로의 권유 이외에 아무것도 아님을 확실히 단언할 수 있다. 일본국 정부의 오키나와 탄압은 아메리카 합중국이 지금까지 우리에게 강요한 탄압보다 더한 것으로서 오키나와의 정치, 생활, 문화를 철저히 파괴할 것이다. 우리는 아메리카 인민과의 커뮤니케이션을 영어로 하듯이, 일본 노동자 인민과의 커뮤니케이션을 일본어로 한다. 하지만 일본의 국가권력(재판소)이 「일본의 논리」를 강제하고자 우리에게 일본어를 강압하는 데 대해서는 그 근거의 반동성을 철저히 폭로하고 동화를 거부하며 우치나구치를 지배자에게 내던질 것이다. 우리는 오키나와 문화의 정당성을 더 널리 주장하기 위해서라도 이 공판에서 우치나구치를 사용할 것을 선언한다."[3]

오키나와의 '일본 복귀' 직전에 벌어진 이 '우치나구치 재판'의 풍경 속에 등장한 '일본의 동화정책', '오키나와 문화'로서의 '우치나구치'란 과연 무엇을 함의하는가? 당시 청년동맹원으로서 삐라 작성에 관여했던 나카자토 이사무(仲里効)는 "세 사람의 품속 주머니에 감춰진 격문(檄文)을, 오키나와의 근대와 전후의 입을 봉쇄한 동화의 계보에 대한 <앙띠오이디프스> 격으로 쓰던 날 밤 [등사판의—인용자] 삐걱대던 소리의 기억은, 세 사람이 '오키나와어'를 쓴 순간 얼어붙었던 법정의 기억과 함께 아직도 나의 현재를 뒤흔든다"[4]고 회상한 바 있다. 요컨대 1972년 우치나구치 재판의 풍경은 일본과의 관계 속에서 오키나와의 문화적 정체성을 구성하는 핵심으로서 오키나와어의 존재에 대한 역사적이자 현재적인 화두를 던지고 있는 것이다.

---

3 「沖縄を知る事典」編集委員會 編, 위의 책, 444~445쪽.

4 『沖縄タイムス』2000.9.30.

이 화두는 언어의 연금술사인 문학자들, 특히 오키나와 출신 작가들의 작품(이를 잠정적으로 '오키나와 문학'이라고 해두자) 속에서 오키나와어가 어떻게 자리매김되고 있는가를 통해서 좀 더 구체적인 접근이 가능하리라 여겨진다. 이하에서는 우선 카프카(Franz Kafka, 1883~1924)에게서 '마이너 문학'론을 도출하여 언어와 정체성의 관계를 조명했던 들뢰즈(G. Deleuze)·가타리(F. Guattari)의 주장을 검토하고, 마타요시 에이키(又吉栄喜)와 메도루마 슌(目取真俊)이라는 두 오키나와 작가의 작품 속에 오키나와 역사의 기억이 어떻게 재현되고 있는지, 거기서 일본어와 오키나와어는 또 어떤 역할을 수행하는지, 그리고 이들 사례가 '마이너 문학'으로서의 보편성과는 어떻게 맞닿는지에 관해 고찰할 것이다. 이를 통해 동아시아에서 문화적 정체성의 한 양상에 대해서 조명하고자 한다.

2. '마이너 문학'의 언어 전략 : '비명'으로서의 언어

'마이너 문학'으로서의 '오키나와 문학'이라고 할 때, 먼저 '오키나와 문학'이란 무엇인가 하는 문제가 제기될 수 있을 것이다. 잘 알려져 있듯, 오키나와는 1879년 이른바 '류큐 처분'에 의해서 일본으로 병합되는 가운데 근대에 돌입한 지역이다. 독립 왕국이었던 류큐 왕국이 붕괴되는 아픔을 거쳐 일본으로 편입된 뒤에도 각종 제도적·일상적 차별에 직면해야 했다. 구어(口語)로서의 오키나와어가 교육·행정 등 공공의 장에서 배제되고 '표준어'로서 일본어가 강요된 것은 전형적인 차별의 일환이었다. 오키나와는 아시아태평양전쟁 말기에 섬 인구의 3분의 1이 희생당하는 비극을 겪었으며, 일본이 패전한 이래 17년 동안 미국의 실질적인 지배 아래 두어져 일본 '본토'와는 다른 길을 밟았다. 일본이 국제사회로 복귀한 1952년(샌프란시스코 조약) 이후 10년 뒤인 1972년에야 '조국

복귀'라는 이름 아래 일본으로 통합되어 현재에 이르고 있으나, 여전히 일본 내 미군기지의 4분의 3이 집중 배치됨으로써 각종 사회갈등을 겪고 있는 상황이다. 요컨대 제도적으로 식민지가 아니지만 실질적으로는 식민지적 상태에 놓여 있던/있는 오키나와의 역사적 상황이 '오키나와 문학'이라는 용어를 일차적으로 규정하고 있는 셈이다.

따라서 '오키나와 문학'이란 표현은 오키나와라는 이 '문제적' 역사 공간에서 이루어진 다양한 문학 행위를 통칭하며, 주로 오키나와 출신 작가들에 의해 오키나와의 모순적 상황이 묘사된 문학을 일컫는 용어라 할 수 있다. 오키나와의 문학평론가 신조 이쿠오(新城郁夫)가 "오키나와를 오키나와 내부로 회수해서 순치(馴致)시키려는 작업을 회피하고, 오히려 오키나와에 대한 거리감 그 자체 속에서 대화적 형태로 오키나와를 논하는"[5] 문학이라고 '오키나와 문학'을 규정한 것은 바로 이와 같은 모순적 문제 상황을 전제로 해야 이해될 수 있을 것이다. 여기서 확인해 두고 싶은 점은 '오키나와 문학'이 곧 '오키나와어' 문학을 의미하지는 않는다는 것이며, 이는 이하에서 살펴볼 카프카의 '마이너 문학'론과도 중첩되는 대목이다.

독일어로 작품을 썼던 프라하의 유대인 소설가 카프카에 대해 논하면서 들뢰즈 등[이하 '들뢰즈'로 생략함]은 '마이너/소수적(mineure) 문학'이라는 분석틀을 제시했다.[6] 들뢰즈는 카프카가 문학적 표현의 문제를 추상적인 방식으로가 아니라 '소수적 문학'과 관련해서 제기했음을 강조한다. 그리고 이 '소수적/마이너 문학'을 "소수적 언어로 된 문학이라기보다 다수적 언어 안에서 만들어진 소수자의 문학"으로서 정의한다.[7] 들뢰즈에 따르면 이 '마이너 문학'은 세 가지

5 新城郁夫,『沖縄文学という企て』, インパクト出版会, 2003, 241쪽.

6 질 들뢰즈, 펠릭스 가타리(이진경 옮김),『카프카: 소수적인 문학을 위하여』, 동문선, 2001의 3장「소수적인 문학이란 무엇인가?」.

7 위의 책, 43쪽.

특징을 지니는데, ① 언표행위의 집합적 배치, ② 개인적인 것과 정치적인 것의 직접적 연결, 그리고 ③ 언어의 탈영토화가 그것이다. 이 가운데 ①과 ②는 "소수적 문학에서는 개별 작가가 말한 것이 이미 하나의 공동 행동이고, 그가 말하거나 행한 것은 필연적으로 정치적이 된다"는 표현으로 충분히 정리될 수 있을 것 같다.[8] 그런데 이 글에서 중시하고자 하는 바는 바로 ③, 즉 '언어의 탈영토화'라는 문제다.

들뢰즈는 프라하의 유대인이 "글을 쓰지 않을 수 없지만, 독일어로 글을 쓰는 것도 불가능하고, 다른 말로 쓰는 것도 불가능하다"는 카프카의 발언[9]에 주목한다. '글을 쓰지 않을 수 없'다는 것은 억압받는 민족의식이 필연적으로 문학을 경유하기 때문이다. (독일어 이외의) '다른 말로 쓰는 것이 불가능'하다는 것은 체코 본래의 영토성에 대해 '지울 수 없는 거리감'을 느끼기 때문이다. 그리고 '독일어로 글을 쓰는 것도 불가능'하다는 것은 프라하 유대인이 독일 주민 자체로부터 탈영토화된 채 현지 대중과도 유리된 '문서 언어'로서만 독일어를 사용해야 하는 피억압 민족으로서 마치 '요람에서 독일 아이를 훔친 집시들' 같은 존재이기 때문이다.[10]

---

8 같은 책, 46쪽.

9 이 발언은 카프카가 그의 친구 막스 브로트(Max Brod, 1884~1968)에게 보낸 편지(1921년 6월)에서 한 것이다. カフカ(吉田仙太郎 譯),『決定版カフカ全集 9: 手紙 1902~1924』, 新潮社, 1992, 370쪽. 들뢰즈는 지적하지 않았지만, 이 편지에서 카프카는 '네 번째' 불가능성, 즉 글쓰기 자체의 불가능성에 대해서도 언급한다. 실존적 절망에 처한 유대인 작가의 글쓰기란 '목을 매달기 직전의 유서 쓰기'와도 같은 행위라고 지적했다. 카프카에게 유대인의 문학이라는 것은 그 자체가 '불가능한 문학'의 시도였던 셈이다.

10 질 들뢰즈 외, 앞의 책, 44쪽. 들뢰즈는 앙리 고바르(Henri Gobard)의 4중언어 모델을 원용하는데 "첫째는 토속적 언어로서 모국적 내지 영토적 언어, 농촌 공동체 내지 농촌적 기원의 언어이고, 둘째는 소통수단적 언어로서 도시적 및 국가적 혹은 세계적이기도 한 언어, 사회 및 교환·상업적 언어, 관료적 전달 등의 언어이며 일차적 탈영토화의 언어다. 셋째는 준거적 언어로서 의미 내지 문화의 언어이며 문화적 재영토화를 작동시킨다. 넷째는 신화적 언어로서 문화의 지평 위에서 정신적 내지 종교적으로 재영토화하는 언어이다. 이들 상이한 언어의 시공간적 범주를 요약하면, 토속적 언어는 여기, 소통수단적 언어는 모든 곳, 준거적 언어는 저기, 신화적 언어는 너머다."(같은 책, 61쪽) 프라하의 유대인에게 토속적 언어는 체코어, 소통수단적 언어와 준거적(문화적) 언어는 독일어, 신화적 언어는 히브리어가 되는 것이다.

주목해야 할 점은 "빈약해진 언어이자 체코어나 이디시어[11]의 혼합인 프라하의 독일어 상황이 카프카로 하여금 새로운 창안을 가능하게 했다"는[12] 들뢰즈의 주장이다. 카프카에 따르면 이디시어는 "사용하기 두려운 언어이고 더 나아가 경멸을, '어떤 혐오 섞인 공포'를 야기하는 언어"다. 왜냐하면 "문법이 없는 언어이고 훔친 어휘, 떠다니는 어휘, 이주한 어휘 등에서 시작하여 '세력 관계'를 내면화하는 유목민 같은 언어"이기 때문이다. 이디시어는 "중세 고지 독일어에 접목된 언어지만, 독일어를 내부에서 극도로 가공하여 그것을 파괴하지 않고는 독일어로 번역될 수 없는 언어"로서 정의된다.[13]

들뢰즈는 카프카가 "이디시어를 전혀 다른 방식으로 취하여 고유하고 고독한 글쓰기와 부합되게 만드는 길을 보여"주었다고 파악한다. 이디시어로 상징되는 탈영토화된 프라하 독일어의 혼성적 상황 속에서 "사람들은 독일어를 탈주선을 타고 나아가게 할 것이고 …… 그것이 감추려는 모든 저발전의 지점들을 제거할 것이며, 그것으로 하여금 아주 간결하고 엄격한 비명을 질러대게 할 것"이라고 보는 것이다. 요컨대 카프카의 언어 전략은 "느리게 언어를 황무지로 끌고 가는 것. 비명을 위해서, 비명에 통사법을 부여하기 위해서 통사법을 이용하는 것"이 된다.[14] 여기서 '소수적'이라는 부정적 꼬리표는 "거대한(혹은 기성의) 문학이라 불리는 것 속에서 만들어지는 모든 문학의 혁명적 조건을 뜻하는 것"으로[15] 뒤바뀌게 된다.

이상에서 살펴본 들뢰즈의 카프카론은 그 핵심을 다음 문장으로 요약할 수 있을 것이다.

---

11 중부 및 동부 유럽 출신 유대인이 사용하는 언어(Yiddish).

12 같은 책, 53쪽.

13 같은 책, 65쪽.

14 같은 책, 66~67쪽.

15 같은 책, 48쪽.

"자신의 것이 아닌 언어 안에서 사는 사람이 오늘날 얼마나 많은가? 자신의 언어조차 잘 모르거나 자신이 사용해야만 하는 다수적인 언어를 잘 모르는 사람들은 또 얼마나 많은가? 이는 이민자, 특히 이민자 아이들의 문제이고 소수자의 문제이며 소수적인 문학의 문제지만, 또한 우리 모두의 문제이기도 하다. 즉 어떻게 자신의 언어로 소수적인 문학을 이룰 것이며 언어활동을 천착하여 간결한 혁명적 선을 따라 나아가게 할 수 있을 것인가? 어떻게 자신의 언어에서 유목민, 이민자, 집시가 될 것인가? 카프카는 말한다. 요람에서 아이를 훔치라고, 팽팽한 줄 위에서 춤추라고."[16]

그렇다면 오키나와 문학을 '마이너 문학'이라고 정의할 때, 카프카와 같은 언어 전략, 즉 일본어 속에서 이방인이 되고 일본어로 하여금 요람에서 훔친 아이가 비명을 지르게 만드는 이 '유괴'의 시도는 오키나와 문학 속에서 과연 어떻게 나타나고 있는 것일까?

3. 오키나와 역사의 문학적 형상화 : 두 가지 언어 전략

오키나와에서 일본 최고의 문학상인 아쿠타가와(芥川)상을 받은 작가는 지금까지 모두 네 명이다. 오키나와 반환 이전에는 오시로 다쓰히로(大城立裕)(1967)와 히가시 미네오(東峰夫)(1972)가, 그 뒤로는 마타요시 에이키(1996)와 메도루마 슌(1997)이 수상을 했다. 이들은 모두 오키나와 역사를 문학적으로 형상화하는 작업을 다양하게 시도했던 작가들이며, 히가시를 제외하고는 모두 비

16 같은 책, 51쪽.

평가적 활동을 병행했던 비판적 지식인들이다. 이 장에서는 오키나와 반환(혹은 '제3의 오키나와 처분') 이후에 아쿠타가와상을 수상했고 현재 가장 두드러진 활동을 벌이고 있는 마타요시[17]와 메도루마[18]에 초점을 맞추어 그들 작품의 언어 전략에 나타나는 사뭇 대조적인 특징을 고찰함으로써 앞서 살펴본 '마이너 문학'과의 접점을 찾아보고자 한다.

(1) 일본어에 의한 일본어의 내파(內破)

마타요시의 소설 「조지가 사살한 멧돼지」[19](1978)는 1960년대 후반 베트남 전쟁이 격화되는 가운데 후방 병참기지로 중시되었던 오키나와 본도(本島) 중부의 한 기지촌을 배경으로 하고 있다. 마타요시는 조지라는 21살의 미군 사병이 오키나와인 노인을 '멧돼지로 보고' 사살하기까지의 심리적 아노미를 미군의 시점에서 일본어만으로 묘사한다. 이 소설은 1960년 12월 오키나와 본도 남부 지방에서 사냥 중이던 미군이 '사냥감으로 오인해' 농부를 사살했던 실제 사건을 토대로 구성된 것이라고 한다.[20]

---

17 1947년 오키나와 본도 중부의 우라조에(浦添)에서 태어나 류큐대학 법문학부 사학과를 졸업한 마타요시 에이키는 1978년에 「조지가 사살한 멧돼지」로 규슈예술제문학상, 1980년에 「자귀나무 저택」으로 스바루문학상, 1996년에는 「돼지의 보답」으로 아쿠타가와상을 받았다. 아직 국내에 소개된 작품은 없지만 「조지가 사살한 멧돼지」 등이 곧 번역될 예정이다. 「자귀나무 저택」을 중심으로 일본의 식민주의에 대한 마타요시의 중층적 비판의식을 소개한 글로는 조정민, 「오키나와가 기억하는 전후: 마타요시 에이키 『자귀나무 저택』과 김정한 『오끼나와에서 온 편지』를 중심으로」, 『일어일문학』 45, 2010 참조.

18 1960년 오키나와 본도 북부의 나키진(今帰仁)에서 태어나 류큐대학 법문학부 국문과를 졸업한 메도루마 슌은 1983년 「어군기(魚群記)」(류큐신보 단편소설상)로 문단에 데뷔해 1997년에 「물방울(水滴)」로 아쿠타가와상, 2000년에는 「혼 불어넣기(魂込め)」로 가와바타 야스나리(川端康成)상을 받았다. 국내에는 『브라질 할아버지의 술』(아시아, 2008), 『물방울』(문학동네, 2012), 『오키나와의 눈물』(논형, 2013) 등이 소개되어 있다. 「물방울」과 「어군기」 등을 중심으로 오키나와 근현대사에 관한 메도루마의 관점을 소개한 글로는 임성모, 「오키나와, 탈식민주의의 상상력」, 『진리·자유』 56, 2005 참조.

19 又吉栄喜, 「ジョージが射殺した猪」, 沖縄文学全集編集委員會 編, 『沖縄文学全集 8: 小説 III』, 国書刊行会, 1990.

20 岡本恵徳, 『現代文学にみる沖縄の自画像』, 高文研, 1996, 175쪽.

주인공 조지는 미국 농촌 출신의 백인으로 에밀리라는 애인과 헤어져 오키나와 근무를 하게 된 하급사병이다. 작고 빈약한 체구에 신체적 콤플렉스가 있는 동시에 매일 거듭되는 살인 훈련에 견디지 못하는 '심약한' 인물로 그려진다. 동료들이 A사인 바[21]에 가서 오키나와인 호스테스에게 폭행을 가할 때도 동조하지 못해 따돌림을 당하지만, 내심 경멸하는 오키나와인들에게 그 울분을 풀지도 못하는 '내성적' 인물이다. 흑인 병사들의 거리에서 얻어맞고 흑인 여성들에게 놀림을 당하며 부대에 돌아온 날, 에밀리에게서 두 달 동안이나 답장이 없음을 깨닫고 극심한 자기혐오에 빠진다. 총으로 상관부터 동료, 흑인들까지 사살하고 싶은 감정이 극단으로 치달을 무렵, 매일 밤 기지 근처에 고철을 주우러 오는 오키나와인 노인이 눈에 들어온다. 불면의 밤이 이어지던 어느 날, 조지는 숙사를 빠져나와 예의 노인을 찾아낸다. 그는 다가가면서도 내심 노인이 자신을 두려워하며 도망쳤으면 싶었지만 오히려 노인은 꼿꼿이 맞서면서 조지를 노려본다.

이 결정적 장면에서 마타요시는 작품에서 일관되게 사용해 왔던 발화(發話)되지 않는 독백의 형식을 다음과 같이 극적으로 적용해서 묘사한다. "딴 놈 취급하는 저 눈빛. 나는 알고 있지. 그런 눈으로 보지 마. 너희들이 그런 눈으로 보지 않더라도 난 이딴 곳에 있고 싶지 않다고. 할 수 없이 있는 거라고. 어쩔 수가 없어서 라니까. …… 너한테 그런 눈으로 나를 볼 자격은 없어. 더러운 캬바레 호스테스의 애비일 게야. 그년들은 잘도 지껄이며 웃어대지. 너는 조용하지만, 눈빛은 그년들과 똑같아."[22] 미국 통치하 오키나와 상황이나 미군의 실태를 오키나와인의 시점에서 묘사한 작품은 많았으나, 미군의 시점에서 내면적 '독백' 형식으로 이를 묘사한 작품은 마타요시의 이 소설이 최초였다.

---

21 오키나와의 미국 위생 행정당국으로부터 승인 받은 풍속업소를 가리키는 말.

22 又吉栄喜, 「ジョージが射殺した猪」, 위의 책, 139쪽.

중요한 것은 조지의 이처럼 연속되는 '독백'이 모두 일본어로 이루어진다는 점이다. 이 소설은 당시 오키나와의 언어적 현실이었던, 오키나와인의 오키나와어/영어와 미국인의 영어를 의도적으로 배제하고 있다. 소설에서 일본어는 오키나와어와 영어의 번역으로서 기능하는 편의적 수단으로 자리매김되고 있을 뿐이다. 따라서 번역으로서의 일본어에 의해 묘사되는 오키나와라는 공간은 미일안보체제의 규정력에 의해 타의적으로 베트남 전쟁에 휩쓸린 채 "상대방이 하는 말을 이해할 수도 없고 자기가 하는 말이 상대방에게 이해되지도 않는 공약불가능한 장(場)"[23], 곧 디스커뮤니케이션의 공간으로 그려진다. 요컨대 이 소설은 노인과 조지를 '타자의 언어' 일본어에 의해 표상하는 가운데 서로 폭력적으로 대치시키며 비극의 당사자로 묘사하는 서사구조를 이루고 있는 것이다.

결국 마타요시의 소설에서 일본어는 베트남 전쟁 당시 "동아시아 전체의 전선화(戰線化)에 가담함으로써 자신의 평화(안보)를 확보하려는 일본이라는 국가가 휘두르는 정치적 폭력의 알레고리"[24]로서 자리매김되었던 셈이다. 요컨대 그는 일본어에 내장된 제국주의적 폭력성을 역사적으로 상기시켜 일본어의 통약불가능성을 드러냄으로써 그 함의를 안으로부터 붕괴시키는 '내파(implosion)'의 언어 전략을 구사했다고 볼 수 있다.

그렇지만 마타요시의 사례에서 '정음(正音)' 일본어의 폭력성을 읽어낼 수는 있지만 그것과 짝을 이루는 '잡음'으로서 오키나와어가 갖는 특징에 대해서 감지할 수는 없다. 오키나와 문학에서 오키나와어를 구사한 작품들은 그 동안 적지 않았으나,[25] 다음 절에서는 메도루마의 최근작을 중심으로 그 특징을 언어

---

23 新城郁夫,『到来する沖縄: 沖縄表象批判論』, インパクト出版会, 2007, 108쪽.

24 위의 책, 112쪽.

25 예컨대 치넨 세이신(知念正真)의 희곡『인류관(人類館)』(1976)이 그 선구적 사례이고, 사키야마 다미(崎山多美)의『무이아니 유래기(ムイアニ由來記)』(1999) 등 주목할 만한 시도들이 존재한다. 이에 대해서는 新城郁夫,『沖縄文学という企て』, インパクト出版会, 2003, 60~114쪽 참조.

전략의 일환으로서 접근해 보자.

(2) 오키나와어에 의한 일본어의 혹사(酷使)

오키나와 전투의 기억에 '집착'하는 대표적 소설가[26] 메도루마의 최근작 『눈(目) 속의 숲』[27](2009)은 1945년 오키나와 전투 당시 본도 북부의 작은 섬에서 일어난 사건을 묘사한다. 특징적인 것은 그 당시와 60년 뒤의 현재를 교차시키는 동시에, 같은 사건을 복수의 주체에 의해 묘사하면서 서로 연계시킨다는 점이다.

오키나와 전투가 시작되어 본도 중남부로 전선이 남하하며 격렬한 전투가 벌어지고 있던 때, 이 섬은 보급이 끊긴 일본군이 괴멸상태에 처해 투항하면서 미군의 실질적인 통치 아래 들어간다. 그러던 어느 날 소녀들이 조개를 줍고 있던 해변에 미군 네 명이 헤엄쳐 건너와서 사야코(小夜子)라는 소녀를 아단[28]숲으로 끌어 들어가 윤간한다. 병사들은 그 뒤에도 근처 부락에 침입해 부녀자에게 폭행을 가하고 다니는데, 며칠 뒤 바다에서 수영을 하고 있던 미군들에게 세이지(盛治)라는 소년이 물속에서 다가가 고기잡이 작살로 한 명의 배를 찔러 중상을 입히는 사건이 일어난다. 일본군 패잔병의 소행이라 의심한 미군은 오키나와 출신 미국인 2세인 통역병을 데리고 부락에 나타나 사건의 범인을 추궁하고, 촌장을 포함한 촌 어른들이 '범인' 수색에 적극 협력하는 가운데 소년이 숲 속 동굴에 숨어 있음이 밝혀진다. 세이지는 촌장의 회유도 아랑곳없이 농성을

---

26 평론을 포함한 메도루마 작품의 '필모그래피'는 Susan Bouterey,『目取真俊の世界オキナワ: 歴史·記憶·物語』, 影書房, 2011, 12~29쪽에 상세히 정리되어 있다.

27 目取真俊,『眼の奥の森』, 影書房, 2009.

28 오키나와와 타이완을 원산지로 하는 판다누스과의 교목. 바닷가에 자생하며 타원형의 열매는 붉은 빛을 띤다.

계속하다가 미군이 쏜 최루탄을 맞고 뛰쳐나와 작살을 짚은 채 수류탄 핀을 뽑아 끝까지 저항하지만, 수류탄이 불발되는 바람에 사로잡혀 연행된다. 소년은 배후를 추궁하는 미군의 가혹한 고문도 모두 견뎌내지만 최루가스 때문에 시력을 잃는다. 소년의 '범행'이 미군의 강간에 따른 것임을 뒤늦게 파악한 미군은 사건을 유야무야 처리한 채 소년을 마을로 돌려보낸다. 세이지는 섬에 머물면서 고독한 생활을 이어나간다. 한편 사야코는 미군이 아니라 마을 남자의 아이를 임신하게 되는데, 태어난 아이를 양자로 보낸 뒤 식구들 모두 본도로 이사를 가 버린다. 세이지처럼 고독한 생활을 보내던 사야코는 정신병자가 되어 요양시설을 전전하게 된다.

60년 전의 사건을 현재에 기억하는 주체들은 사야코의 누이, 촌장, 통역병 외에도, 사건 당사자가 아닌 오키나와 출신 소설가와 전쟁체험에 관심을 가진 여중생까지 다양하다. 당시의 사건은 목격자인 사야코의 친구, 그리고 작살에 찔려 후송되는 통에 베트남 전선으로 복귀하지 않아 운좋게 목숨을 건져 귀국한 미군 등에 의해서 묘사된다.[29] 한편 사야코는 끝까지 침묵하고 세이지는 복수의 목소리가 교차하는 가운데 자기 기억을 뱉어낸다.

중요한 점은 세이지의 회상 부분(순서상 5장)에서 오키나와어, 그것도 본도 북부의 나키진(今帰仁)어가 사용된다는 것이다. 이 부분은 한자와 일본어 히라가나에 작은 글씨의 후리가나(루비)를 단 형태로 이루어진 표기가 시각적으로 두드러진다. 여기서 들뢰즈의 '마이너 문학'에 대한 정의, 즉 "소수적 언어로 된 문학이라기보다 다수적 언어 안에서 만들어진 소수자의 문학"이라는 정의에서 희미해져 버린 '소수적 언어'의 행방이 문제로 떠오른다.

소설 속에서 주인공 세이지는 마을의 '얼간이(トットロー)'로 놀림을 받는

29 소설의 10장 구성 전체의 시점인물 및 시간설정에 대해서는 鈴木智之,『眼の奥に突き立てられた言葉の銛』, 晶文社, 2013, 149쪽 참조.

데, 그것은 특히 그의 '표준어' 미숙 탓으로 설정된다. 예컨대 그의 친구들이 철혈근황대(鐵血勤皇隊)[30]에 동원되어 마을을 떠나갈 때 나누는 대화 장면에서 세이지는 친구들로부터 놀림을 당하는 장면이 그렇다. 세이지가 "우군과 함께 천황폐하를 위해 싸워줘, 나(我わん: 왕)는 부락을 지키기 위해 싸울 테니까"라고 말하자 친구들은 "왕わん왕わん이라니 니가 개냐? 빨리 표준어를 배워라. 일본인이잖아" 하고 놀려댄다. 그렇지만 세이지는 "표준어를 쓰려고만 하면 혀도 입술도 목도 뻣뻣해져 움직일 수 없고 얼굴이 타오르듯 벌게지는" 그런 소년으로 그려진다.[31] 세이지의 회상에 나키진어가 빽빽한 것은 바로 그런 연유에서다.

이와 관련해서 일본계 미국인 통역병은 매우 상징적인 존재이다. 오키나와 출신의 부모를 둔 그는 일본어와 오키나와어를 모두 어느 정도 소화하고 있다. 그러나 세이지의 말에 대해서는 "그 말이 오키나와 말인 것은 알겠지만 내 양친이 쓰시던 말과는 다를 뿐더러 발음도 분명치 않아서 그 의미를 청취할 수가 없었다"고 회상한다.[32] 세이지가 쓴 말이 오키나와어 중에서도 나키진어였기 때문인데, 이는 오키나와 내부의 언어적 지역차를 잘 드러내 줌으로써 오키나와에서 '표준어/공통어'의 폭력성을 극대화시키는 한편 '오키나와어/우치나구치'라는 상상의 통일성까지 재고하게 만들고 있는 것이다.[33]

소설 속에 한자로 우치나구치의 뜻을 담고 루비를 붙여 우치나구치의 음을 전달하는 메도루마의 표기 방식은 오키나와어와 일본어를 선명하게 대조시키

---

30 1945년 2월 오키나와의 사범학교 및 중고교 남학생을 법적 근거 없이 강제동원해서 편성한 부대.

31 目取真俊, 앞의 책, 23쪽.

32 目取真俊, 위의 책, 207쪽.

33 메도루마는 한 인터뷰에서 이렇게 말한 바 있다. "오키나와어라고 해도 오키나와 섬 각지, 미야코, 야에야마가 각기 다릅니다. 멀리 떨어진 섬에 가면 또 달라집니다. 끝내 문자로 기록되지 못하고 사라진 언어가 세계에 얼마든지 있습니다. 몇 사람의 기억에만 남아 있는 언어도 있을 겁니다./ 이것이 언어의 슬픔입니다. 오키나와어를 소설에 사용할 때 저는 그 슬픔을 의식하지 않을 수 없습니다." 메도루마 슌(안행순 옮김), 『오키나와의 눈물』, 논형, 2013, 144쪽.

면서 미묘한 효과를 발휘한다. 나카자토의 표현을 빌리자면 거기서는 "잡음 같은 일본어 소리 속에서 세이지의 오키나와어 소리가 늠름한 의지처럼 파도와 바람에 의해서 전해"지고, 그럼으로써 "오키나와어의 루비가 안으로부터 일본어를 '혹사(酷使)'시키는 광경"이[34] 발견된다. 종래 '잡음'으로 자리매김되기만 해왔던 오키나와어가 일본어와 그 위치를 역전하게 되는 셈이다. 그것은 공통어=표준어=일본어라는 중심과 오키나와 방언이라는 주변이 맺는 '태생적' 종속 구도로 회수되지 않을 새로운 언어 회로의 가능성이자,[35] 더 나아가 기존의 국민국가적 아이덴티티와는 다른 오키나와 아이덴티티의 가능성에 대한 모색으로도 읽을 수가 있을 것이다.

4. '세계 문학'으로서의 '마이너 문학'

오키나와의 저명 시인 야마노구치 바쿠(山之口貘, 1903~1963)는 「탄알받이였던 섬」이라는 시에서 오키나와 전투 이후 오키나와의 암울한 상황을 풍자하면서 일본어와 오키나와어의 관계를 비트는 흥미로운 시도를 한 바 있다.

"섬 땅을 밟자마자
간쥬우이[36] 하고 인사를 건넸더니
하이 오카게사마데 겐키데스[37] 하고
섬사람은 일본어로 대꾸해 오는 것이다.

---

34 仲里効, 『悲しき亜言語帯: 沖縄·交差する植民地主義』, 未来社, 2012, 152쪽.

35 新城郁夫, 『沖縄文学という企て』, インパクト出版会, 2003, 100쪽.

36 안녕하세요(오키나와어)

37 예, 덕분에 잘 지내요(일본어)

향수(鄕愁)는 짐짓 어리둥절해져버리고

우치나구치마딘 무루[38]

이쿠사니 샷타루바스이[39] 하자

섬사람은 쓴웃음을 지었지만

오키나와고와 조즈데스네[40] 하고 대꾸해 온다."[41]

오키나와 현지인과 방문자가 주고받는 회화는 독자에게 웃음을 자아내게 하지만 그 웃음이란 그야말로 '쓴웃음'이다. 여기서 일본화된 오키나와의 상황을 비판적으로 응시하는 오키나와 시인의 모습을 찾기란 너무나 쉬운 일이다. 그러나 정작 유의해야 할 것은 외부인의 오키나와어도, 현지인의 일본어도 결코 '유창하게' 들리지 않는다는 점이다. 야마노구치는 시어를 비틂으로써 '순수한' 일본어의 이미지 자체를 해체하려고 시도했던 것이 아닐까? 흥미롭게도 이와 유사한 사례는 재일조선인 시인 김시종(金時鐘)에게서도 찾아볼 수가 있다.

마타요시와 메도루마가 일본어와 오키나와어에 의해 일본어를 '내파'하고 '혹사'시켰다고 한다면, 김시종은 '어눌한' 일본어에 의해 유창하고 정형화된 일본어를 이질화시키는 작업을 지속해 왔고 그 스스로 이러한 시 작업을 '복수(復讐)'나 '보복(報復)'이라고 표현했다.[42] 평론가 호소미 가즈유키(細見和之)의 표현에 따르면 "김시종의 일본어 시작(詩作)은 7·5조의 음률로 대표되는 일본적 서정(抒情)과 대결하면서, 일본어를 통해 일본어를 이화(異化)시켜 나가는 '보

38 오키나와 말까지 모두(오키나와어)

39 전쟁에 당해버린 건가요(오키나와어)

40 오키나와 말 잘 하시네요(일본어)

41 山之口貘,「弾を浴びた島」,『山之口貘詩文集』, 講談社, 1999, 108쪽.

42 金時鐘,『在日のはざまで』, 平凡社, 2001, 57~59쪽.

복'으로 실현"된다는 것이다.[43] 특히 호소미는 첼란(Paul Celan, 1920~1970)과 김시종의 시에서 '억압받은 이디시어와 압살된 조선어의 울림'이라는 공통분모를 추출하고, 김시종이야말로 들뢰즈가 말한 '마이너 문학'의 "구체적인 동아시아적 사례"라고 지적했다.[44] 바로 이 대목에서 오늘날 '마이너 문학'이 지닌 '세계 문학'으로서의 성격을 감지할 수 있지 않을까?

만년의 괴테(Johann Goethe, 1749~1832)는 '세계 문학(Weltliteratur)'의 시대가 왔다고 하면서, 각국의 문학자가 애정과 공통의 관심을 통해서 자국 문학의 틀을 뛰어넘어 함께 활약할 계기를 찾고 이를 기반으로 성장하는 문학을 기대했다.[45] 괴테 사후 실제로는 '국민 문학'이 전성기를 구가했지만 '세계 문학'은 이들 국민 문학의 확대에 의해서가 아니라 오히려 그 '틈새'에서 생겨나고 있었다. '마이너 문학'이야말로 그 '틈새'였다. 이는 1958년 첼란의 브레멘 문학상 수상 연설 속에 다음과 같이 잘 표현되어 있다.

> "여러 가지 상실 한가운데서 닿을 수 있게, 가까이에, 상실되지 않고 이 한 가지가 남아있었습니다. 언어요./ 그것은, 언어는, 상실되지 않고 남아 있었습니다. 그렇지요. 그 모든 것에도 불구하고요. 그러나 언어는 뚫고 가야만 했습니다. 그 자체의 '대답 없음'을, 무서운 실어(失語)를, 죽음을 가져오는 연설의 수천 겹 어둠을 뚫고 가야 했습니다. 언어는 지나갔으며, 일어난 일에 대해 어떤 답도 내주지 않았습니다. 역사를 뚫고 갔습니다. 그러나 다시 드러날 수 있게 되었습니다. 그 모든 것으로 '풍부해져서'요./ 이 언어로 저는, 그 세월에 또 그 후의 세월에도, 시를 쓰려고 해왔습니다. 말하기 위해서, 방향을 잡기 위해서, 제가 어디 있으며

43 『沖縄を深く知る事典』, 日外アソシエーツ, 2003, 392쪽.

44 호소미 가즈유키(동선희 옮김), 『디아스포라를 사는 시인 김시종』, 어문학사, 2013, 191~192쪽.

45 요한 페터 에커만(장희창 옮김), 『괴테와의 대화』, 민음사, 2008 참조.

저를 끌고 가는 힘이 어디로 가는지 알아내기 위해서, 제 자신을 위한 현실을 기획하기 위해서 말입니다."[46]

첼란이 '대답 없음', '실어'라고 한 것은 카프카에게서 '불가능한 문학'이라고 표현되었다. '마이너 문학'은 다양한 언어 전략에 의해 그 '불가능한' 문학적 영위를 수행해 왔다. 그리고 이들 '마이너 문학'이야말로 '역사를 뚫고' '국민 문학'을 뛰어넘어 '풍부해져서' 진정한 '세계문학'이 되어 가고 있다. 이런 역설적 상황에 우리는 지금 직면해 있는 것이 아닐까? 카프카, 마타요시, 메도루마, 그리고 첼란과 김시종으로 이어지는 문학적 도전의 '연쇄'야말로 '마이너 문학'의 세계성을 드러낸다. 침묵이나 독백이었던 소수자의 말은 '마이너 문학'의 언어를 통해서 계속 세계로 발신되어 나갈 것이고, 그런 의미에서 오키나와 역시 말할 수 있고 말해야 하는 것이다.

46 파울 첼란(전영애 옮김), 『죽음의 푸가』, 민음사, 2011, 222쪽.

논평과 토론

오키나와는 말할 수 있는가? – 언어, 기억, 정체성

김항 예, 발표 잘 들었습니다. 크게 저는 두 가지 정도 말씀 드리겠습니다. 먼저 큰 맥락의 얘기부터 하겠습니다. 임성모 선생님께서 오키나와 이야기를 직접적으로 다뤄주셔서 그 배경이 조금 누락되어 있는 것 같습니다. 그렇기 때문에 오키나와사나 일본 전후 현대사에 대해 지식이 없는 경우에는 이해하기 조금 힘들 부분도 있었을 것 같습니다. 그래서 간략하게 말씀드리면 오키나와라는 곳이 근대 일본 이전에 '류큐' 라는 독립된 왕국으로 존재하고 있었고, 그리고 그것이 청일전쟁 이전에 류큐 처분을 통해서 일본의 식민지 형태로 편입이 되는 거죠. 그렇게 일본 영토였던 것이 45년도에 패전 이후 52년까지 점령시기를 마치고 난 후에, 일본이 주권회복을 하고 국제사회로 복귀를 할 때 오키나와만 따로 떼어서 신탁통치의 형태로 미군 관리 하에 통치당하게 됩니다. 52년부터 72년까지의 20년 동안을 오키나와가 일본으로부터 분리되고 미국의 통치 하에 놓인다는 것을 우리가 먼저 전제로 놓고 생각을 해야 되는 것 같습니다.

그래서 오키나와란 2차대전 후 미국의 동아시아 전략을 생각할 때 매우 중요한 지역이자 사례입니다만, 한국의 인문학적인 맥락에서 생각할 때는 탈식민의 문제를 어떻게 사유할 것이냐에 굉장히 큰 시사점을 준다고 생각합니다. 한국의 경우에는 탈식민의 과정이 곧바로 국민국가로서의 해방이라는 것이 너무나도 자명하고 상식화 된 관점이라고 한다면, 오키나와의 경우에 보면 52년부터 72년까지 그렇게 미국 통치 하에 있었고 72년도 복귀 후에 자연스럽게 일본으로 '복귀'하는 것이냐 하면 그렇게 쉬운 이야기가 아니라는 것이죠. 왜냐하면 독립된 왕국이 일본으로 영토 편입되어 식민지가 된 역사의 경위를 염두에 두자면, 52년도에 미국 통치 하에 있다가 72년도에 일본으로 '반환'될 때, 그것이 과연 '복귀'나 '반환'일 수 있느냐는 문제가 발생한다는 것입니다. 즉, '탈식민 = 국민국가로서의 해방'이라는 등식이 성립되지 않는 곳이 바로 오키나와입니다. 그래서 한국을 모델로 생각하면 오키나와나 타이완이나 이런 곳들이 예외적인 공간으로 보이겠지만 오히려 '탈식민 = 국민국가로서의 해방'이라는 모델이 어떻게 보면 이례적인 케이스 일 수도 있다는, 다시 말해 탈식민에 관한 우리의 자명화된 사고를 교정해주는, 그리고 그것으로부터 뭔가 다른 식의 역사에 대한 상상력이나 정치에 대한 상상력을 제기해준다는 것이 오키나와가 던져주는 중요한 함의인 것 같습니다. 물론 임성모 선생님께서 많은 작업들을 해 주셔서 그런 이야기들을 할 수 있는 것 같습니다. 그래서 그러한 맥락에서 보면, 임성모 선생님께서 오늘 언어에 천착해서 오키나와 문제를 다뤄주신 것은 언어를 생각할 때도 국민국가의 패러다임 안에서 생각하기 십상인 우리의 상상력을 자극하는 작업이라고 생각합니다. 보통 우리는 한국어, 일본어, 중국어 등 국가의 언어 혹은 민족의 언어 형식에서 생각하기 마련인데 오키나와의 경우 아까의 전제로 되돌아가보면 국민국가 중심의 언어 모델을 상대화해야 할 필용성이 있다는 것이죠. 국민국가 모델에 따라 사념되는 언어를 벗어나는, 특히 언어의 수행성이라거나 사회성을 생각할 때 국민국가 모델로 포착할 수 없는 언어의 사회적 층위, 정치적 층위 같은 것들을 물음의 대상으로 삼을 수 있는 특권적인 장소로서의 오키나와라는 것이 지금 소환되고 있는 것 같습니다.

아마 국민국가 모델로 언어를 생각할 때의 가장 큰 난점은 mother tongue 이라는 말에서 잘 알 수 있듯이 언어 사용을 자연화하는 것이라 할 수 있을 겁니다. '국어'를 통해 자연스럽고 투명하게 소통할 수 있다는 생각이 국민국가 모델의 언어관이라고 한다면, 오키나와 사례 같은 경우는 그런 것들이 절대로 자연적인 상황이 아니라는 것을 잘 보여줍니다. 즉 언어를 사용한다는 것은 결코 자연적이지 않고 인위적인 산물임은 오키나와의 경구가 잘 보여준다는 것입니다.

그래서 탈식민의 과정이 결코 '자연스러운' 국민국가로의 회귀가 아님은 오키나와의 언어상황을 보면 극명하게 드러납니다. 그런 의미에서 탈식민의 과정을 독립이나 해방이라는 일국사의 측면에서보다 전지구적인 제국-탈제국의 과정 속에서 볼 필요성을 오키나와는 제기해주는 것 같습니다. 가령 알제리 같은 경우는 50년대 독립투쟁 할 때 알제리가 독립된 국가가 되어야 한다는 입장이 굉장히 소수파였습니다. 알제리가 독립 투쟁을 할 때 프랑스에 대해서 뭐라고 얘기 했냐면, '자치권을 달라. 우리는 다만 프랑스 시민으로서의 시민권을 고스란히 유지하겠다.' 그렇게 갔습니다. 국민국가 모델이 일반적이냐 예외적이냐를 따지자는 것이 아닙니다. 다만 한국을 중심으로 놓고 '제국-식민' 문제를 생각하는 데서 벗어나 보다 넓은 맥락 속에서 보편적 문제로서 탈식민 문제를 다뤄야 하고, 그 안에서 한반도와 동아시아의 역사를 다시 한 번 생각해봐야 할 필요성이 있습니다. 오키나와는 그런 작업을 위해 굉장히 중요하다고 생각합니다.

이런 맥락에서 질문을 던지고 싶은 것은 마지막 페이지에 나와 있는 '오키나와 아이덴티티의 가능성'이란 표현에 대해서입니다. identity 라는 말이 identify의 명사라고 한다면, identity는 '무언가에 비추어서 자신을 동일시함으로써 스스로의 정체성을 확립해 나가는 과정' 이라 할 수 있을 텐데, 선생님께서 여기서 잘 말씀해 주셨듯이 오키나와 아이덴티티라고 했을 때 오키나와인이 무엇을 보고 스스로를 동화시키느냐는 것은 굉장히 불분명합니다. 오키나와 고유의 무엇인가와 동일시하는가, 아니면 선생님께서 가져 오신 자료에서도 나타나듯이 일본와의 모종의 관계, 여기서는 복수라거나 혹사라고 표현하셨지만, 그런 것들을 통해서만 오키나와적인 것이 드러날 수 있는가? 아마도 어떤 것과도 쉽사리 identifying이 불가능한 것이 오키나와의 상황이 아닐까 합니다. 그래서 아마 이러한 주제 영역에서의 오키나와적인 것, 혹은 오키나와성을 표현할 때는 아이덴티티라는 말이 아니라, 다른 용어를 개발할 필요가 있지 않을까요? 선생님께서 오랜 동안 해 오신 작업의 의의를 보다 잘 살리고 심화시키기 위해서는, 오키나와의 아이덴티티라고 하는 용어, 그리고 그 용어가 환기하는, 어찌 보면 오키나와를 다시 한 번 국민국가 모델로 환원하는 듯한 위험성을 간직하는 이 용어 자체를 갱생시켜야 할 필요성이 있는 것이 아닐까요? 그런 작업이 앞으로의 디아스포라 연구나 탈식민 연구에서 요청되는 것이 아닌가 하는 질문을 던지고 싶습니다.

또 하나는 짧은 건데요. 4페이지 부분입니다. 메도루마 슌 문학에 대해서 선생님께서 분석하신 것은 비교적 알기 쉬웠는데, 마타요시의 문학에서 어떤 부분이 상당히 좀 따라가기가 힘들었습니다. 뭐냐면, 마지막의 그 일본어에 의한 일본어의 '내파'라고 하는 부분에서, 4페이지 중간 부분에 '번역으로서의 일본어에 의해 묘사되는 오키나와라는 공간은 디스커뮤니케이션의 공간이다'라고 하는 이 구절이 이해하기가 좀 힘들었습니다. 오히려 이 부분은 제가 볼 때는 이런 것 같습니다. 우선 조지하고 오키나와 노인 사이의 공포스러운 대치, 위험한 대치라고 하는 상황은 오키나와 언어와 영어로서는 상호 소통이 불가능한 상황 속에서의 일입니다. 그런데 이 상황을 표현하거나 이해 가능케 만드는 것은 일본어 밖에 없다는 것이 작가가 설정한 언어적 공간인 것 같습니다. 그래서 이 장면은 디스커뮤니케이션이라는 공간임과 동시에, 한가지 더 나아가서 디스커뮤니케이션의 공간으로서의 미군 점령기 오키나와를 표상 가능케 하는 일본 혹은 일본어의 '부재하는 현전(presence)'이 점령 시기에 꾸준히 남아있었다는 알레고리로 읽힌다는 것입니다. 즉, 60년대 말이라고 하는 건 미국과 오키나와라고 하는 직접적인 관계 설정만이 그 안에 있다고 상정이 되는데 그렇지 않다, 여전히 그 안에는 일본이라고 하는, 이 상황을 유일하게 통약 가능한 것으로 만드는 모종의 역사적 폭력성을 간직한 '부재하는 현전'이 꾸준히 작동을 하고 있다는 것이죠. 그리고 72년 복귀 이후에도 일본은 오키나와가 속한 하나의 국가가 아니라 외부로부터 오키나와의 상황을 통약 가능한 것으로 만드는 일종의 외부적인 폭력 기구로서 존재한다는 사실의 암시인 것처럼 느껴진다는 거죠. 그래서 디스커뮤니케이션의 공간이 된다는 것이 아니라, 이 디스커뮤니케이션의 공간을 커뮤니케이션 가능한 공간으로 만드는, 하나의 기제로서의 일본어라고 하는 식으로 읽어나가야 되는 것이 아닌가 하는 생각이 들었습니다. 이 정도로 제 질문 마치겠습니다.

임성모 코멘트 감사합니다. 특히 앞부분에 대한 코멘트는 제 생각과 같은 부분들이 많아서 반갑습니다. 두 번째 질문부터 답변하겠습니다. 마타요시에 대한 서술 부분에서, 일본어가 미국과 오키나와 사이의 디스커뮤니케이션을 유발하는 기제라기보다 오히려 복귀 이전 상황에서 유일하게 통약을 가능하게 해주는 커뮤니케이션 기제가 아니냐는 지적인데, 물론 당시의 시대상황을 대입해 본다면 그렇게 말할 수 있을 것 같습니다. 오키나와의 주권이 사실 애매한 상태였기 때문에, 주민은 일본 주민이고, 행정권이나 시정권은 미국이 갖는다는 식의 법 해석도 있었죠. 또 소위 일본 본토로, 예컨대 큐슈로 건너갈 때 도항증이 있어야 되고 오키나와로 올 때에도 도항증이 있어야 하는, 일종의 비자 발급을 통해서만 출입이 가능한 그런 상황이었기 때문에, 그런 역할들을 일본 외무성이 하는 거니까, 그런 측면에서는 선생님 지적처럼 외적 권력 기구로서 일본, 일본어가 가진 측면은 분명히 존재했고. 따라서 커뮤니케이션의 측면을 분명히 얘기할 수 있을 것 같아요. 하지만 제가 디스커뮤니케이션이란 말을 썼던 것은 마타요시 소설의 서술전략이라는 차원에서였고 그것이 이전 소설과 큰 차이를 보이기 때문입니다. 이전 소설들을 보면, 기지촌 문제를 다룬다거나 할 경우, 일본어 이외에는 오키나와어로 쓰고 일본어로 번역을 한다거나 영어 발음을 해놓고서(예를 들어서 '칵테일 파티' 식의 제목처럼) 일본어로 번역하는 식의 전략을 택했습니다. 그런데 마타요시의 텍스트는 시종일관 일본어만으로 서술합니다. 여러 평론가들의 지적처럼 굉장히 의도적인 일본어 사용인 거죠. 여기서 주인공 미군은 폭력적인 존재라기보다 오히려 희생당하는 모습으로 그려집니다. 어떻게 보면 반전까지는 아니지만 염전, 즉 전쟁에 염증을 느끼고 거기서 고통을 받는 일반 미국 시민과 오키나와 주민, 양자의 희생 구도를 그려내는 그런 틀 속에서 상정되고 있는 거죠. 제가 소설 일부를 번역했지만, 조지라는 사병은 사실 노인이 그렇게 째려본 것도 아니었는데도 자신의 억눌려 있던 감정들 속에서 그렇다고 의식했던 겁니다. 그래서 '이건 사람이 아니다, 멧돼지야' 라고 합리화하면서 노인을 죽인 다음에, 핏발 서린 눈이라기보다 허망하게 죽어간 평범한 노인의 얼굴을 마주하고 당황해 하는 모습으로 끝나거든요. 그러니까 그런 것들이 제가 보기에는 일본어 서술을 통해 이런 디스커뮤니케이션 상황을 묘사한 것이 아니었는가 하는 의미에서 썼던 것인데, 너무 축약이 되서 의도가 전달되지 않았던 것 같습니다.

첫 번째 질문인 오키나와 아이덴티티 문제는 근본적인 문제이고 저로서는 자신이 없는 부분입니다만, 적어도 제가 오키나와 내셔널리즘이라든가 국민국가의 어떤 재현으로서, 즉 오키나와의 앞으로의 가능성을 국민국가 모델에서 찾으려고 했던 것은 아닙니다. 저희 전체 테마가 정체성, 정체 그런 이야기인데, 기존의 19세기적인 혹은 20세기까지 이어진 국민국가적 아이덴티티를 상정하면서 오키나와 아이덴티티라는 말을 사용한 것이 아니라 오히려 굉장히 하이브리드하고 탈국민국가적인 것을 상정했던 겁니다. 아이덴티티라는 말이 그런 오해를 불러왔는지도 모르겠지만 최소한 내셔널리즘의 입장에서 사용한 것은 아니라는 것을 말씀드립니다. 오키나와 아이덴티티라는 말은 무척 조심스럽게 사용해야 된다는 걸 다시 한번 느끼게 되네요.

최문규 그것이 전통적인 민족국가적인 아이덴티티는 아니라는 점을 강조하기 위해서는 따옴표를 쓰셨으면 좋았을 듯 싶습니다. 저도 한 가지 질문을 던지겠습니다. 문학을 공부하는 역사학자라는 매우 이색적이고도 흥미로운 모습을 선생님의 발표를 통해 알 수 있었고, 사실 선생님의 모습은 학제적인 연구 방향을 위해 매우 모범적이라고 생각됩니다. 카프카, 첼란을 많이 인용하시고, 카프카 연구와 관련해서는 들뢰즈도 언급하고 있습니다. 방금 김항 선생님의 오키나와 아이덴티티 지적도 비슷한 선상에서 질문을 드리면, "오키나와 아이덴티티"라는 표현 앞에 "새로운 언어회로의 가능성"이라고 언급하고 계십니다. 과연 오키나와 아이덴티티를 구축하는 데 있어서 "새로운 언어"라는 것이 가능할까요? 선생님도 인용하신 첼란의 뷔히너 문학상 수상 연설문 <자오선>에서 첼란은 지배 계급에 저항하는 문학적 언어를 "반(反언)어"이라고 규정하고 있습니다. 첼란이나 카프카는 독일어를 쓸 수밖에 없는 유태인이었습니다. 그렇다고 유태인의 정체성을 위해 그들이 새로운 언어를 찾지는 않았으며, 오히려 지배어 또는 표준어에 대항하는 언어라는 의미에서의 "반언어"를 주장하였습니다.

또 다른 질문은, 선생님이 인용하신 나카자토라는 유명한 평론가의 언술과 관련됩니다. 그 언술은 "잡음 같은 일본어 소리 속에서, 세이지의 오키나와어 소리가 늠름한 의지와도 같이 파도와 바람에 의해 전해짐으로써"라는 것입니다. 나카자토는 당연히 일본의 지배세력에 저항하는 비평가이겠지만, 어쩌면 오키나와어의 의미를 채색하는 데 있어서는 대단히 군국주의적인 냄새가 나는 언술을 사용하고 있습니다. 들려요. 역으로 '늠름한 의지와도 같이 파도와 바람에 의해 전해지는 일본어 소리 속에서, 잡음처럼 기능하는 오키나와 소리'라는 식으로 표현하는 것이 더욱 타당할 듯 싶은데 말입니다. 자세히 모르겠지만. 나카자토의 언술에도 이미 무의식적 정치성, 즉 일본의 전통적인 민족주의적 언어와 정치적 의식이 무의식적으로 작동하고 있는 것처럼 생각됩니다. 오키나와어를 옹호하는 것은 어쩌면 표면적일 수 있다는 것이죠.

임성모 "새로운 언어 회로의 가능성"이란 제 표현은 아닙니다만, 중요한 것은 '새로운 언어'가 아니라 '새로운 언어 회로'라는 겁니다. 즉 공통어=표준어=일본어라는 부동의 중심과 대비시켜 방언(예컨대 오키나와 방언)이 주변으로서 종속되는 구도가 기존의 '언어 회로'였다면 그 회로로 회수되지 않을 새로운 회로의 가능성을 말한 것이죠. 그러니까 그건 선생님께서 지적하신 '반언어'론의 문제의식과 같다고 생각합니다.

두 번째 질문은 제가 미처 포착하지 못했던 점인데 지적해 주셔서 감사합니다. 이 문제도 위의 '새로운 언어 회로'와 연결되는 문제입니다. 기존의 언어 질서에서 오키나와어는 잡음이었죠. 정음(훈민정음의)이 결국 국가어고, 거기에 대비되어 침묵당하는 것들을, 침묵당하면서 조금씩 튀어나오는 것들을 잡음이라고 표현한다면, 오키나와가 잡음이었던 거고 일본어가 정음이었던 셈입니다. 저는 메도루마의 소설에서 그 구도를 역전시키는 양상이 나타났다고 본 거죠. 물론 중요한 건 정음과 잡음이라는 위계질서 자체를 뒤엎어야 한다는 것이겠죠. 그런데 나카자토의 서술에서 나타나는 남성성의 문제, '늠름한 의지'로 표현되는 그 문제는 제가 전혀 의식하지 못했던 겁니다. 5페이지에 보시면 '얼간이' 라고 썼나요? 중간쯤에 주인공 세이지가 마을에서 얼간이라고 놀림을 받는 장면이 있습니다. 자기 친구들이 전쟁에 동원되어 나가면서 이런 말을 하죠. "우군과 함께 천황폐하를 위해 싸워줘" 라는 말을요. 전형적인 군국 성향이죠. 그런데 세이지에게 "왜 내가 표준어를 못 쓴다고 천황폐하를 위해 싸울 수가 없냐"라는 생각이 엿보입니다. 표준어를 못 쓰기 때문에 철혈근황대 대원이 되지 못한 거니까요. 만일 오키나와 내셔널리즘적인 발상으로 접근했다면 이런 부분도 없었을 거라는 생각이 듭니다. 하지만 당시의 정신적 상황을 가감 없이 드러내는 데에는 오히려 충실했던 셈이죠. 나카자토는 마을의 다른 구성원들, 그러니까 피해자의 여자 친구부터 식구들, 또 촌장을 비롯한 남성들이 죄다 미군에게 설설 기는 그런 상황 속에서 유일하게 그들과 맞서 싸우는, 결국 피해 여성을 사랑했던 겁니다만, 그런 모습을 '늠름'하다고 표현했는데 그건 작가의 표현이기도 합니다. 나카자토는 아마 작가의 표현을 그대로 쓴 게 아닌가 싶고 제가 알기로는 파시스트적인 생각과는 거리가 먼 평론가입니다만, 그의 무의식에 담긴 국민국가적이고 심지어 군국주의적인 편린이 드러난 묘사로 읽힐 여지는 있는 것 같습니다. 그건 어쩌면 제 무의식의 문제일 듯도 하네요.

김준환 사전 지식이 없어서 그러는데, 그러면 일반적으로 "오키나와 문학"이라고 하는 걸 얘기를 하는 거죠?

임성모 그렇죠.

김준환 그럼 "오키나와 문학"은 주로 어떤 언어로 쓰이는지요?

임성모 주로 일본어로 쓰입니다.

김준환 그러면 일본어로 쓰인 모든 종류의 오키나와 문학이 선생님께서 말씀하신 그런 기능을 하는지요? 아니면 72년을 전후로 해서만 나타나는 것인지요?

임성모 설명을 좀 드리자면 오키나와에는 독자적인 문자가 없습니다. 오키나와 문자가 없고 오키나와 구어만 있기 때문에 전근대 시기에는 주로 한자, 오키나와식 한문이죠, 그걸 사용하다가, 19세기 말 일본에 병합되면서 일본어 사용을 강제당합니다. 지명 등 오키나와 말을 모두 일본식 한자를 써서 표기한다거나 하죠. 물론 발음 때문에 오키나와성은 드러나게 되지만, 그런 경험을 이미 19세기부터 했던 거죠. 자료의 사진을 보시면, 이건 '방언찰'이라는 건데 목에다 걸어서 벌을 주는 겁니다. 1900년경부터 오키나와 전역의 공립학교에서 사용되던 건데요. 오키나와 말을 공공장소, 특히 교실에서 사용하면 이걸 선생님이 걸어주는 거죠. 아이는 그 때부터 스파이가 되는 거예요. 학교에서 오키나와 말을 사용하는 다른 친구를 발견하면 선생님한테 얘기해서 걔한테 표찰이 넘어가고 그게 계속 돌아가는 거죠. 그러니까 서로 상호 연대 감시를 하게 만드는 건데, 이런 관행이 거의 60년대 초반까지 전개됩니다. 표준어라든가 보통어가 굉장히 강조되었던 거죠. 설명을 안 드렸는데 방언찰 옆에 있는 사진은 72년에 찍은 사진입니다. 오키나와 북부의 한 작은 섬에서 찍은 건데 글씨를 보시면 '공통어로 좋은 부락', 즉 공통어를 사용하면 부락이 좋아진다고 되어 있습니다. 표준어로서의 일본어가 오키나와 사회의 표기언어로서 정착되는 과정을 잘 보여줍니다. 그러니까 오키나와 문학이라고 하지만 오키나와 구어를 부분적으로 드러내는 방식은 가능해도 기본적으로는 일본어 문학이 되는 거죠. 오키나와 출신자들이 일본어를 사용해서 그려내는 문학을 보통 오키나와 문학이라고 하는 겁니다.

김준환 제가 질문을 드린 이유는, 모든 오키나와 작가들의 작품이 일본어로 쓰여졌을 경우에 모든 작품들에 선생님께서 말씀하신 그런 기능이 나타나는지, 아니면 이 두 작품들이 특별히 나타나는 것인지 궁금해서 였습니다.

문창옥 연관된 질문입니다. 선생님이 추가로 주신 유인물을 보면 음을 달았다고 하시는데 이게 오키나와 출신의 작가들 또는 적어도 오키나와의 정체성을 드러내려는 문제의식을 가지고 있는 오키나와 출신의 작가들이 공통으로 쓰고 있는 표기법인지 아니면 유독 이 사람만 쓰고 있는 표기법인지 궁금합니다. 만약 이런 표기법을 똑같이 쓰고 소설가들이 여럿 있다면 문제가 또 달라질 수도 있을 것 같습니다. 특정 표기나 어법을 어느 한 사람만 쓰는 경우라면 이를 언어라고 보기 어렵겠지만 여러 사람들이 공유하고 있다면 그렇지 않을 테니까요.

임성모 선생님들의 질문은 전형성이랄지 대표성의 문제를 말씀하신 것 같습니다. 두 작가가 좀 독특하죠, 중요한 것은 영향력이라고 보는데, 일본 최고의 문학상인 아쿠다가와상이라는 수상을 했던 것도 있고요. 메도루마 슌 같은 경우, 보통 그 연배의(60년생인데요) 작가들은 오키나와 말을 잘 못합니다. 집에서 거의 안 가르치기 때문에. 그런데 메도루마의 아버지가 오키나와 전투 체험이 있고 그러면서 오키나와어를 집에서는 무조건 쓰게 만든 거죠. 그래서 북부의 시골인 나키진에서 나하라는 오키나와 최고의 번화가로 온 뒤로도 고향 언어를 계속 쓸 수 있었던 건데, 그런 작가들은 그리 많지 않은 거죠. 물론 오키나와의 그 연배 작가들 중에 오키나와 방언을 부분적으로 사용했던 작가들은 더러 있습니다. 또 오키나와어를 사용할 경우 독자의 문제도 있죠. 그게 무슨 말인지 모르는 독자들이 점점 늘어가고 있는 상황이 하나 있고. 또 그런 이유로 출판사 쪽에서 빼라고 개입을 하게 되는 상황이 있습니다. 아무리 작가가 쓰고 싶더라도 말이죠. 세대가 바뀔수록 어찌 보면 거의 마지막 시도들을 하고 있는 것인지도 모르겠다는 생각이 듭니다. 그런 면에서는 전형적이라기보다 두각을 나타내는 그런 작가들이라고 봐야 될 것 같습니다. 하지만 이들이 '오키나와 문학'에서 차지하는 영향력은 무시할 수 없습니다.

이지연 방언의 경우, 문화권에 따라 그리고 개인차에 따라 표준어와 비교하여 더 매력적으로 느껴지기도 하고 홀대시하는 경향도 있습니다. 예를 들어, 미국인들 중에서 영국식 발음을 좋아하고 동경하는 사람이 많지만 그렇지 않은 미국인도 있고, 외국인의 영어 발음에 대해 관대한 영어권 사람이 있는가 하면 이해하기 어렵다고 드러내서 지적하는 사람도 있습니다. 오키나와어는 홀대받는 경우에 해당하겠지요?

임성모 그렇죠, 오키나와어가 거의 홀대받는다고 봐야죠.

이지연 그렇지만 방언이 표준어에 비하여 상대적으로 매력적으로 받아들여질 수도 있는데요.

임성모 그렇죠. 가요라던가 그런 점에 있어서는 …

이지연 혹시 오키나와어도 덜 홀대받거나 경우에 따라 비교적 인정받는 경우가 있나요? 오키나와어 외에 일본의 다른 방언들은 어떤가요?

임성모 오키나와어나 음악이 문화적으로 매력을 갖는 측면은 분명히 있습니다. 산신 같은 전통악기로 연주하는 오키나와 전통음악은 소위 섬노래 라고 해서 인기가 있고, 오키나와 출신의 뮤지션도 많이 활동하고 있습니다. 그런데 저는 거기서 오키나와 문화가 상품으로서 소비되는 모습을 봅니다. 말하자면 중앙의 시장이 오키나와의 문화를 선별적으로 받아들이는 그런 위계구조 속에서 소비되는 모습이죠. 기본적으로 문화를 정치적으로만 볼 순 없겠지만 문화 자체가 위계구조를 갖고 있다는 점이 중요하다고 봅니다. 영어 내에서도 아이리시 잉글리시부터 로열 잉글리시까지 다르잖아요. 이주 문제와도 관련해서 언어 내에서의 층위가 있는 건데, 일본어 내에서도 오키나와어, 또 오키나와 내에서도 크게 다섯 개의 방언이 있는데 다섯 개의 방언 중에서도 오키나와 본도어가 최고인 위계질서가 있어요. 그러니까 한 개인에게도, 이를테면 유학을 간다고 할 때, 미국 유학 가있는 오키나와 사람 얘긴데 언어를 네 개 배웠다는 거예요. 대만에 가까운 미야꼬라는 오키나와에서 가장 천대받는 지역에서 태어나 오키나와 본도로 가고, 오키나와 본도에서 도쿄로 갔다가, 또 어딜 거쳐서 뉴욕으로 가죠. 그런데 그 사람은 말하자면 언어 상황에서 계속 계단을 밟고 올라

갔던 걸로 묘사를 합니다. 그런 것 자체가, 언어라는 문화적 장치 속에 정치성이 여전히 국민국가의 위계질서와 함께 작동하는 것이 아닌가 싶습니다. 그러니까 언어라는 문화적 측면이 자율성을 갖는 것은 아직까지는 조금 어려운 상황이 아닌가 하는 생각이 듭니다.

발표자 및 토론자

김 항 연세대 국학연구원 HK 교수 (연구분야 : 문화학)

김상환 서울대 철학과 교수 (연구분야 : 서양철학)

김준환 연세대 영문과 교수 (연구분야 : 영문학)

김현철 연세대 중문과 교수 (연구분야 : 중어학)

문창옥 연세대 철학과 교수 (연구분야 : 분석철학)

박인철 연세대 불문과 교수 (연구분야 : 20세기 프랑스 소설, 기호학)

원미진 연세대 국문과 교수 (연구분야 : 외국어로서의 한국어)

유현주 연세대 독문과 교수 (연구분야 : 독문학/매체학)

윤정임 연세대 불문과 강사 (연구분야 : 불문학)

이경원 연세대 영문과 교수 (연구분야 : 셰익스피어)

이석구 연세대 영문과 교수 (연구분야 : 영소설)

이지연 연세대 문정과 교수 (연구분야 : 정보학)

임성모 연세대 사학과 교수 (연구분야 : 동아시아학)

정진배 연세대 중문과 교수 (연구분야 : 중국 근대문학 및 이론)

최문규 연세대 독문과 교수 (연구분야 : 낭만주의)